JN015510

TOEIC® L&R テスト 文法集中対策

著 メディアビーコン

新星出版社

はじめに

Part 5は短期間で攻略できる！

「文法が苦手なので、Part 5でいつも点を落としてしまう」

「覚える文法項目が多すぎて、何から勉強しようか考えるとやる気が出ない」

「忙しくて文法の勉強をする時間がない」

これは、私たちが指導をしているTOEICの学習者の方からよく聞くお悩みです。

TOEICは200問を2時間で解くテストであり、このテストでスコアを伸ばすには、自分が解ける問題をいかに時間をかけずに解いていくかがカギとなります。そのために最も効率よく最短でスコアを上げる方法が、「Part 5を攻略すること」なのです。

なぜなら、Part 5の問題には決まった「型」があるからです。1問1問は全く異なる問題に見えるかもしれませんが、解き方が共通しているものも多くあります。
本書では、よく出題される問題のタイプを8つに分けて、解き方の基本STEPと文法知識を厳選して紹介しています。決まった型とテストに必要な最低限の文法知識さえ押さえれば、膨大な量の暗記は必要ありません。分厚い文法書に書かれていることを全て覚えなくてもいいのです。

私たちメディアビーコンは、TOEIC対策の教材を作り続けるために、編集部全員が毎回TOEICテストを受験し、「試験によく出る」問題の分析・研究を続けています。これまでに制作してきた問題は10,000問以上に及びます。Part 5を最短で攻略する方法は、長年の研究から生み出されたものです。そしてこの知見を活かし、スコアアップを目指す学習者の方へ直接指導も行っております。そのため、本書ではメディアビーコンのコーチによる問題の解き方を解説した授業動画もご用意しました。本書を読むことに加え授業動画を見ることで、さらにあなたの理解が深まるよう構成しています。

文法を苦手と感じているあなたも、この1冊を学習し終えた頃にはPart 5を得点源にできる状態になっているはずです。

あなたが短期間でスコアアップし、目標を達成されることを心より願っております。

メディアビーコン

もくじ

はじめに ・・・・・・・・・・・・・・・・ 003
本書の構成と使い方 ・・・・・・・・・・ 006
TOEIC® L&Rテストについて ・・・・・・ 010

0章　問題タイプを知ろう！
ミニ模試に挑戦！ ・・・・・・・・・・・・ 012
ミニ模試 解答・解説 ・・・・・・・・・・ 014
出題頻度一覧 ・・・・・・・・・・・・・・ 018

1章　品詞がバラバラなタイプ
例題 ・・・・・・・・・・・・・・・・・・ 020
さらに分解！ ・・・・・・・・・・・・・・ 024
トレーニング ・・・・・・・・・・・・・・ 030
実力試しテスト ・・・・・・・・・・・・・ 040

2章　動詞の異なる形が並んだタイプ
例題 ・・・・・・・・・・・・・・・・・・ 062
さらに分解！ ・・・・・・・・・・・・・・ 068
トレーニング ・・・・・・・・・・・・・・ 072
実力試しテスト ・・・・・・・・・・・・・ 078

3章　前置詞が並んだタイプ
例題 ・・・・・・・・・・・・・・・・・・ 100
さらに分解！ ・・・・・・・・・・・・・・ 102
トレーニング ・・・・・・・・・・・・・・ 104
実力試しテスト ・・・・・・・・・・・・・ 108

4章　前置詞と接続詞が混ざったタイプ
例題 ・・・・・・・・・・・・・・・・・・ 124
さらに分解！ ・・・・・・・・・・・・・・ 126
トレーニング ・・・・・・・・・・・・・・ 130
実力試しテスト ・・・・・・・・・・・・・ 134

5章　代名詞が並んだタイプ

例題 ・・・・・・・・・・・・・・・・・・・・ 150
さらに分解！ ・・・・・・・・・・・・・・ 154
トレーニング ・・・・・・・・・・・・・・ 158
実力試しテスト ・・・・・・・・・・・・・ 164

6章　関係詞が並んだタイプ

例題 ・・・・・・・・・・・・・・・・・・・・ 180
さらに分解！ ・・・・・・・・・・・・・・ 182
トレーニング ・・・・・・・・・・・・・・ 184
実力試しテスト ・・・・・・・・・・・・・ 188

7章　他の語とセットになるタイプ

例題 ・・・・・・・・・・・・・・・・・・・・ 204
さらに分解！ ・・・・・・・・・・・・・・ 208
トレーニング ・・・・・・・・・・・・・・ 212
実力試しテスト ・・・・・・・・・・・・・ 220

8章　数や比較の表現が並んだタイプ

例題 ・・・・・・・・・・・・・・・・・・・・ 244
さらに分解！ ・・・・・・・・・・・・・・ 248
トレーニング ・・・・・・・・・・・・・・ 252
実力試しテスト ・・・・・・・・・・・・・ 260

模擬試験

TEST 1　問題 ・・・・・・・・・・・・ 280
TEST 2　問題 ・・・・・・・・・・・・ 286
TEST 3　問題 ・・・・・・・・・・・・ 292
TEST 1　解答解説 ・・・・・・・・・・ 298
TEST 2　解答解説 ・・・・・・・・・・ 304
TEST 3　解答解説 ・・・・・・・・・・ 310
正解一覧 ・・・・・・・・・・・・・・・ 316
マークシート ・・・・・・・・・・・・・ 317

本書の構成と使い方

各章の学習の流れ

①問題タイプに応じた解き方を知る

■例題

左側のページでまずは例題を解いて、その問題タイプにおける解き方の基本STEPを学びます。右側のページでは例題の解答・解説に加え、本文の文構造が確認できます。

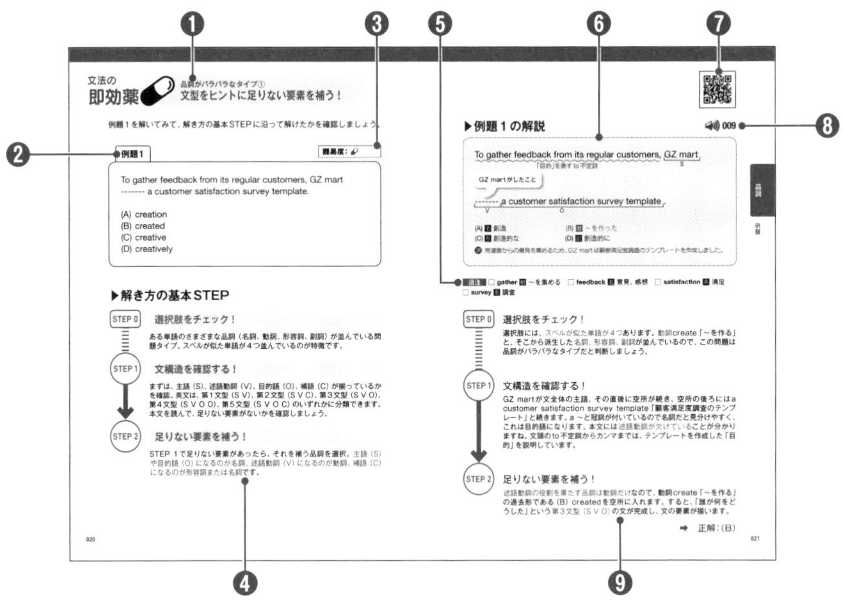

❶各問題タイプの即効薬　❷例題　❸問題の難易度　❹解き方の基本STEP　❺語注
❻文構造　❼解説動画のQRコード　❽音声のトラック番号　❾解答と解説

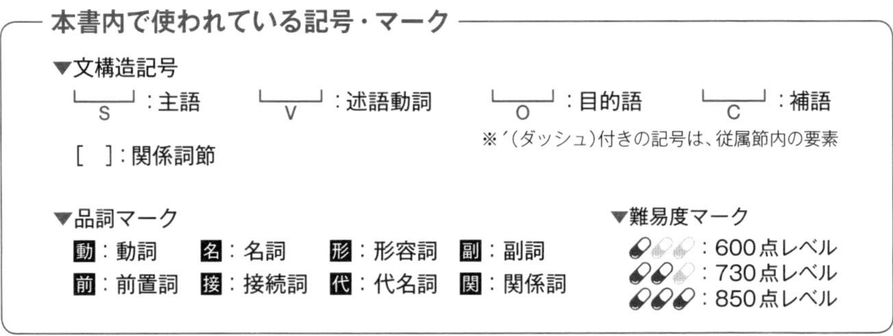

本書内で使われている記号・マーク

▼文構造記号

S：主語　V：述語動詞　O：目的語　C：補語

[ ]：関係詞節

※'（ダッシュ）付きの記号は、従属節内の要素

▼品詞マーク

動：動詞　名：名詞　形：形容詞　副：副詞
前：前置詞　接：接続詞　代：代名詞　関：関係詞

▼難易度マーク

：600点レベル
：730点レベル
：850点レベル

■授業動画について

攻略ポイントについて解説した、TOEICコーチによる授業動画をご用意しています。
右上のQRコードを読み取っていただくと、動画のページに飛ぶことができます。

本書で収録している全ての動画をまとめた再生リストもございます。
そちらもご活用ください。

授業動画はこんな感じ！

各章の学習の流れ

②文法知識＋語彙・表現の知識を補強する

■さらに分解！

さらに分解！

品詞がバラバラな問題を解くときに重要となるのが、文の要素と品詞を理解すること。どの問題タイプを解くときにも欠かせない知識なので、まずはこの問題タイプを通じて英語の基本をおさらいしておきましょう。

5文型の復習

■基本の5文型

「SがVする」
Mr. Green retired.

Mr. Green used to be a famous singer.

「SはOをVする」
Mr. Green will release his new song.

Mr. Green showed me a photograph.

Mr. Green named the album *Sweet 2 Blue*.

■セットで覚える！ 要素と品詞

	文の要素	入る品詞
□	主語(S)	名詞
□	述語動詞(V)	動詞
□	目的語(O)	名詞
□	補語(C)	形容詞か名詞

024

名詞について理解しよう！

■語尾に注目！ 名詞を見分けるヒント

	語尾	名詞
□	-tion / -sion	satisfaction「満足」、expansion「拡大」
□	-ance / -ence	appearance「外見」、reference「参照」
□	-ness	business「事業」、effectiveness「有効性」
□	-cy	agency「代理店」、accuracy「正確さ」
□	-ty	safety「安全性」、society「社会」
□	-ment	appointment「約束」、management「経営」
□	-er, -or, -ar, -ent, -ant	customer「顧客」、instructor「指導者」

■名詞が正解になるパターン

Publication of a new book by Anne Harper was announced.

You can purchase the publication through our online shop.

The article [Ms. Yamano wrote] was accepted for publication.

Tiger Bee is the best-selling publication by Beacon Light.

025

問題タイプを解くときに必要となる、重要な文法事項を学習します。必要となる語彙や表現の知識も、このコーナーで確認しましょう。

③これまでで学んだ解き方と知識のアウトプットをする

■トレーニング

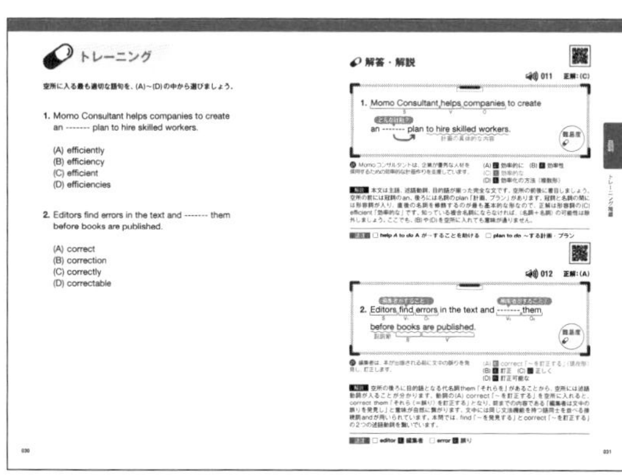

トレーニング

空所に入る最も適切な語句を、(A)～(D)の中から選びましょう。

1. Momo Consultant helps companies to create an ------- plan to hire skilled workers.

(A) efficiently
(B) efficiency
(C) efficient
(D) efficiencies

2. Editors find errors in the text and ------- them before books are published.

(A) correct
(B) correction
(C) correctly
(D) correctable

030

解答・解説

011 正解：(C)

1. Momo Consultant helps companies to create an ------- plan to hire skilled workers.

012 正解：(A)

2. Editors find errors in the text and ------- them before books are published.

031

これまで学んだ知識を基に、問題を解くトレーニングを行います。

左ページで問題を解いて、右ページで解答・解説・文構造を確認。授業動画も付いているので、1問1問確実に理解できます。

④少し難しい問題で腕試しをする

■実力試しテスト

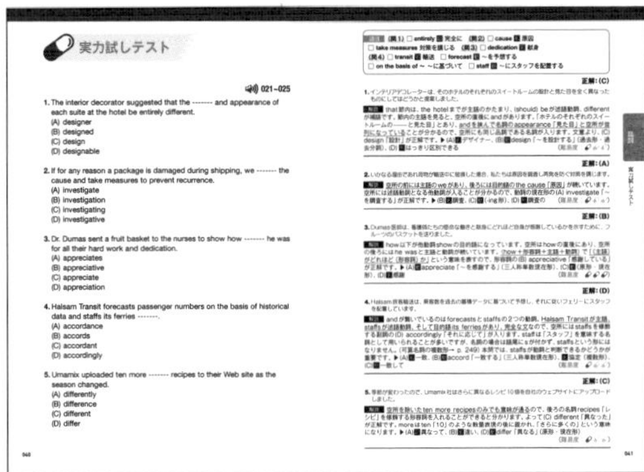

実力試しテスト

021~025

1. The interior decorator suggested that the ------- and appearance of each suite at the hotel be entirely different.
(A) designer
(B) designed
(C) design
(D) designable

2. If for any reason a package is damaged during shipping, we ------- the cause and take measures to prevent recurrence.
(A) investigate
(B) investigation
(C) investigating
(D) investigative

3. Dr. Dumas sent a fruit basket to the nurses to show how ------- he was for all their hard work and dedication.
(A) appreciates
(B) appreciative
(C) appreciate
(D) appreciation

4. Halsam Transit forecasts passenger numbers on the basis of historical data and staffs its ferries -------.
(A) accordance
(B) accords
(C) accordant
(D) accordingly

5. Umamix uploaded ten more ------- recipes to their Web site as the season changed.
(A) differently
(B) difference
(C) different
(D) differ

(問1) entirely (問2) cause / take measures (問3) dedication (問4) transit / forecast / on the basis of ~ / staff

正解：(C)

正解：(A)

正解：(B)

正解：(D)

正解：(C)

これまでの知識が身に付いているか、実力試しを行います。1見開き計5問収録されており、少し難しい問題も混ざっています。

各問題タイプへの理解が完璧になったら、さまざまな問題タイプがミックスされた模試の章へ進みましょう！(→ p. 279)

音声のご利用方法

本書は、音声を聞くことができます。以下のいずれかの方法でご使用ください。

①ホームページから

パソコン・スマートフォン・タブレット等の端末から、下記のサイトにアクセスしてください。お好きなトラック番号を再生いただくか、リンクから音声ファイルを一括ダウンロードしてご利用ください。

https://www.shin-sei.co.jp/TOEIC_grammar/

②スマートフォン用アプリabceedから

AI英語教材アプリabceed（提供：株式会社Globee）でも、本書の音声をご利用いただけます。App StoreまたはGoogle Playからアプリをダウンロードしていただき、「見つける」メニューから本書名を検索してご利用ください。

https://www.abceed.com/

※一部機種によっては再生できない場合があります。
※ご利用の端末がインターネットに接続されている必要があります。
※スマートフォン・タブレットでご利用いただく場合、Wi-Fiに接続した状態でのご利用を推奨いたします。
※なお、上記サービスの内容は予告なく変更・終了する場合がございます。あらかじめご了承ください。

TOEIC® L&Rテストについて

TOEIC® L&Rテストは英語でのコミュニケーション能力を測るテストで、アメリカの非営利テスト開発機関であるETSによって開発・制作されています。テスト結果は合格・不合格ではなく、リスニング5〜495点、リーディング5〜495点、トータル10〜990点の5点刻みのスコアで評価されます。

公開テストは、TOEIC公式サイト(https://www.iibc-global.org)から申し込みをすることができます。

※会員登録や申し込み、支払いの具体的な方法については、TOEIC公式サイトをご確認ください。

■ TOEIC® L&Rテストの流れ

●リスニングセクション　時間 約45分間　問題数 100問

Part	問題	問題数	時間
Part 1	**写真描写問題**	6問	約4分30秒
Part 2	**応答問題**	25問	約8分
Part 3	**会話問題**	39問(13題)	約10分
Part 4	**説明文問題**	30問(10題)	約15分

●リーディングセクション　時間 75分間　問題数 100問

Part	問題	問題数	時間
Part 5	**短文穴埋め問題**	30問	(目安)10分
Part 6	**長文穴埋め問題**	16問	(目安)10分
Part 7	**読解問題**	54問(15題)	(目安)55分

リーディングは自分で時間配分を決める必要があります。
時間内に全問解き終えるためには、Part 5を1問20秒〜30秒程度で解き終えることが肝心です。

問題タイプを知ろう!

まずは全8問のミニ模試を解いて、
文法問題の8つのタイプを知りましょう。

問題タイプを知ろう！

ミニ模試に挑戦！

まずはPart 5に出題される８つのタイプの文法問題を解いて、どんな問題が出題されるかを把握しておきましょう。

1. Due to the inclement weather, the ------- of the annual picnic decided to postpone the event until further notice.
(A) organize
(B) organizers
(C) organizational
(D) organizationally

2. Beacong International ------- with Newsey Media five years ago and it has grown in size since then.
(A) has merged
(B) merged
(C) will merge
(D) is merging

3. Owing to increases in e-commerce and advertising revenue, the online magazine's profit increased ------- eleven percent last year.
(A) at
(B) to
(C) by
(D) for

4. ------- the workplace dress code, unacceptable items of clothing include athletic wear and running shoes.
(A) In regard to
(B) On behalf of
(C) For instance
(D) As soon as

001~008

5. The captain brought some extra jerseys to the soccer tournament in case any of ------- teammates had forgotten theirs.
(A) she
(B) her
(C) hers
(D) herself

6. Mr. Gleeson in logistics has developed a system ------- allows for more efficient matching of freight shippers and carriers.
(A) what
(B) where
(C) that
(D) who

7. The artifacts discovered near Tripoli had been ------- well preserved that they look as though they were made recently.
(A) such
(B) so
(C) either
(D) for

8. Mr. Park made sure that ------- employees were notified about a schedule change of the regular meeting held on Wednesdays.
(A) every
(B) each
(C) another
(D) all

問題タイプを知ろう！

ミニ模試　解答・解説

各問題タイプの特徴を学びながら、正解と解説を確認しましょう。

1. 品詞がバラバラなタイプ

➡詳しい解き方は1章 p. 19へ！

正解：(B)

Due to the inclement weather, the ------- of the annual picnic decided to postpone the event until further notice.

(A) organize
(B) organizers
(C) organizational
(D) organizationally

品詞が異なる似た形！

訳 悪天候のため、毎年行われるピクニックの主催者は、別途知らせがあるまでイベントを延期することを決定しました。

(A) 動 ～を組織する
(B) 名 主催者（複数形）
(C) 形 組織的な
(D) 副 組織的に

解説 主語にあたるthe ------- of the annual picnic「毎年行われるピクニックの-------」の中に空所があり、後ろには述語動詞のdecided「～することに決めた」が続いています。主語の働きをするのは名詞なので、(B) organizers「主催者」が正解です。

選択肢の特徴	①ある単語の派生語が並んでいる（共通するスペルがある） ②品詞はバラバラ（名詞、動詞、形容詞、副詞が並ぶことが多い）
必要なスキル	文構造や空所の前後の語の働きを見て、空所に必要な品詞が何かを判断する力

2. 動詞の異なる形が並んだタイプ

➡詳しい解き方は2章 p. 61へ！

正解：(B)

Beacong International ------- with Newsey Media five years ago and it has grown in size since then.

(A) has merged
(B) merged
(C) will merge
(D) is merging

動詞が変化した形！

訳 Beacong International は5年前にNewsey Mediaと合併し、それ以来規模を拡大しています。

(A) 動（現在完了形）
(B) 動（過去形）
(C) 動（未来を表す形）
(D) 動（現在進行形）

解説 five years ago「5年前」という時を表すヒントに着目しましょう。これは過去を表す語句なので、時制の視点から、動詞merge「合併する」の過去形である(B) merged「合併した」が正解です。

選択肢の特徴	①動詞の変化形が並んでいる ②時制が異なる形（過去形、現在形、未来を表す形など）に加え、to不定詞や分詞などが並ぶこともある
必要なスキル	正しい動詞の形を判別する力、主述の一致・態・時制の視点の理解

問題タイプとは？

3. 前置詞が並んだタイプ

詳しい解き方は3章 p. 99へ！

正解：(C)

Owing to increases in e-commerce and advertising revenue, the online magazine's profit increased ------- eleven percent last year.

(A) at
(B) to
(C) by
(D) for

全て前置詞！

訳 eコマースと広告収益が増加したため、そのオンライン雑誌の収益は、昨年11パーセント増加しました。

(A) 前 ～に
(B) 前 ～へ
(C) 前 ～だけ
(D) 前 ～のために

解説 空所の前後にある「オンライン雑誌の収益は増加した」という内容と「11パーセント」との関係を考えると、「11パーセント分収益が増加した」と繋げるのが自然です。よって、「差」を表す前置詞の(C) byが正解です。byは「～によって」だけでなく、差異「～(の分)だけ」という意味があります。

選択肢の特徴	①前置詞のみが並んでいる ②品詞は同じでも、見た目はバラバラ
必要なスキル	前置詞の意味やニュアンスの理解、前置詞を用いた熟語の知識

4. 前置詞と接続詞が混ざったタイプ

詳しい解き方は4章 p. 123へ！

正解：(A)

------- the workplace dress code, unacceptable items of clothing include athletic wear and running shoes.

(A) In regard to
(B) On behalf of
(C) For instance
(D) As soon as

前置詞、接続詞が混ざった選択肢！

訳 職場のドレスコードに関し、容認できない服装にはスポーツウェアとランニングシューズが含まれます。

(A) 前 ～に関して
(B) 前 ～を代表して
(C) 副 例えば
(D) 接 ～するとすぐに

解説 空所の後ろにはthe workplace dress code「職場のドレスコード」という名詞句があるので、前置詞(句)の(A)と(B)が正解候補です。カンマ以降では、「容認できない服装」の具体例として「スポーツウェアとランニングシューズ」が挙げられており、「職場のドレスコード」がこの文全体のテーマだといえます。よって、「主題」を伝える際に用いられる(A) In regard to「～に関して」が正解です。

選択肢の特徴	①前置詞(句)と接続詞(句)が並んでいる ②接続副詞(句)や形容詞が混ざることもある
必要なスキル	空所の後ろが「句」か「節」かを見抜く力、前置詞(句)・接続詞(句)の意味の知識

5. 代名詞が並んだタイプ

➡詳しい解き方は 5章 p. 149へ！

正解：(B)

The captain brought some extra jerseys to the soccer tournament in case any of ------- teammates had forgotten theirs.

(A) she
(B) her
(C) hers
(D) herself

代名詞の格が変化した形！

訳 チームメイトのうちの誰かが忘れた場合に備えて、キャプテンはサッカーのトーナメントにいくつか余分にジャージを持ってきました。

(A) 代 彼女は（主格）
(B) 代 彼女の（所有格）
(C) 代 彼女のもの（所有代名詞）
(D) 代 彼女自身（再帰代名詞）

解説 空所の後ろにはteammates「チームメイト」という名詞があります。名詞を修飾する所有格の代名詞(B) her「彼女の」を空所に入れると、in case以降が「彼女のチームメイトのうちの誰かが（ジャージを）忘れた場合に備えて」という意味になり、自然な文脈になります。

選択肢の特徴	①代名詞の格が変化した形（主格、所有格、目的格など）が並んでいる ②不定代名詞（both「両方」やsomething「何か」など）も出題される
必要なスキル	代名詞の格変化の理解、不定代名詞の知識

6. 関係詞が並んだタイプ

➡詳しい解き方は 6章 p. 179へ！

正解：(C)

Mr. Gleeson in logistics has developed a system ------- allows for more efficient matching of freight shippers and carriers.

(A) what
(B) where
(C) that
(D) who

関係詞ばかり！

訳 物流部門のGleesonさんは、貨物の荷送人と運送業者をさらに効率的に組み合わせることを可能にするシステムを開発しました。

(A) 関（主格・目的格の関係代名詞）
(B) 関（関係副詞）
(C) 関（主格・目的格の関係代名詞）
(D) 関（主格・目的格の関係代名詞）

解説 関係詞節となる空所以降には節内の述語動詞allows for ～「～を可能にする」があるものの、その前にあるはずの主語が欠けています。よって、空所には主格の関係代名詞が入ります。先行詞はa system「システム」なので、「もの」を先行詞に取ることができる(C) thatが正解です。(D) whoは「人」を先行詞に取るので不正解です。

選択肢の特徴	①関係詞が並んでいる ②関係代名詞（which、who、whatなど）や関係副詞（where、whenなど）、複合関係詞（whichever、whereverなど）が主に出題される
必要なスキル	関係詞の格変化の理解、先行詞を見抜く力

7. 他の語とセットになるタイプ

➡詳しい解き方は7章 p. 203へ！

正解：(B)

The artifacts discovered near Tripoli had been ------- well preserved that they look as though they were made recently.

(A) such
(B) so
(C) either
(D) for

セット表現の片方！

訳 Tripoli近くで発見された埋蔵品はとても良く保存されていたので、最近作られたかのように見えます。

(A) 形 ～のような
(B) 副 非常に
(C) 副 どちらか
(D) 前 ～のために

解説 本文のthatに着目しましょう。副詞の(B) soを空所に入れると、soとthatがセットになりso ～ that ...「とても～なので…」という表現が完成します。soの後ろにはwell preserved「良く保存されている」のような形容詞が続きます。(A)のsuchもthatとセットで使われますが、その場合suchの後ろには名詞が必要です。

選択肢の特徴	①セットになって意味を成す表現の一方が選択肢に並んでいる ②語法が重要となる動詞が並んでいることもある
必要なスキル	セットとなる語(句)を本文中から見つけ出す力、セット表現や動詞の語法の知識

8. 数や比較の表現が並んだタイプ

➡詳しい解き方は8章 p. 243へ！

正解：(D)

Mr. Park made sure that ------- employees were notified about a schedule change of the regular meeting held on Wednesdays.

(A) every
(B) each
(C) another
(D) all

数を表す形容詞！

訳 Parkさんは、毎週水曜日の定例会議の日程変更について全ての従業員が確実に知らされているようにしました。

(A) 形 全ての
(B) 形 それぞれの
(C) 形 もう１つの
(D) 形 全ての

解説 空所の後ろの名詞に注目。後ろにはemployeesという可算名詞の複数形があるので、これを修飾することができる(D) all「全ての」が正解です。(A)(B)(C)はどれも、可算名詞の単数形を修飾する形容詞なので不正解です。

選択肢の特徴	①直後の名詞を修飾する、数を表す形容詞が並んでいる ②形容詞や副詞の原級・比較級・最上級、またそれらを修飾する表現が並んでいる
必要なスキル	可算名詞・不可算名詞の判別、名詞の単複の判別、数を表す形容詞や比較表現の知識

問題タイプを知ろう！ 

出題頻度一覧

最後に、文法力が特に試されるPart 5での問題タイプ別出題頻度を確認しておきましょう。全30問のうち、文法問題が20問程度、語彙問題が10問程度出題されます。

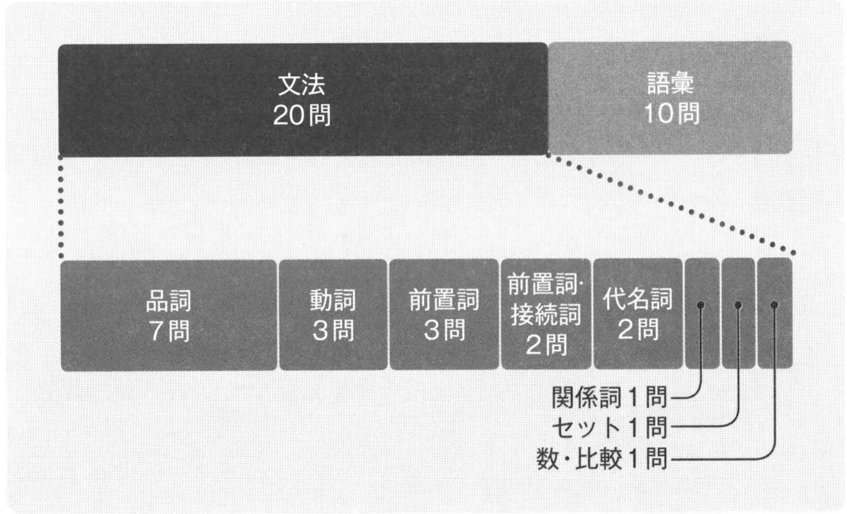

※あくまでも平均であり、回によって出題バランスは異なります。

語彙問題とは？

本書で紹介した8タイプの文法問題（1.品詞がバラバラなタイプ～8.数や比較の表現が並んだタイプ）に加え、Part 5では語彙の問題も10問程度出題されます。
語彙問題とは、その名の通り、語彙の知識を測る問題です。全て同じ品詞の語彙が選択肢に並び、語と語の組み合わせ（コロケーション）の観点から、空所に入れて正しく意味が通る単語を選びます。どれだけ多くの単語の意味を覚えているか、またどれだけ多くの熟語やコロケーションを知っているかがポイントになるため、日々の単語学習が重要です。

次のページからいよいよ１章。文法問題を詳しく見ていきましょう！ 

品詞がバラバラなタイプ

- 文法問題の中で最頻出の問題タイプ
- 足りない要素に対して適切な品詞を選ぼう
- 5文型と文構造の理解が肝心

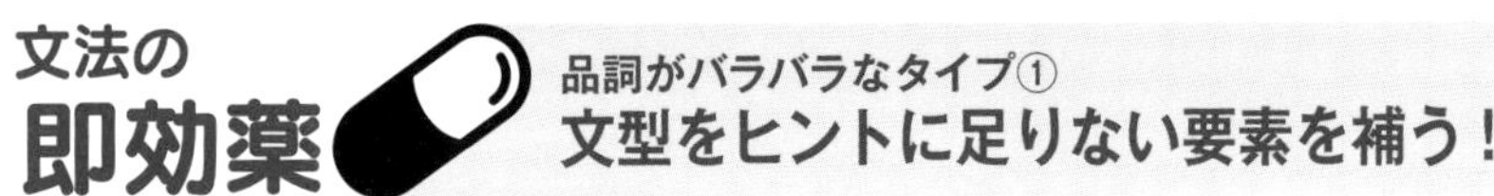

例題1を解いてみて、解き方の基本STEPに沿って解けたかを確認しましょう。

例題1　　難易度：

To gather feedback from its regular customers, GZ mart ------- a customer satisfaction survey template.

(A) creation
(B) created
(C) creative
(D) creatively

▶解き方の基本STEP

選択肢をチェック！

ある単語のさまざまな品詞（名詞、動詞、形容詞、副詞）が並んでいる問題タイプ。スペルが似た単語が4つ並んでいるのが特徴です。

文構造を確認する！

まずは、主語（S）、述語動詞（V）、目的語（O）、補語（C）が揃っているかを確認。英文は、第1文型（S V）、第2文型（S V C）、第3文型（S V O）、第4文型（S V O O）、第5文型（S V O C）のいずれかに分類できます。本文を読んで、足りない要素がないかを確認しましょう。

STEP 2

足りない要素を補う！

STEP 1で足りない要素があったら、それを補う品詞を選択。主語（S）や目的語（O）になるのが名詞、述語動詞（V）になるのが動詞、補語（C）になるのが形容詞または名詞です。

▶例題 1 の解説

009

To gather feedback from its regular customers, GZ mart
「目的」を表すto不定詞　S

GZ martがしたこと

------- a customer satisfaction survey template.
V　O

(A) 名 創造　(B) 動 ～を作った
(C) 形 創造的な　(D) 副 創造的に

訳 常連客からの意見を集めるため、GZ martは顧客満足度調査のテンプレートを作成しました。

語注 □ gather 動 ～を集める　□ feedback 名 意見、感想　□ satisfaction 名 満足
□ survey 名 調査

STEP 0

選択肢をチェック！

選択肢には、スペルが似た単語が4つあります。動詞create「～を作る」と、そこから派生した名詞、形容詞、副詞が並んでいるので、この問題は品詞がバラバラなタイプだと判断しましょう。

文構造を確認する！

GZ martが文全体の主語、その直後に空所が続き、空所の後ろにはa customer satisfaction survey template「顧客満足度調査のテンプレート」と続きます。a ～と冠詞が付いているので名詞だと見分けやすく、これは目的語になります。本文には述語動詞が欠けていることが分かりますね。文頭のto不定詞からカンマまでは、テンプレートを作成した「目的」を説明しています。

足りない要素を補う！

述語動詞の役割を果たす品詞は動詞だけなので、動詞create「～を作る」の過去形である(B) createdを空所に入れます。すると、「誰が何をどうした」という第3文型(S V O)の文が完成し、文の要素が揃います。

➡ 正解：(B)

文法の即効薬

品詞がバラバラなタイプ②

文の要素が足りていたら修飾語を選ぶ！

例題２を解いてみて、解き方の基本STEPに沿って解けたかを確認しましょう。

例題2

難易度：

Beacon Sweets offers a ------- selection of breads, cookies, and cakes at reasonable prices.

(A) breadth
(B) broaden
(C) broad
(D) broadly

▶解き方の基本STEP

STEP 0

選択肢をチェック！

例題１同様、ある単語のさまざまな品詞（名詞、動詞、形容詞、副詞）が並んでいたら品詞がバラバラなタイプだと判断。スペルが似た単語が４つ並んでいるのが特徴です。

STEP 1

文構造を確認する！

まずは主語（S）、述語動詞（V）、目的語（O）、補語（C）が揃っているかをチェック。本文を読んで、足りない要素がないかを確認しましょう。

STEP 2

文の要素が足りている場合、修飾語を補う！

本文に必要な要素が揃っている場合に正解として選べるのは、修飾語の役割をする形容詞または副詞です。空所が名詞を修飾するときは形容詞、名詞以外（動詞や形容詞、文全体など）を修飾するときは副詞が正解になります。

▶例題２の解説

🔊 010

どんな品揃え？

Beacon Sweets offers a ------- selection of breads, cookies, and cakes at reasonable prices.

S V O

「手頃な値段で」

(A) 名 幅、広さ　(B) 動 ～を広げる
(C) 形 幅広い　(D) 副 広く

訳 Beaconスイーツ店は、幅広い品揃えのパン、クッキー、ケーキを手頃な値段で提供しています。

語注 □ **a selection of ～** ～の品揃え　□ **reasonable** 形 手頃な

STEP 0 選択肢をチェック！

選択肢には、スペルが似た単語が４つあります。形容詞broad「幅広い」と、そこから派生した名詞、動詞、副詞が並んでいますね。例題１と同様、この問題も品詞がバラバラなタイプです。

STEP 1 文構造を確認する！

主語はBeacon Sweets、述語動詞はoffer「～を提供する」（三人称単数形なのでoffersの形）です。さらにその後ろには、a ------- selection of breads, cookies, and cakes「-------な品揃えのパン、クッキー、ケーキ」という目的語があります。空所がなくても「Beaconスイーツ店はパン、クッキー、ケーキの品揃えを提供している」という第３文型（SVO）の文が成立するので、文の要素が揃っていることが分かります。

STEP 2 文の要素が足りている場合、修飾語を補う！

文の要素が足りているので、空所には修飾語が入ります。空所の直後には、名詞selection「品揃え」がありますね。名詞を修飾することができるのは形容詞なので、正解は(C) broad「幅広い」です。a broad selection of ～「幅広い品揃えの～」という表現を覚えておきましょう。

➡ 正解：(C)

さらに分解！

品詞がバラバラな問題を解くときに重要となるのが、文の要素と品詞を理解すること。どの問題タイプを解くときにも欠かせない知識なので、まずはこの問題タイプを通じて英語の基本をおさらいしておきましょう。

5文型の復習

まずは英語の基本となる文型についておさらい。文がどんな要素で構成されているのか、また足りない要素にはどの品詞を補うべきなのかを確認しておきましょう。

■基本の5文型

第1文型SV 「SがVする」

Mr. Green retired.
(Mr. Green = S, retired = V)

訳 Greenさんは引退しました。

第2文型SVC 「Sは（=V）Cだ」（SとCは同じものを指す）

Mr. Green used to be a famous singer.
(Mr. Green = S, used to be = V, a famous singer = C)

訳 Greenさんはかつて有名な歌手でした。

第3文型SVO 「SはOをVする」

Mr. Green will release his new song.
(Mr. Green = S, will release = V, his new song = O)

訳 Greenさんは新曲を出します。

第4文型SVOO 「SはO_1にO_2をVする」

Mr. Green showed me a photograph.
(Mr. Green = S, showed = V, me = O_1, a photograph = O_2)

訳 Greenさんは私に写真を見せてくれました。

第5文型SVOC 「SはO＝CとVする」（OとCは同じものを指す）

Mr. Green named the album *Sweet 2 Blue*.
(Mr. Green = S, named = V, the album = O, *Sweet 2 Blue* = C)

訳 Greenさんはそのアルバムを*Sweet 2 Blue*と名付けました。

■セットで覚える！　要素と品詞

	文の要素	入る品詞
□	主語(S)	名詞
□	述語動詞(V)	動詞
□	目的語(O)	名詞
□	補語(C)	形容詞か名詞

名詞について理解しよう！

次に、よく問われる品詞（名詞・動詞・形容詞・副詞）について、見分け方と正解になるときのパターンを詳しく見ていきましょう。単語の語尾から品詞は予測できます。

■語尾に注目！　名詞を見分けるヒント

	語尾	頻出単語の例
□	-tion / -sion	satisfaction「満足」、expansion「拡大」
□	-ance / -ence	appearance「外見」、reference「参照」
□	-ness	business「事業」、effectiveness「有効性」
□	-cy	agency「代理店」、accuracy「正確さ」
□	-ty	safety「安全性」、society「社会」
□	-ment	appointment「約束」、management「経営」
□	-er, -or, -ar, -ent, -ant	customer「顧客」、instructor「指導者」

■名詞が正解になるパターン

文の主語になる！

Publication of a new book by Anne Harper (S) was announced (V).

訳 Anne Harperによる新刊の出版が発表されました。（第１文型）

他動詞の目的語になる！

You (S) can purchase (V) the publication (O) through our online shop.

訳 私たちのオンラインショップで、出版物をご購入いただけます。（第３文型）

前置詞の目的語になる！

The article (S) [Ms. Yamano (S´) wrote (V´)] was accepted (V) for publication.

訳 Yamanoさんが書いた記事は出版が認められました。（第１文型）

文の補語になる！

Tiger Bee (S) is (V) the best-selling publication (C) by Beacon Light.

訳 *Tiger Bee*はBeacon Light社による、最も売れている出版物です。（第２文型）

品詞

さらに分解！

さらに分解！

動詞について理解しよう！

動詞は文章の中で大きく分けて２種類の働き方をします。１つは主語が「～した」という述語の役割を果たす述語動詞で、これは文に必要不可欠な要素です。２つ目は準動詞と呼ばれるもので、名詞や形容詞、副詞の働きをする特別な形です。前置詞の目的語になる動名詞や、分詞構文を含む現在分詞がこれに当たります。（→ p. 98）まずは動詞の見分け方と、動詞が正解になる基本的なパターンを学習しましょう。

■語尾に注目！　動詞を見分けるヒント

	語尾	頻出単語の例
□	-ize /-ise	maximize「～を最大にする」、 prioritize「～に優先順位を付ける」、 revise「～を改訂する」
□	-en	lengthen「～を長くする」、 sharpen「～を鋭くする」、 broaden「～を広げる」
□	-ate	activate「～を活性化する」、 deteriorate「悪化する」、 update「～を更新する」
□	-fy	clarify「～を明確にする」、 notify「～に知らせる」、 identify「～を特定する」

■動詞が正解になるパターン

述語動詞になる！

We always offer discounts to shoppers during the winter season.
(We = S, offer = V, discounts = O)

訳 私たちはいつも、冬の期間は買い物客に割引を提供しています。（第３文型）

※準動詞になる形はパターンが多いので、２章（→ p. 61 ～）で詳しく解説します。

形容詞について理解しよう！

次は形容詞です。形容詞の役割は主に２つ。文の要素として補語になるか、名詞を修飾するかです。

■語尾に注目！　形容詞を見分けるヒント

	語尾	頻出単語の例
□	-ble	affordable「手頃な」、impossible「不可能な」
□	-ful	successful「成功した」、insightful「洞察力のある」

□	-ive	alternative「代わりの」、conclusive「決定的な」
□	-cial	financial「財政上の」、beneficial「有益な」
□	-al	final「最後の」、additional「追加の」
□	-ous	various「さまざまな」、prosperous「繁栄している」
□	-ic	authentic「本物の」、specific「特定の」
□	-ed, -ing	excited「わくわくしている」、exciting「わくわくさせるような」

■**形容詞が正解になるパターン**

文の補語になる！

Mr. Watanabe is qualified for the managerial position.
S V C

訳 Watanabeさんは管理職にふさわしいです。（第2文型）

名詞を修飾する！

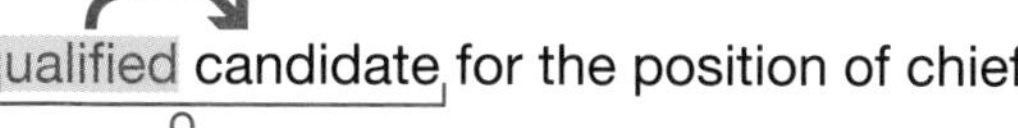

We are seeking a qualified candidate for the position of chief editor.
S V O

訳 私たちは編集長の役職にふさわしい候補者を探しています。（第3文型）

副詞について理解しよう！

副詞は、名詞以外を修飾します。具体的には、動詞や形容詞、文全体に説明を加えます。文の要素にはならず、修飾語としての役割を持つ品詞のため、副詞がなくても文が成立するのが特徴です。

■**語尾に注目！　副詞を見分けるヒント**

副詞の語尾で多いのが-ly。-lyより前が形容詞になっていることが大きな特徴です。（例：efficiently「効率的に」→ efficient「効率的な」）ただし、-lyの前が名詞のとき、その単語は形容詞になるので注意が必要です。

	品詞	特徴	頻出単語の例
□	副詞	形容詞＋-ly	occasionally「時々」、shortly「まもなく」、honestly「正直に」、brightly「明るく」、closely「密接に」
□	形容詞	名詞＋-ly	friendly「親切な」、orderly「整然とした」、monthly「毎月の」、timely「時機の良い」、quarterly「年4回の」

さらに分解！

■副詞が正解になるパターン

動詞を修飾！

Please reply to the e-mail quickly so we can confirm the number of attendees.

(reply: V / we: S′ / can confirm: V′ / the number of attendees: O′)

訳 出席者の人数を確認できるよう、すぐにEメールに返信してください。
（第1文型 ※主語のyouが省略された形）

形容詞を修飾！

The magazine features highly successful companies in the logistics industry.

(The magazine: S / features: V / companies: O)

訳 その雑誌は物流業界で非常に成功している会社を特集しています。（第3文型）

文全体を修飾！

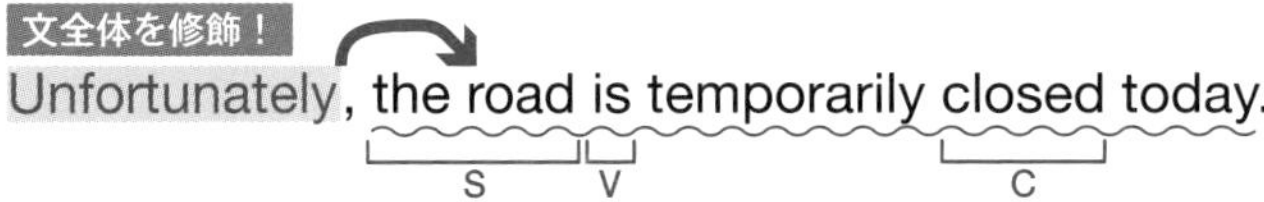

訳 残念ながら、その道路は本日一時的に閉鎖されています。（第2文型）

〈名詞＋名詞〉の複合名詞

最後に、品詞がバラバラなタイプで出題される応用のパターンを学習します。

〈空所＋名詞〉のパターンに出会ったら、名詞を修飾する形容詞を正解に選ぶのが基本の考え方です。一方で、中には名詞が名詞を修飾するパターンが出題されることも。これが、〈名詞＋名詞〉の形となる、複合名詞と呼ばれるものです。複合名詞は、「どれだけ知っているか」が得点のカギになります。以下の表で頻出の複合名詞を押さえておきましょう。

■覚えておきたい複合名詞

	複合名詞	意味
□	installation fee	「取り付け費用」
□	identification card	「身分証明書」
□	advertising agency	「広告代理店」
□	finance committee	「財政委員会」
□	benefits package	「福利厚生」

	複合名詞	意味
□	confidentiality policy	「守秘義務方針」
□	occupancy rate	「占有率、利用率」
□	production process	「生産工程」
□	security guard	「警備員」
□	distribution channel	「流通経路」
□	application form	「申込用紙」
□	arrival time	「到着時間」
□	construction site	「建設現場」
□	delivery date	「配達日」
□	interest rate	「金利」
□	office supplies	「事務用品」
□	profit efficiency	「収益効率」
□	safety inspection	「安全点検」

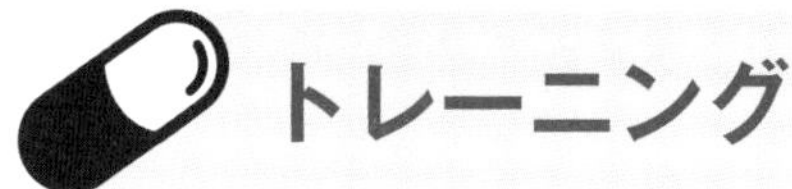

トレーニング

空所に入る最も適切な語句を、(A)～(D)の中から選びましょう。

1. Momo Consultant helps companies to create an ------- plan to hire skilled workers.

(A) efficiently
(B) efficiency
(C) efficient
(D) efficiencies

2. Editors find errors in the text and ------- them before books are published.

(A) correct
(B) correction
(C) correctly
(D) correctable

解答・解説

011　**正解：(C)**

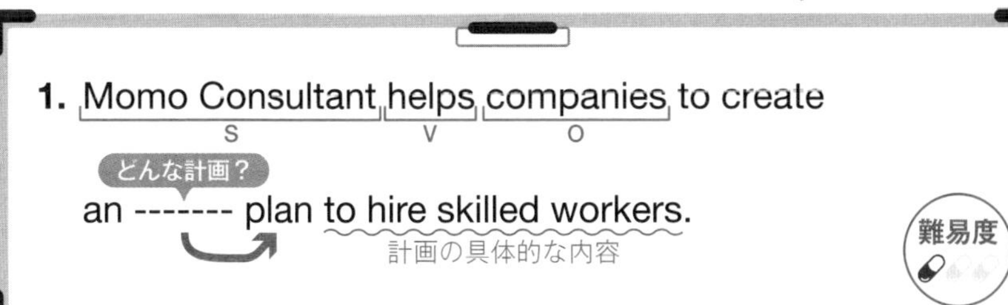

訳 Momoコンサルタントは、企業が優秀な人材を採用するための効率的な計画作りを支援しています。

(A) 副 効率的に　(B) 名 効率性
(C) 形 効率的な
(D) 名 効率化の方法（複数形）

解説 本文は主語、述語動詞、目的語が揃った完全な文です。空所の前後に着目しましょう。空所の前には冠詞のan、後ろには名詞のplan「計画、プラン」があります。冠詞と名詞の間には形容詞が入り、直後の名詞を修飾するのが最も基本的な形なので、正解は形容詞の(C) efficient「効率的な」です。知っている複合名詞にならなければ、〈名詞＋名詞〉の可能性は除外しましょう。ここでも、(B)や(D)を空所に入れても意味が通りません。

語注 □ **help *A* to *do*** A が～することを助ける　□ **plan to *do*** ～する計画・プラン

012　**正解：(A)**

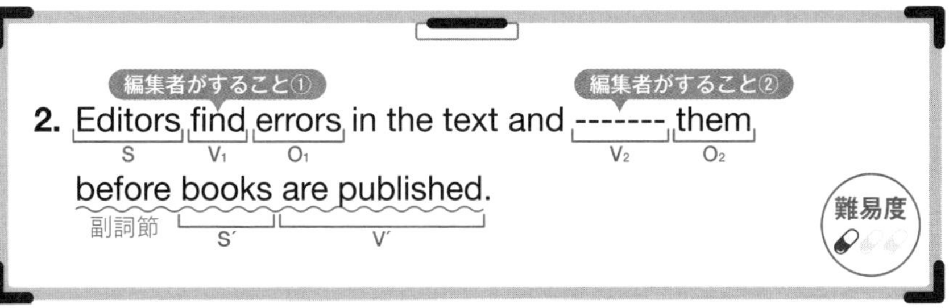

訳 編集者は、本が出版される前に文中の誤りを発見し、訂正します。

(A) 動 correct「～を訂正する」（現在形）
(B) 名 訂正　(C) 副 正しく
(D) 形 訂正可能な

解説 空所の後ろに目的語となる代名詞them「それらを」があることから、空所には述語動詞が入ることが分かります。動詞の(A) correct「～を訂正する」を空所に入れると、correct them「それら（＝誤り）を訂正する」となり、前までの内容である「編集者は文中の誤りを発見し」と意味が自然に繋がります。文中には同じ文法機能を持つ語同士を並べる接続詞andが用いられています。本問では、find「～を発見する」とcorrect「～を訂正する」の2つの述語動詞を繋いでいます。

語注 □ **editor** 名 編集者　□ **error** 名 誤り

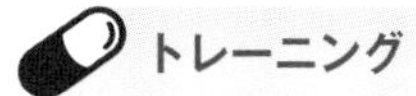

空所に入る最も適切な語句を、(A)～(D)の中から選びましょう。

3. Starting next month, ------- at the HPS Clinic will be given access to their medical records online.

(A) patients
(B) patience
(C) patient
(D) patiently

4. Blodgett Bridge is closed to traffic because of the construction to reinforce the ------- of it.

(A) strong
(B) strength
(C) strongly
(D) strengthen

解答・解説

013　正解：(A)

3. Starting next month, ------- at the HPS Clinic will be given access to their medical records online.

（主語がない！　S　V　O）

訳 来月から、HPSクリニックの患者は診療記録をオンラインで見ることができるようになります。

(A) 名 患者（複数形）　(B) 名 忍耐
(C) 名 患者、形 忍耐強く
(D) 副 根気よく

解説 本文には述語動詞と目的語はありますが、主語が欠けています。よって、空所には主語となる名詞が入ります。名詞となる(A) patients「患者」(複数形)、(B) patience「忍耐」、(C) patient「患者」の3つが正解候補です。主語を「HPSクリニックの患者」とすると意味が通るので、正解候補は(A)と(C)に絞られます。(C)のような可算名詞の単数形には冠詞のaやtheが付く必要があるので、正解は(A)です。

語注 □ **clinic** 名 外来診療所、クリニック　□ **medical** 形 医療の

014　正解：(B)

4. Blodgett Bridge is closed to traffic because of the construction to reinforce the ------- of it.

（S　V　C　動詞reinforceの目的語となるのは？　工事の理由）

訳 橋の強度を上げるための工事により、Blodgett橋は通行止めとなっています。

(A) 形 強い　(B) 名 強度
(C) 副 強く
(D) 動 strengthen「～を強化する」（原形・現在形）

解説 本文は、主語、述語動詞、補語から成っている完全な文です。to不定詞以降を見ると、空所の少し前に他動詞のreinforce「～を補強する、～を強化する」があります。空所には「何を強化するか」に当たる目的語が必要なので、正解は名詞の(B) strength「強度」です。reinforce the strength of itで「それ（＝Blodgett橋）の強度を上げる」という意味になります。冠詞と前置詞の間には名詞が入るということも、知識として押さえておきましょう。

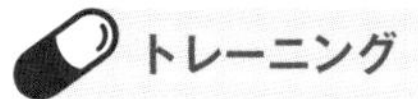

空所に入る最も適切な語句を、(A)～(D)の中から選びましょう。

5. After thirty years of -------, Ms. Kimley was elected to chief marketing executive.

(A) contribute
(B) contributable
(C) contributes
(D) contributions

6. The new equipment introduced next month will enable the workers to work more -------.

(A) produce
(B) productively
(C) product
(D) productive

解答・解説

015　**正解：(D)**

前置詞ofの目的語になるのは？

5. After thirty years of -------, Ms. Kimley (S) was elected (V) to chief marketing executive.

訳 30年におよぶ貢献の後、Kimleyさんはマーケティング最高責任者に選ばれました。

(A) 動 contribute「貢献する」（原形・現在形）
(B) 形 貢献できる
(C) 動（三人称単数現在形）
(D) 名 貢献（複数形）

解説 空所の前には前置詞のofがあります。前置詞には目的語が必要で、直後には名詞か動名詞が続きます。選択肢の中でこれに当てはまるのは、名詞の(D) contributions「貢献」のみです。よって、正解は(D)です。

語注 □ ***be* elected to ～** ～に選ばれる　□ **chief** 形 最高位の　□ **executive** 名 重役

016　**正解：(B)**

6. The new equipment (S) introduced next month (「新設備」の説明) will enable (V) the workers (O) to work more -------.

どのように働くこと？

訳 来月導入される新設備によって、作業員はより生産的に働くことができるようになるでしょう。

(A) 動 produce「～を製造する」（原形・現在形）
(B) 副 生産的に
(C) 名 製品
(D) 形 生産的な

解説 本文は主語、述語動詞、目的語が揃った完全な文です。動詞enableは、enable *A* to *do*「Aが～することを可能にする」という表現で使われます。この表現のto *do*の部分にはto work「働くこと」が既にあるので、修飾して「どんな風に」の意味を足す語が入ると考えましょう。動詞を修飾するのは副詞なので、副詞の(B) productively「生産的に」が正解です。空所の直前にあるmoreは直後の形容詞や副詞の程度を強め、「より、もっと」を意味します。

語注 □ **equipment** 名 設備　□ **introduce** 動 ～を導入する

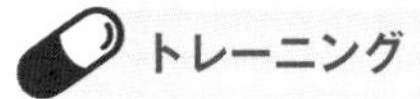

空所に入る最も適切な語句を、(A)～(D)の中から選びましょう。

7. The branch manager announced that their sales had risen ------- in the past few months.

(A) sharpen
(B) sharp
(C) sharpness
(D) sharply

8. Visitors at the museum are allowed to take pictures in the ------- area.

(A) designated
(B) designate
(C) designation
(D) designates

解答・解説

017　**正解：(D)**

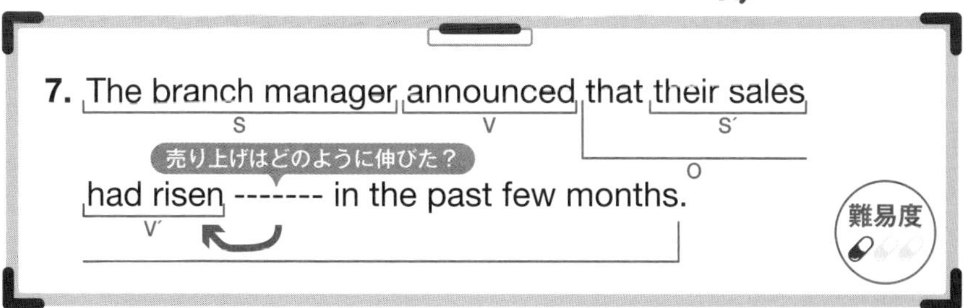

訳 支店長は、過去数カ月間で売り上げが急激に伸びたことを公表しました。

(A) 動 sharpen「～を鋭くする」(原形・現在形)
(B) 形 鋭い　(C) 名 鋭さ　(D) 副 急に

解説 空所があるthat節の中の構造は、their sales「彼らの売り上げ」が主語、had risen「上がった」が述語動詞となっています。「何がどうした」を表す第1文型で文の要素は揃っているので、空所には修飾語を補うのが適切だと判断します。よって、動詞had risen「上がった」を後ろから修飾する、副詞の(D) sharply「急に」が正解です。rise sharplyで「急に伸びる、上がる」を意味します。

語注 □ **branch** 名 支店　□ **rise** 動 上がる、高くなる

018　**正解：(A)**

8. Visitors at the museum are allowed to take pictures in the ------- area.

S: Visitors at the museum　V: are allowed to take　O: pictures

どんなエリア？

難易度

訳 美術館の来場者は、指定されたエリアで写真を撮ることを許可されています。

(A) 形 指定された
(B) 動 designate「～を示す」(原形・現在形)
(C) 名 指定　(D) 動 (三人称単数現在形)

解説 本文の文の要素は揃っています。空所の前後の形に注目しましょう。空所の直前には冠詞のthe、直後には名詞areaがあり、in the ------- areaで「-------なエリアで」という意味になります。よって、この名詞を修飾する形容詞の(A) designated「指定された」が正解です。日本語の「指定エリア」という言葉から〈名詞＋名詞〉の複合名詞の可能性を考え、(C) designationを選んだ人は要注意。英語ではそのような言い方はしないため、不正解です。

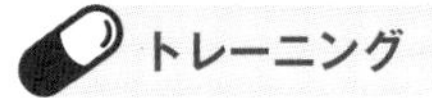

トレーニング

空所に入る最も適切な語句を、(A)～(D)の中から選びましょう。

9. Their revolutionary plan to attract new customers has ------- and resulted in a tripling of their revenue.

(A) successful
(B) succeeded
(C) success
(D) successfully

10. The total cost of the office ------- was less than expected because the store is currently holding a sale.

(A) supplier
(B) supplied
(C) supplies
(D) suppliable

解答・解説

019　正解：(B)

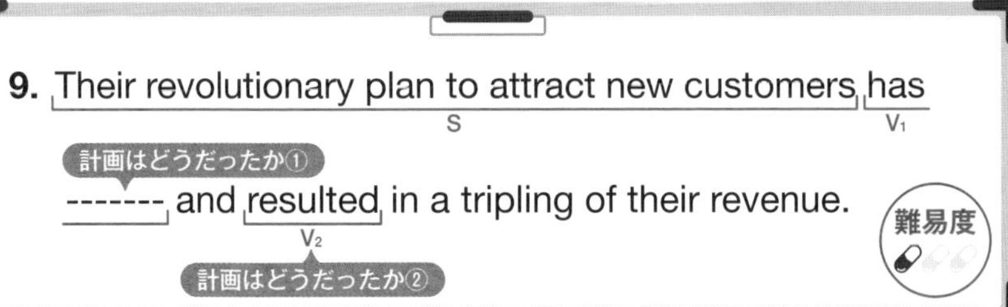

訳 新規顧客を獲得するための彼らの画期的な計画は成功し、収益が3倍という結果になりました。

(A) 形 成功した
(B) 動 succeed「成功する」(過去分詞)
(C) 名 成功　(D) 副 うまく

解説 Theirからcustomersまでが長い主語のかたまりで、空所の直後にはandが続いています。andの前後には同じ文法機能を持つ語同士が並ぶので、直後にある過去分詞resultedがヒントになります。動詞succeed「成功する」の過去分詞である(B) succeededを空所に入れると、欠けていた述語動詞を補ってhas succeeded and (has) resulted in「成功し、～という結果になった」という、2つの述語動詞（現在完了形）が並んだ文になります。過去分詞が選択肢にあった場合は本文中のhaveの有無をチェックしましょう。

語注 □ **revolutionary** 形 画期的な　□ **triple** 動 3倍になる

020　正解：(C)

officeとの組み合わせに注目！

10. The total cost of the office ------- was less than expected because the store is currently holding a sale.

(S: The total cost of the office -------　V: was　C: less　理由: because　S´: the store　V´: is currently holding　O´: a sale)

難易度

訳 お店が現在セールを行っているため、事務用品の合計金額は予想していたよりも低かったです。

(A) 名 供給会社
(B) 動 supply「～を供給する」(過去形・過去分詞)
(C) 名 在庫品（複数形）
(D) 形 供給可能な

解説 空所を含むThe total cost of the office -------が主語のかたまり、wasが述語動詞、lessが補語です。空所の直前のofficeという名詞に注目しましょう。空所に(C) supplies「在庫品」を入れると、office supplies「事務用品」という複合名詞が完成します。(A)も名詞ですが文脈的に合わず、(B)は述語動詞のwasが既にあるので選べません。名詞を修飾する形容詞は基本的に修飾される名詞よりも前に来るので、(D)も誤りです。

実力試しテスト

021~025

1. The interior decorator suggested that the ------- and appearance of each suite at the hotel be entirely different.
(A) designer
(B) designed
(C) design
(D) designable

2. If for any reason a package is damaged during shipping, we ------- the cause and take measures to prevent recurrence.
(A) investigate
(B) investigation
(C) investigating
(D) investigative

3. Dr. Dumas sent a fruit basket to the nurses to show how ------- he was for all their hard work and dedication.
(A) appreciates
(B) appreciative
(C) appreciate
(D) appreciation

4. Halsam Transit forecasts passenger numbers on the basis of historical data and staffs its ferries -------.
(A) accordance
(B) accords
(C) accordant
(D) accordingly

5. Umamix uploaded ten more ------- recipes to their Web site as the season changed.
(A) differently
(B) difference
(C) different
(D) differ

語注 〈問1〉☐ entirely 副 完全に 〈問2〉☐ cause 名 原因
☐ take measures 対策を講じる 〈問3〉☐ dedication 名 献身
〈問4〉☐ transit 名 輸送 ☐ forecast 動 ～を予想する
☐ on the basis of ～ ～に基づいて ☐ staff 動 ～にスタッフを配置する

正解：(C)

1. インテリアデコレーターは、そのホテルのそれぞれのスイートルームの設計と見た目を全く異なったものにしてはどうかと提案しました。

解説 that節内は、the hotelまでが主語のかたまり、(should) beが述語動詞、differentが補語です。節内の主語を見ると、空所の直後にandがあります。「ホテルのそれぞれのスイートルームの------- と見た目」とあり、andを挟んで名詞のappearance「見た目」と空所が並列になっていることが分かるので、空所にも同じ品詞である名詞が入ります。文意より、(C) design「設計」が正解です。▶(A) 名 デザイナー、(B) 動 design「～を設計する」(過去形・過去分詞)、(D) 形 はっきり区別できる (難易度：🖊)

正解：(A)

2. いかなる理由であれ荷物が輸送中に破損した場合、私たちは原因を調査し再発を防ぐ対策を講じます。

解説 空所の前には主語のweがあり、後ろには目的語のthe cause「原因」が続いています。空所には述語動詞となる他動詞が入ることが分かるので、動詞の現在形の(A) investigate「～を調査する」が正解です。▶(B) 名 調査、(C) 動 (-ing形)、(D) 形 調査の (難易度：🖊)

正解：(B)

3. Dumas医師は、看護師たちの懸命な働きと献身にどれほど自身が感謝しているかを示すために、フルーツのバスケットを送りました。

解説 how以下が他動詞showの目的語になっています。空所はhowの直後にあり、空所の後ろにはhe wasと主語と動詞が続いています。〈how＋形容詞＋主語＋動詞〉で「(主語)がどれほど (形容詞) か」という意味を表すので、形容詞の(B) appreciative「感謝している」が正解です。▶(A) 動 appreciate「～を感謝する」(三人称単数現在形)、(C) 動 (原形・現在形)、(D) 名 感謝 (難易度：🖊🖊🖊)

正解：(D)

4. Halsam旅客輸送は、乗客数を過去の蓄積データに基づいて予想し、それに従いフェリーにスタッフを配置しています。

解説 andが繋いでいるのはforecastsとstaffsの2つの動詞。Halsam Transitが主語、staffsが述語動詞、そして目的語its ferriesがあり、完全な文なので、空所にはstaffsを修飾する副詞の(D) accordingly「それに応じて」が入ります。staffは「スタッフ」を意味する名詞として用いられることが多いですが、名詞の場合は語尾にsが付かず、staffsという形にはなりません。(可算名詞の複数形→ p. 249) 本問では、staffsが動詞と判断できるかどうかが重要です。▶(A) 名 一致、(B) 動 accord「一致する」(三人称単数現在形)、名 協定 (複数形)、(C) 形 一致して (難易度：🖊)

正解：(C)

5. 季節が変わったので、Umamix社はさらに異なるレシピ10個を自社のウェブサイトにアップロードしました。

解説 空所を除いたten more recipesのみでも意味が通るので、後ろの名詞recipes「レシピ」を修飾する形容詞を入れることができると分かります。よって(C) different「異なった」が正解です。moreはten「10」のような数量表現の後に置かれ、「さらに多くの」という意味になります。▶(A) 副 異なって、(B) 名 違い、(D) 動 differ「異なる」(原形・現在形)
(難易度：🖊)

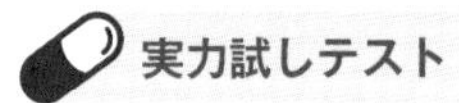

6. Torwick Supply will send you a ------- immediately after your merchandise has been shipped from our distribution center.
(A) notification
(B) notify
(C) notifying
(D) notifiable

7. Bonfires, barbecues, and camping stoves are strictly ------- in Cypress National Park throughout the dry season.
(A) forbid
(B) forbiddance
(C) forbidden
(D) forbids

8. It is important that ------- make sure that their conduct in the online forum is in accordance with the site's rules.
(A) registrable
(B) register
(C) registering
(D) registrants

9. Please be aware that our conversations with clients, whether in person or over the phone, are recorded when -------.
(A) necessities
(B) necessary
(C) necessitating
(D) necessarily

10. Any staff member who works in ------- of forty hours during a calendar week is entitled to receive overtime pay.
(A) excessive
(B) excessively
(C) excess
(D) exceed

語注 〈問6〉 □ immediately 副 直ちに 〈問7〉 □ bonfire 名 たき火
□ stove 名 コンロ 〈問8〉 □ conduct 名 行動 〈問9〉 □ in person 直接、対面で
〈問10〉 □ calendar week 暦週（日曜日から土曜日までの1週間）
□ *be* entitled to *do* ～する権利がある □ overtime pay 時間外勤務手当

正解：(A)

6. Torwick Supply社は、商品が配送センターから出荷されたらすぐにあなたに通知を送ります。

解説 品詞がバラバラなタイプでは、複数の節が組み合わさった文のときに文構造を確認するのは空所がある節のみでOKです。afterより前の節を見ると、空所の前には冠詞のaがあるので、空所にはsendの目的語になる名詞が入ります。(A) notification「通知」を空所に入れると、「あなたに通知を送る」となり、意味も通ります。▶(B)動notify「～に知らせる」(原形・現在形)、(C)動(-ing形)、(D)形通知すべき （難易度：●○○）

正解：(C)

7. Cypress国立公園では、乾期の間中、たき火、バーベキュー、キャンプ用ガスコンロは固く禁じられています。

解説 空所がbe動詞areの後ろにあることに注目。動詞forbid「～を禁止する」の過去分詞である(C) forbiddenを入れると、受動態となり文意も通ります。空所はbe動詞の後ろにあり、名詞の(B)も入りえますが、forbiddance「禁止」は「たき火、バーベキュー、キャンプ用ガスコンロ」そのものとイコールではないので不適切です。▶(A)動(原形・現在形)、(B)名禁止、(D)動(三人称単数現在形) （難易度：●○○）

正解：(D)

8. 登録者は、自分たちの行動がオンラインフォーラムにおけるウェブサイトの規約に確実に従っているようにすることが重要です。

解説 空所はthatと動詞makeの間にあり、that節内の主語として働いていると考えられます。よって名詞の(D) registrants「登録者」(複数形)が正解です。-antという接尾辞には「～する人」という意味があり、品詞が名詞だと判断するヒントになります。▶(A)形登録できる、(B)動register「～を登録する」(原形・現在形)、(C)動(-ing形) （難易度：●●○）

正解：(B)

9. 顧客と私たちの会話は、対面であれ電話越しであれ、必要な場合は録音されていることをご承知置きください。

解説 空所の前の接続詞whenに注目。whenは形容詞のnecessaryとセットでwhen necessary「必要な場合に応じて」という慣用表現になります。よって、(B) necessary「必要な」が正解です。通常接続詞の後ろには主語と動詞が必要ですが、この表現ではwhen it is necessaryのit isが省略されています。頻出なので、決まり文句として覚えておきましょう。
▶(A)名必需品(複数形)、(C)動necessitate「～を必要とする」(-ing形)、(D)副必ず
（難易度：●●●）

正解：(C)

10. 週に40時間を超えて働くスタッフは、時間外勤務手当を受け取る権利があります。

解説 前置詞の後ろには名詞や動名詞が続きます。よって、(C) excess「過剰」が正解です。in excess of ～は「～を超過して」という意味で、「～」には数量を表す語が入ります。▶(A)形過度の、(B)副過度に、(D)動exceed「～を超える」(原形・現在形) （難易度：●●○）

11. We would be grateful if you could ------- a short survey about your recent trip to Buenos Aires.
(A) complete
(B) completely
(C) completion
(D) completing

12. Krasinski's Candle is looking for ------- to deliver scented candles to our stores.
(A) driven
(B) drivable
(C) drive
(D) drivers

13. The Seattle Careers Fair is a unique opportunity for job seekers to consult with ------- from a range of industries.
(A) recruit
(B) recruiters
(C) recruiting
(D) recruitments

14. A truck has stalled near Graham Bridge on Highway 82, so motorists are urged to take an ------- route.
(A) alternative
(B) alternatively
(C) alternating
(D) alternates

15. Previously sold ------- to security and law enforcement agencies, the surveillance technology is now available to private firms.
(A) exclusive
(B) exclusively
(C) excludes
(D) exclusivity

語注 〈問12〉 □ **scented** 形 香料入りの 〈問13〉 □ **fair** 名 説明会
□ **a range of ～** さまざまな～ 〈問14〉 □ **stall** 動 立ち往生する
□ **motorist** 名 車を運転する人 □ **urge *A* to *do*** Aに～するよう促す
〈問15〉 □ **enforcement** 名 執行 □ **surveillance** 名 監視

正解：(A)

11. 最近のブエノスアイレスへのご旅行について、短いアンケートにご記入いただけますと幸いです。

解説 空所は助動詞couldの後ろなので、動詞の原形が入ります。よって、(A) complete「～を完成させる」が正解です。空所の直後にあるa short surveyがif節内の目的語の位置にあることもヒントです。completeは「完全な」という形容詞の用法だけでなく、動詞の用法で出題されることも多いので注意しましょう。▶(B) 副 完全に、(C) 名 完成、(D) 動 complete「～を完成させる」(-ing形)
(難易度：🔑)

正解：(D)

12. Krasinskiキャンドル社は、香りの付いたろうそくを私たちの店舗に配送してくれる運転手を探しています。

解説 空所は前置詞forの後ろなので、名詞が入ります。よって、名詞の(D) drivers「運転手」(複数形) が正解です。後ろに続くto不定詞のかたまりが「どんな」運転手かを説明しています。▶(A) 動 ～を運転する (過去分詞)、(B) 形 運転できる、(C) 動 (原形・現在形)
(難易度：🔑)

正解：(B)

13. シアトルキャリア説明会は、求職者がさまざまな業界からの採用担当者に相談できる絶好の機会です。

解説 空所は前置詞withの後ろなので、名詞や動名詞の(B)(C)(D)が正解候補です。空所はconsult with ～「～に相談する」の目的語なので、「人」が入ります。よって、(B) recruiters「採用担当者」(複数形) が正解です。▶(A) 動 recruit「～を採用する」(原形・現在形)、(C) 動 (-ing形)、(D) 名 新規採用 (複数形)
(難易度：🔑🔑)

正解：(A)

14. 幹線道路82号のGraham橋近くでトラックが立ち往生しているので、ドライバーは代わりのルートを通るように求められています。

解説 空所は冠詞anと名詞routeの間なので、形容詞が入って名詞の「ルート」を修飾します。そこで(A) alternative「代わりの」を入れると、文意も通ります。本文における「代わり」とは、「幹線道路82号の代わり」を指しています。▶(B) 副 それに代わって、(C) 動 alternate「交替でする」(-ing形)、(D) 動 (三人称単数現在形)
(難易度：🔑🔑)

正解：(B)

15. この監視テクノロジーは、以前は安全保障および法執行官庁だけに販売されていましたが、今では民間企業も入手できるようになりました。

解説 本問は空所がなくても文が成立するので、空所には修飾語を補います。(A)と(B)が正解候補ですが、空所の前後に修飾できる名詞がないので形容詞の(A)は不適切です。よって、副詞の(B) exclusively「独占的に」が正解です。カンマの前の文構造は、Although it was previously sold exclusively to ～となっていたものが、分詞構文 (→p. 70) でHaving been previously sold exclusively to ～になり、さらにHaving beenが省略されたものです。▶(A) 形 独占的な、(C) 動 exclude「～を締め出す」(三人称単数現在形)、(D) 名 排他性
(難易度：🔑🔑🔑)

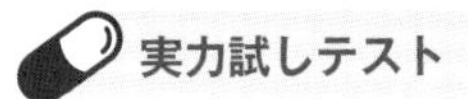

16. Employees must show their ------- card when they enter the office building for the purpose of security.
(A) identify
(B) identifiable
(C) identification
(D) identifier

17. The executive directors are ------- confident that the company will generate more revenue when its new factory is operational.
(A) fairness
(B) fair
(C) fairest
(D) fairly

18. Ms. Crawford received a ------- number of résumés within only a few hours of posting the job listing online.
(A) surprise
(B) surprisingly
(C) surprised
(D) surprising

19. The staff at K&H Laboratories is comprised of highly trained ------- with a wealth of expertise across various fields.
(A) professional
(B) profession
(C) professionals
(D) professionally

20. Watch the demonstration video ------- to learn how to assemble a TC-10 bike.
(A) attention
(B) attentively
(C) attentional
(D) attentive

語注 〈問16〉 □ for the purpose of ~ ~の目的で 〈問17〉 □ executive 形 役員の
□ confident 形 自信がある □ generate 動 ~を生み出す □ revenue 名 収益
□ operational 形 使用できる 〈問18〉 □ job listing 求人情報
〈問19〉 □ *be* comprised of ~ ~から成る □ a wealth of ~ 豊富な~
□ expertise 名 専門知識 〈問20〉 □ assemble 動 ~を組み立てる

正解：(C)

16. セキュリティーのために、従業員はオフィスに入るときに身分証明書を見せなければなりません。

解説 空所は所有格の代名詞theirと名詞cardの間にあるため、空所には名詞を修飾する形容詞、あるいは複合名詞を作る名詞が入ると判断します。空所の後ろのcardに注目しましょう。cardはidentification card「身分証明書」という意味の複合名詞を作るので、名詞の(C) identification「身元の確認」が正解です。▶(A)動~の身元を明らかにする、(B)形身元を確認できる、(D)名識別子
(難易度：🖊🖊🖊)

正解：(D)

17. 専務らは、新しい工場が操業すれば会社はもっと多くの収益を生み出すだろうと確信しています。

解説 The executive directorsが主語、areが述語動詞、形容詞のconfident「自信がある」が補語という完全な文なので、空所にはconfidentを修飾する副詞が入ることが考えられます。副詞の(D) fairly「かなり」を入れると、fairly confident「かなり自信がある(=確信している)」となり文意も通ります。よって、正解は(D)。▶(A)名公平さ、(B)形公平な、(C)形最も公平な(最上級)
(難易度：🖊🖊🖊)

正解：(D)

18. Crawfordさんは、求人情報をオンラインに投稿してわずか数時間のうちに驚くべき数の履歴書を受け取りました。

解説 空所は冠詞aと名詞number「数」の間にあるので、名詞を修飾する形容詞が入ります。(D) surprising「驚くべき」を空所に入れると、a surprising number of résumés「驚くべき数の履歴書」となり、文意が通ります。(C)も形容詞ですが、Ms. Crawford was surprised.「Crawfordさんは驚きました」のように、surprisedは主に「もの」ではなく「人」に対して使われるので本問では不正解です。▶(A)動surprise「~を驚かせる」(原形・現在形)、(B)副驚くほどに、(C)形驚いた
(難易度：🖊🖊🖊)

正解：(C)

19. K&H研究所のスタッフは、さまざまな分野にわたる豊富な専門知識を持つ、高度な訓練を受けた専門家で構成されています。

解説 空所には、前にあるhighly trained「高度な訓練を受けた」によって修飾され、後ろの前置詞with以降のかたまりによってさらに説明される名詞が入ります。正解候補は(B)と(C)ですが、「高度な訓練を受けていて豊富な専門知識を持っている」のは(B)「職業」ではなく(C)「専門家」だと考えられるので、(C) professionals(複数形)が正解です。▶(A)形専門的な、(B)名職業、(D)副専門的に
(難易度：🖊🖊🖊)

正解：(B)

20. TC-10オートバイの組み立て方を学ぶために、実演ビデオを注意深くご覧ください。

解説 空所の前は命令文、後ろは「目的」を表すto不定詞が続いており、完全な文になっています。候補となる品詞はwatch「~を見る」を修飾する副詞か、videoと組み合わさって複合名詞になる名詞ですが、video attentionという複合名詞はありません。よって、副詞の(B) attentively「注意して」が正解です。▶(A)名注意・関心、(C)形注意に関する、(D)形注意深い
(難易度：🖊🖊🖊)

21. Details of the fashion design competition will be made available at all ------- retail outlets on April 24.
(A) participants
(B) participating
(C) participation
(D) participatory

22. Despite repeated ------- from the Development Department that the new oven model is ready, management delayed its production.
(A) assurances
(B) assuredly
(C) assured
(D) assure

23. Nevtrack travelers with a ------- student identification card are eligible to receive a discount on their train tickets.
(A) validation
(B) validating
(C) valid
(D) validate

24. It remains to be seen whether Ms. Andrews can ------- her fellow committee members to support the new policy.
(A) persuade
(B) persuasive
(C) persuasion
(D) persuasively

25. The board of directors decided to ------- the headquarters to Hamilton, where the company's largest manufacturing plant is located.
(A) relocating
(B) relocatable
(C) relocation
(D) relocate

語注 〈問21〉 □ competition 名 コンテスト、競技会　□ retail 形 小売りの
□ outlet 名 直販店　〈問22〉 □ repeated 形 たびたびの
□ Development Department 開発部　〈問23〉 □ *be* eligible to *do* ～する資格がある
〈問24〉 □ remain to be seen まだ分からない　□ fellow 形 同僚の
〈問25〉 □ headquarters 名 本社

正解：(B)

21. ファッションデザインコンテストの詳細は、参加する全ての小売店で4月24日に入手できます。

解説 空所は、後ろのretail outletsを修飾していると考え、動詞participate「参加する」の現在分詞の(B)と形容詞の(D)を検討します。空所に(B) participatingを入れると、retail outlet「小売店」が「参加する」という能動関係ができ、「参加する小売店」となり意味が通ります。(D)は「参加方式の」という意味なので、文意が通りません。▶(A)名参加者（複数形）、(C)名参加、(D)形参加方式の　（難易度：●●●）

正解：(A)

22. 開発部は新しいオープンモデルの準備ができているとたびたび断言したにもかかわらず、経営陣は製造を遅らせました。

解説 文頭のDespite「～にもかかわらず」は前置詞なので後ろには名詞句が続く必要があり、本問ではrepeatedからカンマまでがこれに当たります。Despiteの直後には形容詞repeatedがあり、これに修飾されるはずの名詞がないので、空所には名詞が入ります。よって、(A) assurances「断言」（複数形）が正解。assuranceはthat節を続けることができる名詞で、assurance that ～「～という断言」という表現を作ります。本文では、assuranceとthatの間にfrom the Development Department「開発部からの」という修飾語句が挟まっているので注意しましょう。▶(B)副確かに、(C)形確実な、(D)動assure「～に保証する」（原形・現在形）　（難易度：●●○）

正解：(C)

23. 有効な学生証を持つNevtrack社の旅客は、鉄道乗車券への割引を受ける資格があります。

解説 空所の前に冠詞のaがあり、後ろにはstudent identification cardという名詞句があるので、これを修飾する形容詞を空所に入れます。よって、(C) valid「有効な」が正解です。▶(A)名有効化、(B)動validate「～を（法的に）有効にする」(-ing形)、(D)動（原形・現在形）　（難易度：●○○）

正解：(A)

24. Andrewsさんが委員会の同僚のメンバーを新しい方針をサポートするように説得できるかどうかは、まだ分かりません。

解説 助動詞canの後ろに動詞がないため、空所には動詞の原形が入り、後ろのher fellow committee membersがその目的語になります。よって、(A) persuade「～を説得する」が正解です。persuade *A* to *do*の形で「Aに～するよう説得する」という意味を表します。▶(B)形説得力のある、(C)名説得、(D)副説得力を持って　（難易度：●○○）

正解：(D)

25. 取締役会は、会社最大の製造工場があるHamiltonに本社を移転することを決定しました。

解説 本文の述語動詞である動詞decideは、decide to *do*の形で「～することを決める」という意味になります。よって、空所には動詞の原形が入ります。動詞の(D) relocate「～を移転する」を入れると、後ろのthe headquartersがその目的語になり意味が通ります。▶(A)動(-ing形)、(B)形移動可能な、(C)名移転　（難易度：●○○）

26. Ms. Pierson is assembling a research team that will examine the historical documents ------- at the ancient site last August.
(A) discoverer
(B) discovered
(C) discovery
(D) discoverable

27. The products showcased at the Yorkville Tech Expo are among the most ------- gadgets available to consumers this year.
(A) innovators
(B) innovatively
(C) innovative
(D) innovation

28. Renovations to the Nordling Community Center ------- upgrades to the building and construction of a walkway around its outdoor pool.
(A) included
(B) inclusion
(C) inclusively
(D) inclusive

29. Coming up with an expenditure forecast for the upcoming fiscal year will be a ------- objective of tomorrow's meeting.
(A) majors
(B) major
(C) majority
(D) majored

30. Bennett & Partners remains committed to ------- the privacy of all its clients, both former and current.
(A) protectable
(B) protectively
(C) protection
(D) protecting

語注 〈問26〉 □ **assemble** 動 ～を結成する □ **ancient** 形 古代の □ **site** 名 遺跡
〈問27〉 □ **showcase** 動 ～を展示する □ **expo** 名 博覧会 □ **gadget** 名 製品、装置
〈問28〉 □ **upgrade** 名 改修、改善 □ **walkway** 名 歩道
〈問29〉 □ **expenditure** 名 出費 □ **forecast** 名 予想 □ **upcoming** 形 来たる
□ **fiscal** 形 会計の □ **objective** 名 目的 〈問30〉 □ **former** 形 以前の

正解：(B)

26. Piersonさんは、昨年の8月に古代遺跡で発見された歴史的文書を調べる調査チームを結成しています。

解説 空所を含むthat節は、a research teamを先行詞に取る関係代名詞の節です。(will) examine「～を調べる」が節内の述語動詞、さらにその後ろのthe historical documents「歴史的文書」が目的語なので、空所にはこの目的語を後ろから修飾する語が入ると考えられます。discover「～を発見する」の過去分詞である(B) discoveredを空所に入れると、「古代遺跡で発見された歴史的文書」となり、意味が通ります。▶(A)名発見者、(C)名発見、(D)形発見できる
(難易度：🖉🖉🖉)

正解：(C)

27. Yorkville技術展覧会で展示された製品は、消費者が今年手に入れることができる製品のうち最も革新的なものに当たります。

解説 空所の前にはthe most「最も」、後ろには名詞のgadgets「製品」(複数形)があります。〈the most＋形容詞＋名詞〉で「最も～な(名詞)」という最上級を表すので、空所には形容詞が入ります。よって、正解は(C) innovative「革新的な」です。▶(A)名革新者(複数形)、(B)副革新的に、(D)名革新
(難易度：🖉🖉🖉)

正解：(A)

28. Nordlingコミュニティーセンターの改修には、建物の改修と屋外プールの周りの歩道の建設が含まれました。

解説 空所の後ろのupgradesは名詞の複数形、または動詞の三人称単数現在形の可能性がありますが、主語と考えられるRenovations「改修」が複数形なので述語動詞ではないことが分かります。よって、upgradesは目的語となる名詞です。主語と目的語の間にあるはずの述語動詞が欠けているので、include「～を含む」の過去形である(A) includedが正解です。▶(B)名包含、(C)副全てをひっくるめて、(D)形含んだ
(難易度：🖉🖉🖉)

正解：(B)

29. 次の会計年度の経費予想を提示することが、明日の会議の主な目的となるでしょう。

解説 空所の前には冠詞のa、後ろには名詞のobjective「目的」があるので、空所にはobjectiveを修飾する形容詞が入ります。よって、正解は(B) major「主要な」です。▶(A)名専攻科目(複数形)、動major「専攻する」(三人称単数現在形)、(C)名大部分、(D)動(過去形・過去分詞)
(難易度：🖉🖉🖉)

正解：(D)

30. Bennett & Partnersは、過去・現在の全ての顧客のプライバシーを守ることに今後も力を注いでいきます。

解説 空所の前に注目。remain committed to ～は「～に力を注ぎ続ける」という意味の表現で、toの後ろには名詞か動名詞が続きます。正解候補は名詞の(C)と、他動詞protect「～を守る」の-ing形である(D)です。空所の直後は名詞句なので、目的語を続けることができる(D) protectingが正解です。formerとcurrentの後ろにはそれぞれclientsが省略されています。▶(A)形保護できる、(B)副保護して、(C)名保護
(難易度：🖉🖉🖉)

🔊 051~055

31. Mr. Green received an e-mail to let him know about the change of the ------- date for the office supplies he ordered yesterday.
(A) delivery
(B) deliver
(C) deliverer
(D) deliverable

32. If you encounter any technical problems ------- to compatibility, call our customer support hotline at 555-0164.
(A) relatedly
(B) relates
(C) related
(D) relation

33. What all electric vehicles have in common is a motor powered by batteries that must be recharged -------.
(A) regularity
(B) regularly
(C) regulars
(D) regular

34. With the new Thermico Breeze air-conditioner, you can choose from several settings for ------- comfort.
(A) optimal
(B) optimally
(C) optimize
(D) optimizes

35. The director reviewed Ms. McGuire's résumé and ------- that she has the necessary credentials for the pharmacist job.
(A) determinably
(B) determined
(C) determinable
(D) determination

語注 〈問32〉 □ **encounter** 動 ～に遭遇する □ **technical** 形 技術的な
□ **compatibility** 名 互換性 〈問33〉 □ **in common** 共通して
□ **power** 動 ～に電力を与える 〈問35〉 □ **credentials** 名 資格

正解：(A)

31. Greenさんは、昨日注文した事務用品の配達日の変更を知らせるEメールを受け取りました。

解説 空所は冠詞theと名詞dateの間にあることから、空所には名詞を修飾する形容詞か、複合名詞を作る名詞が入ります。名詞の(A) delivery「配達」を入れると、delivery date「配達日」という複合名詞となり、文意も通ります。▶(B)動deliver「～を配達する」(原形・現在形)、(C)名配達人、(D)形配達可能な (難易度：🖊🖊🖊)

正解：(C)

32. 互換性に関する技術的な問題に遭遇した場合は、弊社のカスタマーサポート相談サービスの555-0164までお電話ください。

解説 If節の中は、youが主語、encounterが述語動詞で、その目的語がany technical problemsという完全な文です。空所以下が前のproblemsを修飾していると考え、形容詞の(C) relatedを入れると、related to ～「～に関連した」となり意味も通ります。形容詞が後ろから名詞を修飾するパターンを覚えておきましょう。▶(A)副関連して、(B)動relate「関連する」(三人称単数現在形)、(D)名関係 (難易度：🖊🖊🖊)

正解：(B)

33. 全ての電気自動車が共通して持っているものは、定期的に再充電が必要なバッテリーによって動力を供給されるモーターです。

解説 that節の中に注目。batteriesを先行詞として、thatが主格の関係代名詞、受動態のmust be rechargedが述語動詞となる完全な文です。直前の動詞を修飾し、「定期的に再充電されなくてはならない」という意味になる副詞の(B) regularly「定期的に」が正解です。形容詞の(D)も修飾語としての働きがありますが、前後に修飾する名詞がないので不適切です。受動態の後ろには基本的に目的語は続かないので、名詞となる(A)(C)(D)も不正解です。▶(A)名規則正しさ、(C)名常連客（複数形)、(D)形定期的な、名常連客 (難易度：🖊🖊🖊)

正解：(A)

34. 新しいThermico Breezeエアコンは、最適な快適さを得ることができるいくつかの設定から選ぶことができます。

解説 空所の前には前置詞のforがあるため、空所と後ろの名詞comfort「快適さ」がforの目的語です。「------- な快適さ」とするために名詞を修飾する形容詞の(A) optimal「最適の」を入れるとoptimal comfort「最適な快適さ」となり意味が通ります。▶(B)副最適に、(C)動optimize「～を最適化する」(原形・現在形)、(D)動(三人称単数現在形)
(難易度：🖊🖊🖊)

正解：(B)

35. 取締役はMcGuireさんの履歴書を検討し、彼女が薬剤師の職に必要な資格を持っていると判断しました。

解説 空所の後ろにはthat節が続いているので、空所にはこれを目的語に取る述語動詞が入ります。動詞determine「～であると決定する」の過去形である(B) determinedを入れると、determine that ～「～ということを結論付ける」という表現が完成します。文中のandは、2つの述語動詞reviewed「検討した」とdetermined「結論付けた」を並列しています。空所が名詞résuméと並列されていると考えると空所には名詞の(D)も入りそうですが、「職に対して必要な資格を持っているというMcGuireさんの決意」となってしまい意味が通りません。▶(A)副確定的に、(C)形確定できる、(D)名決心 (難易度：🖊🖊🖊)

36. Fruit exporters in Mexico expect the price of papayas to rise further due to a ------- increase in demand.
(A) sharp
(B) sharply
(C) sharpener
(D) sharpen

37. Once all the ------- have been reviewed, human resources will try to determine who is the most qualified for the position.
(A) applicable
(B) applicability
(C) apply
(D) applications

38. The training seminar will be ------- on video for those of you unable to attend on the day.
(A) recorded
(B) recordable
(C) record
(D) recordation

39. Mr. Zhang congratulated his catering staff on their exceptional service on behalf of a highly ------- customer.
(A) satisfyingly
(B) satisfied
(C) satisfy
(D) satisfaction

40. The construction project commenced later than ------- planned due to inclement weather.
(A) origins
(B) original
(C) originate
(D) originally

語注 〈問36〉 □ **exporter** 名 輸出業者 □ **further** 副 さらに □ **demand** 名 需要
〈問37〉 □ **human resources** 人事 □ **qualified** 形 ふさわしい、資格のある
〈問39〉 □ **congratulate *A* on *B*** AをBのことで称賛する
□ **exceptional** 形 特に優れた □ **on behalf of ～** ～の代わりに
〈問40〉 □ **commence** 動 始まる □ **inclement** 形 (気候が) 荒れた

正解：(A)

36. メキシコのフルーツ輸出業者は、需要の急激な増加によりパパイヤの価格がさらに上昇すると予想しています。

解説 空所は、前の冠詞aと後ろの名詞increase「上昇」の間にあるため、increaseを修飾する形容詞が入ります。よって、(A) sharp「急激な」が正解です。名詞句a sharp increase in demand「需要の急激な増加」が前置詞句due to「～が原因で」の目的語になっています。▶(B)副急激に、(C)名削る道具、(D)動sharpen「～を削る」(原形・現在形)

(難易度：●○○)

正解：(D)

37. 全ての応募書類が検討され次第、人事は誰がその職に最もふさわしいかを見極めるよう努めます。

解説 have been reviewedがOnceの節内の述語動詞ですが、その主語になる名詞がありません。よって、名詞の(B)と(D)が正解候補です。「------- が検討され次第、人事がその職にふさわしい人を見極める」という文脈から、「検討される」のは(D) applications「応募(書類)」(複数形)であることが判断できます。よって、正解は(D)。▶(A)形適用できる、(B)名適用可能性、(C)動apply「応募する」(原形・現在形)

(難易度：●●○)

正解：(A)

38. 研修セミナーは、その日に出席できない人たちのためにビデオに録画されます。

解説 空所はbe動詞の後ろにあり、文法上どの品詞も空所に入るので意味から考えます。主語の「研修セミナー」と空所の後ろの「ビデオに」の関係性を考え、動詞record「～を録画する」の過去分詞である(A) recordedを空所に入れると、「研修セミナーはビデオに録画される」となり意味が通ります。▶(B)形書き込み可能な、(C)動(原形・現在形)、名記録、(D)名記録すること

(難易度：●○○)

正解：(B)

39. Zhangさんは、非常に満足した顧客に代わって、自身のケータリングスタッフによる優れたサービスを称賛しました。

解説 空所には前の副詞highly「高く」によって修飾されることができ、同時に後ろの名詞customer「顧客」を修飾できる品詞、つまり形容詞が入ります。よって(B) satisfied「満足した」が正解です。▶(A)副満足のいくように、(C)動satisfy「～を満足させる」(原形・現在形)、(D)名満足

(難易度：●○○)

正解：(D)

40. その建築計画は悪天候のため、当初計画されていたよりも遅れて始まりました。

解説 空所には、後ろの過去分詞planned「計画された」を修飾する副詞が入ると考えられます。よって(D) originally「当初は」が正解です。thanは接続詞で、than it was originally plannedのit wasが省略されています。空所の後ろのplannedを動詞の過去形と考え、主語となる名詞の(A)を選んでしまった人は要注意。人名などの「人」を表す語が主語であれば「その建築計画は(人)が計画したよりも遅く始まった」という大意になり文が成立する可能性がありますが、(A)は「起源」を意味するため文意が通りません。▶(A)名起源(複数形)、(B)形最初の、(C)動originate「生じる」(原形・現在形)

(難易度：●●○)

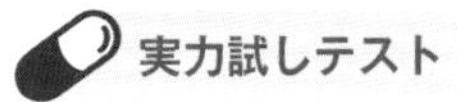

41. Project leaders at Deliotech are selected on the basis of their ------- expertise rather than how long they have worked at the company.
(A) individual
(B) individually
(C) individualist
(D) individualize

42. When the photocopier runs out of toner, the machine will display a message ------- the user to replace the cartridge.
(A) instructive
(B) instruction
(C) instructing
(D) instructively

43. Our smartwatch is capable of determining the shortest route to your destination and providing ------- directions.
(A) detailed
(B) details
(C) detail
(D) detailedness

44. For several years, *Priapus Monthly* has remained the second most ------- distributed magazine on gardening in the world.
(A) widen
(B) wide
(C) width
(D) widely

45. The ------- office at headquarters turns away all deliveries except for those that have been prearranged and added to a list.
(A) secure
(B) securely
(C) secures
(D) security

語注 〈問42〉□ **run out of ～** ～を使い果たす
〈問44〉□ **distribute** 動 ～を販売する、～を流通させる
〈問45〉□ **turn away ～** ～を断る、～を追い払う　□ **except for ～** ～を除いて
□ **prearrange** 動 ～を前もって取り決める

正解：(A)

41. Deliotech社のプロジェクトリーダーは、会社でどれだけ長く働いてきたかではなく、それぞれの専門知識を基準に選ばれます。

解説 空所には、後ろの名詞expertise「専門知識」を修飾する形容詞が入ると考えられます。よって(A) individual「それぞれの、個人の」が正解です。名詞の(C)はexpertiseと組み合わさっても複合名詞にはなりません。of以降は*A* rather than *B*「BよりもA」の形が使われており、their individual expertiseが*A*に、how long以下の節が*B*に相当します。▶(B)副個人的に、(C)名個人主義者、(D)動individualize「～に個性を発揮させる」(原形・現在形)
(難易度：●○○)

正解：(C)

42. コピー機がトナー切れになったときは、ユーザーにカートリッジを交換するよう指示するメッセージを機械が表示します。

解説 他動詞displayの目的語がa messageなので、空所以下はa messageを後ろから修飾していると考えられます。選択肢は全てinstruct「～に指示する」の派生形ですが、instruct *A* to *do*「Aに～するよう指示する」という形をとるので、動詞の-ing形である(C) instructingが空所に入ります。現在分詞が後ろから名詞を修飾する形も押さえておきましょう。(→ p. 70) ▶(A)形ためになる、(B)名指示、(D)副ためになるように　(難易度：●●○)

正解：(A)

43. 私たちのスマートウォッチは、目的地への最短ルートを決定し、詳細な行き方を教えてくれます。

解説 空所には、後ろの名詞directions「行き方」を修飾する形容詞が入ります。よって、形容詞の(A) detailed「詳細な」が正解です。名詞を修飾する形容詞を選ぶ問題はPart 5で頻出な上、Part 6やPart 7の長文で何度も出てくる形なので、確実に押さえておきましょう。▶(B)名詳細(複数形)、動detail「～について詳細に述べる」(三人称単数現在形)、(C)名詳細、動(原形・現在形)、(D)名詳細さ　(難易度：●○○)

正解：(D)

44. 数年間にわたり、*Priapus*月刊誌は世界で2番目に広く販売されているガーデニング雑誌であり続けています。

解説 空所の前にあるthe second most「2番目に最も」に注目。the mostの後ろには形容詞や副詞が続くので、正解候補は(B)と(D)です。空所の後ろには過去分詞distributed「販売された」があるので、これを修飾することができる副詞の(D) widely「広く」が正解です。▶(A)動widen「～を広げる」(原形・現在形)、(B)形幅が広い、(C)名幅　(難易度：●●○)

正解：(D)

45. 本社の警備室は、前もって取り決められたリストに加えられている配達を除き、全ての受け取りを断っています。

解説 後ろの名詞officeを修飾する形容詞が入ると考えるのが基本ですが、(A)を入れても「本社にある安全なオフィス」となり意味が通りません。次に、複合名詞の可能性を考えましょう。名詞の(D) security「セキュリティー」を入れると、security office「警備室」という複合名詞になり、意味が通ります。複合名詞は問題に出てくるたびに覚えるクセをつけましょう。▶(A)形安全な、(B)副安全に、(C)動secure「～を確保する」(三人称単数現在形)
(難易度：●●○)

実力試しテスト

066~070

46. Retail space is ------- more expensive in West Brompton, as it is one of the wealthiest neighborhoods in the city.
(A) comparably
(B) compare
(C) comparative
(D) comparison

47. Since the content of this meeting is -------, please do not discuss it with anyone other than those present.
(A) confidence
(B) confidential
(C) confidentiality
(D) confide

48. Beacon Dental Clinic ------- that the new procedure is less complicated in contrast to the alternative way of operating on patients.
(A) agrees
(B) agreeable
(C) agreement
(D) agreeably

49. Hollenia Décor applies a special handling ------- to all orders of fragile items such as glassware and vases.
(A) chargeable
(B) charge
(C) charged
(D) charges

50. If Joseph Ramiro wishes to write a book about Kazakhstan, he will probably have to travel more ------- in that country.
(A) extensive
(B) extension
(C) extensively
(D) extended

語注 〈問46〉 □ wealthy 形 裕福な □ neighborhood 名 地域
〈問48〉 □ procedure 名 処置、手順 □ complicated 形 複雑な
□ in contrast to ～ ～と比較して □ alternative 形 従来の
□ operate on ～ ～に手術をする 〈問49〉 □ décor 名 室内装飾
□ fragile 形 壊れやすい □ glassware 名 ガラス製品

正解：(A)

46. West Bromptonは市の最も裕福な地域の1つなので、小売りスペースは比較的高くつきます。

解説 Retail spaceが主語、isが述語動詞、more expensiveが補語という完全な文なので、空所には修飾語が入ります。よって、後ろにある形容詞の比較級more expensive「より高い」を修飾する副詞の(A) comparably「比較的」が正解です。▶(B)動compare「～を比較する」(原形・現在形)、(C)形比較の、(D)名比較 (難易度：●○○)

正解：(B)

47. この会議の内容は内密なので、出席している人々以外とはその内容を話題にしないでください。

解説 空所はSinceの節の主語the content of this meetingの補語に当たるので、名詞か形容詞が入ります。文意から、形容詞の(B) confidential「秘密の」が正解です。主語の「会議の内容」は「信用」や「守秘」そのものとイコールではないので、(A)や(C)は不正解です。▶(A)名信用、(C)名守秘、(D)動confide「信用する」(原形・現在形) (難易度：●●○)

正解：(A)

48. Beacon歯科は従来の患者への治療法とは対照的に、その新しい治療法が複雑ではないことに同意しています。

解説 Beacon Dental Clinicが主語、that以下にひとまとまりの節が続いていることから、空所にはthat節を目的語に取る他動詞が入ります。よって、(A) agrees「同意する」が正解です。動詞agreeはthat節を目的語に取り、agree that ～「～であることに同意する」という意味になります。▶(B)形合意できる、(C)名合意、(D)副快く (難易度：●○○)

正解：(B)

49. Hollenia内装店は、ガラス製品や花瓶などの割れ物の全ての注文に対し特別な手数料を適用します。

解説 動詞applyはapply *A* to *B*の形で「AをBに適用する」という意味になり、本問ではa special handling -------が*A*に相当します。specialは「特別な」を意味する形容詞、handlingは「取り扱い」を意味する名詞です。この名詞の直後の空所には、handlingと組み合わさって複合名詞となる名詞が入る可能性が考えられます。(B) charge「料金」を入れると、handling charge「手数料」という複合名詞になり、文意が通ります。▶(A)形請求できる、(C)動charge「～を請求する」(過去形・過去分詞)、(D)名請求(複数形)、動(三人称単数現在形) (難易度：●●○)

正解：(C)

50. Joseph Ramiroがもしカザフスタンについての本を書くことを望むなら、おそらくその国をもっとくまなく旅行しなくてはならないでしょう。

解説 空所の前にあるtravelには、場所を目的語に取り「～を旅行する」という意味を表す他動詞の用法もありますが、本問ではin that country「その国で」と既に場所が示されているため、このtravelは自動詞と考えられます。よって、後ろに目的語となる名詞は続きません。また空所の直前には直後の形容詞や副詞を修飾するmore「より、もっと」があるので、正解候補は(A)と(C)です。travel「旅行する」という動詞を修飾するのは副詞なので、(C) extensively「広く」が正解です。▶(A)形広い、(B)名延長、(D)動extend「～を延ばす」(過去形・過去分詞) (難易度：●●○)

文を作る要素の基本

1章のさらに分解！（→ p. 24）では、文の要素と品詞を理解することが大切だと学習しました。特に、文を作る「要素」に対する理解は、英文を正しく読むために欠かせません。「要素と言われてもよく分からない……」「文型は苦手……」という方のために、4つの要素を基礎からおさらいしておきましょう。

【文を作る4つの要素】

①S（主語）………日本語の「～は、～が」の「～」に当たる部分。その文の動作主を表します。

②V（述語動詞）…日本語の「～する」に当たる部分。主語の動作や状態を表します。

③O（目的語）……日本語の「～を、～に」の「～」に当たる部分。目的語を必要とする動詞（＝他動詞）の後ろに置く要素です。

④C（補語）………主語がどんな状態かを説明するもの。主語と補語は必ずイコールの関係になります。主語の状態、職業、性格、性質などを表すのが特徴。

どんなに長い英文でも、英文を分解してみるとこの4つの要素から成り立っています。また、これらの要素にくっついている副詞や前置詞のかたまりは、修飾語（句）と呼ばれます。修飾語は「文を作る要素」ではなく、「要素を修飾する（説明する）」部分なので、あってもなくても文自体は成り立ちます。

動詞の異なる形が並んだタイプ

● 文中のヒントから、適切な動詞の形を選ぼう

● 主語・時を表すヒント・態が攻略のカギ

例題１を解いてみて、解き方の基本STEPに沿って解けたかを確認しましょう。

例題1

難易度：

The company ------- employees to choose to either work from home or in the office.

(A) allow
(B) allowing
(C) to allow
(D) allows

▶解き方の基本STEP

選択肢をチェック！

動詞が-ing形や過去形などに変化した選択肢の並びを見たら、動詞の異なる形が並んだタイプだと判断しましょう。

主語と述語動詞を探す！

まずは主語（S）と述語動詞（V）を探します。本文に述語動詞がない場合は、述語動詞として機能する現在形や過去形、未来を表す形などが空所に入ります。一方で述語動詞が既に本文にある場合は、準動詞である分詞（→p. 70）、動名詞（→p. 71）、to不定詞（→p. 71）などが正解候補になります。

STEP 2

主述の一致を確認する！

動詞の異なる形が並んだタイプでは、主に３つの視点で正解を判断することができます。そのうち１つ目が、例題１で扱う①主述の一致の視点です。主語に対して動詞の形が適切かを確認しましょう。例えば、主語が三人称単数でなおかつ時制が現在であれば、述語動詞の語尾にはsが付きます。

▶例題 1 の解説

071

主語は三人称単数！

The company -------- employees to choose to either work from home or in the office.

S V O

従業員が許可されていること

(A) 動（原形・現在形）
(B) 動（-ing形）
(C) 動（to不定詞）
(D) 動（三人称単数現在形）

訳 その会社では、従業員が在宅勤務とオフィス勤務のどちらかを選択することを許可しています。

語注 □ **either *A* or *B*** AかBのどちらか □ **work from home** 在宅勤務をする

動詞

例題

選択肢をチェック！

選択肢には、動詞allow「～を許可する」の異なる形が並んでいます。選択肢は全て動詞や動詞の変化形なので、動詞の異なる形が並んだタイプだと判断しましょう。

STEP 1

主語と述語動詞を探す！

本文の主語はThe company「その会社」、空所に続いて後ろに目的語のemployees「従業員」があるということは、空所には述語動詞を補う必要があるので、-ing形の(B) allowingやto不定詞の(C) to allowは正解候補から外れます。

STEP 2

主述の一致を確認する！

正解候補の(A) allowと(D) allowsの違いは、動詞の語尾にsが付いているかいないか。ここで、本文の主語に注目。主語はThe companyと三人称単数なので、三人称単数現在形の(D) allowsが正解です。

➡ **正解：(D)**

文法の即効薬 動詞の異なる形が並んだタイプ② 動詞の態に注目する！

例題２を解いてみて、解き方の基本STEPに沿って解けたかを確認しましょう。

例題2　　難易度：💊💊

Mina Arakawa ------- by her manager to head the new construction project starting in May.

(A) was chosen
(B) chose
(C) choosing
(D) to choose

▶解き方の基本STEP

STEP 0 選択肢をチェック！

例題１と同様、動詞が変化した形が並んでいる選択肢を見たら、動詞の異なる形が並んだタイプだと判断しましょう。

STEP 1 主語と述語動詞を探す！

例題１と同様、主語と述語動詞を探します。

STEP 2 主語が「～する」のか「～される」のかを判断する！

例題１で学習した①主述の一致の視点では正解が絞れないので、本問では②態の視点から正解を判断していきます。

動詞が他動詞（「～を、～に」に当たる目的語が必要な動詞）の場合、能動態「～する」と受動態「～される」の２種類の文を作ることができます。本文の主語が「～する」のか「～される」のかを考え、「～する」と訳して意味が通る場合は能動態を、「～される」と訳して意味が通る場合は受動態を正解に選びましょう。

能動態のときは動詞の後ろに目的語が続き、受動態の場合は後ろに目的語は続かない（※一部例外あり）ということもヒントになります。（→p. 68）

▶例題２の解説

072

「選ぶ」？「選ばれる」？

Mina Arakawa ------- by her manager to head the new construction project starting in May.

S　V　～によって

(A) 動（受動態の過去形）　(B) 動（過去形）
(C) 動（-ing形）　(D) 動（to不定詞）

訳 マネージャーによって、Mina Arakawaは5月から始まる新建設プロジェクトの統括者に選ばれました。

語注 □ **head** 動 ～を指揮する、～を統括する

選択肢をチェック！

選択肢には、他動詞choose「～を選ぶ」の異なる形が並んでいます。選択肢は全て動詞の変化形なので、動詞の異なる形が並んだタイプです。

主語と述語動詞を探す！

主語はMina Arakawaで、その後ろの述語動詞が欠けています。空所には述語動詞を補う必要があるので、-ing形の(C) choosingやto不定詞の(D) to chooseは正解候補から外れます。ここまでは例題1と同じです。

STEP 2

主語が「～する」のか「～される」のかを判断する！

残った選択肢の(A) was chosen「選ばれた」は受動態、(B) chose「選んだ」は能動態です。Mina Arakawaが「選んだ」のか「選ばれた」のかを考えると、空所の後ろには「マネージャーによって」とあるので、「～される」を意味する受動態が適切です。述語動詞に対する目的語がないことからもさらに確信が持て、受動態の(A) was chosenが正解です。本問のように、受動態の後ろには〈by＋人〉「～によって」の形が続くことが多いということも覚えておきましょう。

➡ **正解：(A)**

動詞
例題

例題３を解いてみて、解き方の基本STEPに沿って解けたかを確認しましょう。

例題3

難易度：

Nocca Manufacturing ------- ten additional factory workers next year so they can ramp up their production.

(A) will hire
(B) has been hiring
(C) hired
(D) had hired

▶解き方の基本STEP

選択肢をチェック！

例題１・２と同様、動詞が変化した形が並んでいる選択肢を見たら、動詞の異なる形が並んだタイプだと判断しましょう。

STEP 1

主語と述語動詞を探す！

例題１・２と同様、主語と述語動詞を探します。

時を表すヒントを見つける！

例題１では①主述の一致の視点、例題２では②態の視点から正解を判断しました。これらの視点で解けないときは、③時制の視点で問題を見ていきます。

時を表すヒントとなる語句を、本文の中から探してみましょう。例えば、本文にnext week「来週」とあったらその文の時制は未来、last week「先週」とあったら時制は過去になることが推測できます。

このヒントをもとに、文と動詞の時制がかみ合う選択肢を正解に選びましょう。

▶例題3の解説

🔊073

Nocca Manufacturing (S) ------- (V) ten additional factory workers (O) next year so they (S′) can ramp up (V′) their production (O′).

未来のこと！

(A) 動（未来を表す形）　(B) 動（現在完了進行形）
(C) 動（過去形・過去分詞）　(D) 動（過去完了形）

訳 生産量を増やすことができるよう、Nocca製造業は来年、10人の工場従業員を追加で雇う予定です。

語注 □ **additional** 形 追加の　□ **ramp up production** 生産量を増やす

動詞

例題

STEP 0

選択肢をチェック！

選択肢には、他動詞hire「～を雇う」の異なる形が並んでいます。未来を表す形、現在完了進行形、過去形・過去分詞、過去完了形と、さまざまな形が揃っていますね。

STEP 1

主語と述語動詞を探す！

主語の後ろの述語動詞は欠けています。空所には述語動詞を補う必要があるので、この段階では(A)～(D)の全てが正解候補となります。

STEP 2

時を表すヒントを見つける！

どの選択肢も全て主述は一致しており、能動態です。つまり、①主述の一致の視点と②態の視点から正解を絞ることはできません。ここで、時を表すヒントとなる語句を探しましょう。

今回は、本文にあるnext year「来年」という語句が時を表すヒントになっています。よって、未来を表す形である(A) will hireが正解。will「～だろう」という「未来」の意味を表す助動詞に、動詞の原形が続いた形です。

➡ **正解：(A)**

さらに分解！

例題では、①主述の一致、②態、③時制の３つの視点から正解を判断しました。中には、「主述の一致と態」など、①～③の複数の視点を組み合わせて正解を導く問題も。それぞれの視点を詳しく学習していきましょう。

主述の一致

主語に応じて、述語動詞が適切な形になっているかをチェックする視点です。本文の主語を探し、単複どちらなのかを必ず確認しましょう。

少し難しいのは、修飾語などが加えられ、主語と述語動詞の距離が離れているパターン。主語は必ずしも述語動詞の直前にあるとは限らないので、注意が必要です。

■主語と述語動詞が離れているパターン

The suits designed in collaboration with several famous designers
S

are selling very well.
V
× is selling

訳 何人かの有名なデザイナーがコラボしデザインされたそのスーツは、とてもよく売れています。

態

主語と述語動詞の関係が「～する」（能動態）なのか「～される」（受動態）なのかをチェックする視点です。

受動態の場合、本来目的語だった語句が主語になっているため、基本的には後ろに目的語は続きません。しかし、giveやcall, chargeなど、直後に目的語を２つ続けることができる（第４文型になる）動詞は例外。１つ目の目的語が主語になり、２つ目の目的語は述語動詞の後ろにそのまま残るからです。

■受動態の後ろに目的語が１つ続くパターン

動詞give

Mr. Tanaka was given the award last year.
S V O

訳 Tanakaさんは去年、賞を与えられました。（能動態：give *A B*「AにBを与える」）

動詞charge

You will not be charged extra money even if the repair work takes a long time.

S　V　O

訳 修理作業に時間がかかっても、追加のお金は請求されません。(能動態：charge *A B*「AにBを請求する」)

時制

本文の中から時を表すヒントを見つけ、それにあわせて動詞の時制を判断する視点です。時を表すヒントとなる語句を見れば、本文が過去・現在・未来、いつのことを表しているかが推測できます。

■時制が異なる3つの文

現在を表す！

If you sign up for a subscription now, you can get access to our online educational materials.

sign：現在形　now：今

訳 今定期購読を申し込めば、当社のオンライン教材をご利用いただけます。

過去を表す！

The two leading companies signed a contract yesterday.

signed：過去形　yesterday：昨日

訳 その2つの主要企業が昨日契約を結びました。

未来を表す！

Bead Fresh Foods will sign a contract with a sponsor next year.

will sign：未来を表す形　next year：来年

訳 来年、Bead Fresh食品会社はスポンサーと契約を結ぶ予定です。

■時を表すヒントとなる語句

	時制	時を表すヒント
□	過去	yesterday「昨日」、last ～「前の～」、～ ago「～前」
□	現在	now「今」、currently「現在」
□	未来	tomorrow「明日」、next ～「次の～」

さらに分解！

述語動詞の他に、分詞や動名詞、to不定詞などの準動詞（→p. 98）が正解になることもあります。それぞれの特徴と使い方を以下で押さえておきましょう。

分詞

分詞には、現在分詞（-ing）と過去分詞（-ed）の形があります。それぞれ「～している」「～される」という意味を持ち、どちらも名詞を修飾します。形容詞に近い働きをすると覚えておきましょう。

■現在分詞

「～している」の意味！

the advertisement targeting young people

訳 若者をターゲットにしている広告

■過去分詞

「～される」の意味！

rules described in the employee handbook

訳 従業員ハンドブックに記載されている規則

■現在分詞や過去分詞を用いた分詞構文

少し難しいのが、これらの現在分詞と過去分詞を使った分詞構文です。分詞構文とは文に情報を加えている分詞のかたまりのことで、副詞に近い働きをします。「～するとき」（時）、「～しながら」（付帯状況）、「～なので」（理由）などの意味を加えます。

現在分詞から始まる分詞構文

ABZ Corporation achieved its goal this quarter, reducing overtime work at the same time.

訳 ABZ社は残業を削減しながら、同時に今期の目標を達成しました。

過去分詞から始まる分詞構文

Featured on a famous Web site, the newly-opened bakery has become popular among locals.

訳 有名なウェブサイトで特集されたので、新しく開店したパン屋は地元の住民の間で人気になっています。

動名詞

動名詞は現在分詞と同じく、-ingの形で表します。「～すること」を意味し、動"名詞"という言葉の通り、名詞として働きます。よって、主語や補語、前置詞や動詞の目的語になります。

■動名詞の頻出パターン

主語になる！

Grasping market trends is important for business people.
(S: Grasping market trends / V: is / C: important)

訳 実業家たちにとって、市場のトレンドを把握することは重要です。

補語になる！

The purpose of the meeting was checking feedback from our customers.
(S: The purpose of the meeting / V: was / C: checking feedback)

訳 その会議の目的は、顧客からのフィードバックを確認することでした。

（前置詞の）目的語になる！

Ms. Sato is interested in learning computer science.
(S: Ms. Sato / V: is / C: interested)

訳 Satoさんは、情報科学を学ぶことに興味があります。

to不定詞

to不定詞は、〈to＋動詞の原形〉の形で表します。主に「～すること」、「～するための、～するべき」、「～するために、～して」を意味します。

■to不定詞の頻出パターン

「～すること」

It was impossible to finish all the repair work by October 8.

訳 10月8日までに全ての修繕作業を終えることは不可能でした。

「～するための」

The board of directors had a lot of topics to discuss.

訳 取締役会は話し合うべき（ための）議題がたくさんありました。

「～するために」

To know more about our products, please visit our Web site.

訳 製品の詳細を知るためには、当社のウェブサイトへアクセスしてください。

トレーニング

空所に入る最も適切な語句を、(A)～(D)の中から選びましょう。

1. Members of the IT department ------- their expense reports at the end of every month.

(A) submit
(B) submits
(C) submitting
(D) to submit

2. Sanwan Tech ------- approximately twenty thousand oil heaters in North America alone last year.

(A) sells
(B) sold
(C) is selling
(D) will have sold

解答・解説

074　正解：(A)

主語は単数？ 複数？

1. Members of the IT department (S) ------- (V) their expense reports (O) at the end of every month.

訳 IT部門のメンバーは、毎月の月末に経費報告書を提出します。

(A) 動（現在形）
(B) 動（三人称単数現在形）
(C) 動（-ing形）
(D) 動（to不定詞）

解説 選択肢には動詞submit「～を提出する」の異なる形が並んでいます。文構造を見ると、この文には述語動詞が欠けているので、空所に補う必要があります。正解候補は(A)と(B)に絞られますが、どちらも能動態、かつ現在の時制を表しているので、①主述の一致の視点で正解を判断しましょう。主語はMembers of the IT department「IT部門のメンバー（たち）」と複数形なので、この主語に対応する(A) submitが正解です。

075　正解：(B)

2. Sanwan Tech (S) ------- (V) approximately twenty thousand oil heaters (O) in North America alone last year.

過去のこと！

訳 Sanwan技術社は昨年、石油ヒーターを北米だけでおよそ2万台販売しました。

(A) 動（三人称単数現在形）
(B) 動（過去形）
(C) 動（現在進行形）
(D) 動（未来を表す形の完了形）

解説 選択肢には動詞sell「～を売る」の異なる形が並んでいます。主語と目的語の間に述語動詞が欠けていますが、選択肢はどれも述語動詞として機能する形です。③時制の視点で考えると、文末にlast year「昨年」という過去の時制を表す語句があることに気付きます。本文は過去に起こったことを表しているということが分かるので、動詞の過去形の(B) soldが正解です。時を表すヒントは、文末に見つかることが多いと覚えておきましょう。

語注 □ **approximately** 副 およそ

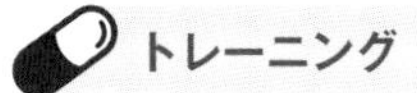

空所に入る最も適切な語句を、(A)～(D)の中から選びましょう。

3. Evergreen Dining ------- by local farmers to serve fresh food to the residents ten years ago.

(A) established
(B) establishes
(C) was established
(D) will establish

4. The telescope recently ------- by Cosmat Systems is much more powerful than conventional models on the market.

(A) introduced
(B) to introduce
(C) introducing
(D) introduces

解答・解説

076　正解：(C)

述語動詞の目的語がない！

3. Evergreen Dining（S） -------（V） by local farmers to serve fresh food to the residents ten years ago.

難易度

訳 Evergreen Diningは10年前、住民に新鮮な料理を提供するために、地元の農家によって設立されました。

(A) 動（過去形・過去分詞）
(B) 動（三人称単数現在形）
(C) 動（受動態の過去形）
(D) 動（未来を表す形）

解説 選択肢には動詞establish「～を設立する」の異なる形が並んでいます。この文には欠けている述語動詞を補う必要があることが分かりますが、選択肢はどれも述語動詞として機能する形です。ここでは②態の視点で考えてみましょう。空所の直後に〈by＋人〉「～によって」の形が続いていること、さらに他動詞establishの目的語となる語がないことから、受動態の(C) was establishedが正解です。受動態の後ろには基本的に目的語は続きません。

077　正解：(A)

後ろから名詞を修飾するのは？

4. The telescope（S） recently ------- by Cosmat Systems（telescopeの説明） is（V） much more powerful（C） than conventional models on the market（比較される対象）.

難易度

訳 Cosmat Systemsによって最近売り出された望遠鏡は、市場にある従来のモデルよりもはるかに高倍率です。

(A) 動（過去分詞）　(B) 動（to不定詞）
(C) 動（-ing形）
(D) 動（三人称単数現在形）

解説 選択肢には動詞introduce「～を売り出す」の異なる形が並んでいます。本文は主語、述語動詞、補語が既にある完全な文なので、空所に述語動詞は入りません。文の述語動詞はisなので、空所を含むThe telescope recently ------- by Cosmat Systemsの部分が主語のかたまりだと判断しましょう。主語のThe telescope「望遠鏡」がどのようなものなのかをrecentlyからSystemsまでが後ろから説明していると考えられるので、「～される、～された」を表す過去分詞の(A) introducedが正解です。

語注 □ **telescope** 名 望遠鏡　□ **powerful** 形 倍率の高い　□ **conventional** 形 従来の

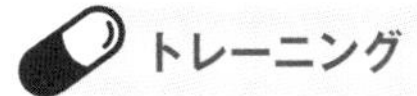

トレーニング

空所に入る最も適切な語句を、(A)～(D)の中から選びましょう。

5. ------- in a study tour of Wimmin's Ice Cream factory, please reserve a time slot on the Website.

(A) Participate
(B) Participated
(C) To participate
(D) Having participated

6. Chef Moore, a renowned chef in the Brussel area, ------- a collection of his all-time best pastry recipes next summer.

(A) published
(B) publishes
(C) have published
(D) will publish

解答・解説

078　正解：(C)

5. ------- in a study tour of Wimmin's Ice Cream factory, please reserve a time slot on the Website.

カンマの後ろには命令文が続いている！
V　O

訳 Wimminのアイスクリーム工場の見学ツアーに参加するためには、ウェブサイトで時間枠を予約してください。

(A) 動（原形・現在形）
(B) 動（過去形・過去分詞）
(C) 動（to不定詞）
(D) 動（完了の-ing形）

解説 選択肢には動詞participate「参加する」の異なる形が並んでいます。カンマ以降には、「時間枠を予約してください」というpleaseから始まる命令文があります。to不定詞の(C) To participateを空所に入れると、「Wimminのアイスクリーム工場の見学ツアーに参加するためには」という、命令文の「目的」を表す内容になり、意味が通ります。To ~, please ...「～するためには、…してください」という定番の文構造を覚えておきましょう。

語注 □ **reserve** 動 ～を予約する　□ **time slot** 時間枠

079　正解：(D)

6. Chef Moore, a renowned chef in the Brussel area, ------- a collection of his all-time best pastry recipes next summer.

S　Chef Mooreの説明
V　O
未来のこと！

訳 ブリュッセル地域の有名なシェフであるMooreは、来年の夏に自身最高の焼き菓子レシピ集を出版する予定です。

(A) 動（過去形・過去分詞）
(B) 動（三人称単数現在形）
(C) 動（現在完了形）
(D) 動（未来を表す形）

解説 選択肢には動詞publish「～を出版する」の異なる形が並んでいます。カンマに挟まれた部分は主語の修飾なので、主語から少し離れた空所が述語に当たります。空所には述語動詞が必要ですが、この情報だけでは選択肢を絞り切れません。文全体を見渡すと、文末にnext summer「来年の夏」とあります。このことから、本文の時制は未来であることが分かるので、未来を表す形の(D) will publishが正解です。③時制の視点で解ける問題でした。

語注 □ **renowned** 形 有名な　□ **all-time** 形 これまでで一番の　□ **pastry** 名 焼き菓子

実力試しテスト

080~084

1. Ms. Spencer ------- by her colleagues as a highly competent project leader committed to the success of the company.
(A) is viewed
(B) views
(C) viewing
(D) has viewed

2. Once Rayner Energies ------- a firm presence in Asia, its earnings are likely to increase substantially.
(A) establishes
(B) establishing
(C) established
(D) will establish

3. Electric scooters designed and manufactured by Tronex Motors ------- popularity in the Indian market.
(A) to gain
(B) are gaining
(C) is gaining
(D) having gained

4. Pops Art Explosion, an exhibition now on at the Anyang Art Gallery, ------- the works of various renowned artists.
(A) featuring
(B) to feature
(C) feature
(D) features

5. The Department of Agriculture is planning to assess microbial activity in soil samples ------- from farms in York County.
(A) were taken
(B) to take
(C) taken
(D) taking

語注 〈問2〉 □ firm 形 安定した □ presence 名 存在感 □ earnings 名 収益
□ substantially 副 相当 〈問4〉 □ explosion 名 爆発
〈問5〉 □ microbial 形 微生物の □ county 名 郡

正解：(A)

1. Spencerさんは、会社の成功に全力を注いでいる非常に有能なプロジェクトリーダーであると、同僚に見なされています。

解説 viewは他動詞ですが、後ろに目的語がないため能動態ではなく受動態を用います。また、直後にby「～によって」があることからも受動態だと考えられるため、受動態の現在形である(A) is viewedが正解です。本問では、view *A* as *B*「AをBとみなす」という表現が受動態になり、〈by＋人〉「～によって」がその表現の間に挟まっています。▶(B)動(三人称単数現在形)、(C)動(-ing形)、(D)動(現在完了形) (難易度：●○○)

正解：(A)

2. Rayner Energies社は、ひとたびアジアで安定した存在感を確立すれば収益が相当増えることが見込まれます。

解説 空所を含むOnceの節内には述語動詞が欠けているので、正解候補は述語動詞となる(A)(C)(D)です。次に時制に着目すると、主節に「収益が増える見込みだ」とあることから、文全体は未来のことを表していると判断できます。注意すべきポイントは、once「ひとたび～すれば」の節は時を表す副詞節なので、未来を表す内容であっても動詞は現在形で表すということ。よって、三人称単数現在形の(A) establishesが正解です。▶(B)動establish「～を確立する」(-ing形)、(C)動(過去形・過去分詞)、(D)動(未来を表す形) (難易度：●●○)

正解：(B)

3. Tronex自動車会社によってデザインされ製造されている電動スクーターは、インド市場で人気を博しつつあります。

解説 まずは文の要素を見つけます。designed and manufacturedが述語動詞に見えますが、能動態であれば目的語、受動態であればbe動詞が必要です。どちらにも当てはまらないということは、Electric scootersがdesigned ～ Tronex Motorsに修飾されて主語になっていると考えられます。空所には述語動詞が欠けているため、述語動詞になりえる現在進行形の(B)と(C)が正解候補です。主語を見るとscootersと複数形なので、(B) are gainingが正解です。▶(A)動gain「～を得る」(to不定詞)、(C)動(現在進行形)、(D)動(完了の-ing形)
(難易度：●○○)

正解：(D)

4. Pops Art Explosionは、Anyang美術館で現在開催中の展示会で、さまざまな名高いアーティストの作品を特集しています。

解説 2つのカンマに挟まれたan exhibition now on at the Anyang Art Galleryが、主語のPops Art Explosionを説明しています。主語に対応する述語動詞を補いましょう。主語は単数形なので、三人称単数現在形の(D) featuresが正解です。▶(A)動feature「～を特集する」(-ing形)、(B)動(to不定詞)、(C)動(原形・現在形) (難易度：●○○)

正解：(C)

5. 農務省はヨーク郡の農場で採取された土壌サンプル中の微生物活動を評価することを計画しています。

解説 本文の述語動詞はis planning to assessの部分なので、正解候補は(B)(C)(D)です。takeはtake *A* from *B*で「AをBから取る(採取する)」という熟語で用いられ、この*A*に当たるsoil samples「土壌サンプル」が空所の前に出ていると考えます。*A* taken from *B*「Bから採取されたA」という形になる、過去分詞の(C) takenが正解です。▶(A)動take「選んで取る」(受動態の過去形)、(B)動(to不定詞)、(D)動(-ing形) (難易度：●●●)

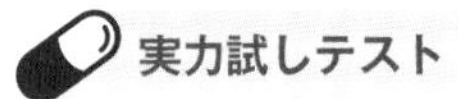

6. The production manager said that over 600 issues of *Reeve City Weekly* ------- and more would be sent out today.
(A) had been distributed
(B) have been distributing
(C) will be distributed
(D) distributing

7. Technicians have been working diligently ------- electricity and gas service to certain areas of Abilene City.
(A) have restored
(B) restored
(C) were restoring
(D) to restore

8. How to make a positive impression in job interviews ------- in the fourth chapter of Ms. Shulman's latest book.
(A) described
(B) is described
(C) describes
(D) describing

9. The staff at Genesia Medicine is planning an informal party for Sara Nguyen, who ------- from the company next May.
(A) retire
(B) will retire
(C) retiring
(D) has retired

10. General inquiries ------- by customer service personnel, whereas complaints are dealt with by the sales manager.
(A) to be handled
(B) handling
(C) are handled
(D) handled

語注 〈問6〉 □ production 名 生産 □ send out ～ ～を発送する
〈問7〉 □ diligently 副 勤勉に 〈問8〉 □ impression 名 印象
〈問10〉 □ inquiry 名 問い合わせ □ whereas 接 ～である一方
□ deal with ～ ～を処理する

正解：(A)

6. 生産部長は、*Reeve City* 週刊誌が600部以上配送され、今日さらに多くが発送されると言いました。

解説 saidの目的語のthat節内の文の要素をチェックします。over 600 issues of *Reeve City Weekly* が主語、空所に述語動詞が入り、andの後ろはmoreが主語でwould be sent outが2つ目の述語動詞です。週刊誌は配送「される」ものなので受動態が適切であること、また約600部が主節の「生産部長が言った」時点よりも「前に」配送されたと考えると自然であることから、過去よりも前に起こったことを表す過去完了形の(A) had been distributedが正解です。wouldは、過去の時点から見た未来を表す助動詞willの過去形です。▶(B) 動 distribute「～を配送する」(現在完了進行形)、(C) 動 (未来を表す形の受動態)、(D) 動 (-ing形)

(難易度：●●○)

正解：(D)

7. 技術者たちは、Abilene市の特定の地域への電気とガスの供給を復旧させるため懸命に働いています。

解説 Techniciansが主語、have been workingが述語動詞なので、述語動詞の形である(A)(B)(C)は空所に入りません。残ったto不定詞の(D) to restoreを入れると、「電気とガスの供給を復旧させるために」という「目的」を表すことができます。よって(D)が正解です。(B)は過去分詞と考えることもできますが、前の内容と繋がらないので不適切です。▶(A) 動 restore「～を復活させる」(現在完了形)、(B) 動 (過去形・過去分詞)、(C) 動 (過去進行形)

(難易度：●○○)

正解：(B)

8. 就職面接で好印象を与える方法は、Shulmanさんの最新の著書の第4章で説明されています。

解説 文頭から空所の前までのHow to ～「～する方法」という名詞句が主語なので、空所には述語動詞が入ります。また「～する方法」は著者によって説明「される」という受動関係が成り立つので、受動態の(B) is describedが正解です。▶(A) 動 describe「～を説明する」(過去形・過去分詞)、(C) 動 (三人称単数現在形)、(D) 動 (-ing形) (難易度：●●○)

正解：(B)

9. Genesia製薬のスタッフは次の5月に退職するSara Nguyenのために気軽なパーティーを計画しています。

解説 関係詞節の述語動詞を補う必要があります。文末のnext May「次の5月」という、未来を表す語句に注目。ここから、未来を表す形の(B) will retireが正解です。(A)のような現在形で未来を表す用法もありますが、whoの先行詞はSara Nguyenなので、三人称単数現在形ではない点で(A)は不適切です。▶(A) 動 retire「退職する」(原形・現在形)、(C) 動 (-ing形)、(D) 動 (現在完了形)

(難易度：●●○)

正解：(C)

10. 一般的な質問はカスタマーサービスの職員によって扱われる一方、クレームは営業部長によって処理されます。

解説 解答のヒントになるのは接続詞whereasです。接続詞はその前後両方に完全な文が必要なので、空所に入れて文の要素が揃うものを選びます。前半の節はGeneral inquiriesが主語で、空所には述語動詞を補う必要があります。他動詞handle「～を扱う」の後ろに目的語がないことから、受動態の述語動詞が適切です。よって(C) are handledが正解です。▶(A) 動 (to不定詞の受動態)、(B) 動 (-ing形)、(D) 動 (過去形・過去分詞) (難易度：●●○)

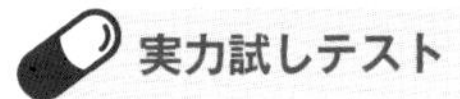

11. All travel and accommodation expenses ------- after the relevant receipts have been submitted to human resources.
(A) will be reimbursing
(B) will be reimbursed
(C) have reimbursed
(D) will have reimbursed

12. Chapman Warehouse's customer loyalty program and friendly sales assistants ------- it apart from other hardware stores.
(A) to set
(B) sets
(C) set
(D) setting

13. Mr. Nelson arranged for his client from Costa Rica ------- up at the airport at eleven o'clock.
(A) to be picked
(B) is being picked
(C) will pick
(D) picking

14. Many Cedar City residents listened carefully to the mayor as her speech ------- over the local radio station.
(A) will broadcast
(B) was broadcast
(C) to broadcast
(D) broadcasting

15. Not all of the directors agreed with the president's decision in regard to ------- the company's dividend policy.
(A) revises
(B) revise
(C) revised
(D) revising

語注 〈問11〉□ accommodation 名 宿泊 □ relevant 形 関連のある
〈問12〉□ warehouse 名 卸売型店舗
□ set *A* apart from *B* AをBから際立たせる 〈問13〉□ pick up ～ ～を車で迎えに行く
〈問14〉□ mayor 名 市長 〈問15〉□ dividend 名 配当金

正解：(B)

11. 全ての交通費と宿泊費は、関連した領収書が人事に提出された後、精算されます。

解説 「交通費と宿泊費」は払い戻「される」ものなので、未来を表す形の受動態の(B) will be reimbursedが正解です。afterから始まる節は時を表す副詞節です。空所を含む主節が未来のことを表していても、時を表す副詞節内の述語動詞は現在形や現在完了形を用いるということも覚えておきましょう。▶(A)動reimburse「～を払い戻す」(未来を表す形の進行形)、(C)動(現在完了形)、(D)動(未来を表す形の完了形) (難易度：●○○)

正解：(C)

12. Chapman卸売店の顧客に対するロイヤルティプログラムと親しみやすい販売員によって、その店は他のホームセンターに差をつけています。

解説 動詞の問題で空所が後半にあるときは、特に文の要素の見極めが肝心です。andで結ばれた2つの名詞句が主語だと考えられるので、その後ろの空所には述語動詞が入ります。さらに、主語は2つの名詞がandで並列され複数扱いなので、三人称単数現在のsが付かない(C) setが正解です。▶(A)動set「～を配置する」(to不定詞)、(B)動(三人称単数現在形)、(D)動(-ing形) (難易度：●●○)

正解：(A)

13. Nelsonさんは、コスタリカからの顧客が11時に空港で車で迎えに来てもらえるよう手配しました。

解説 Mr. Nelsonが主語、arrangedが述語動詞なので、空所には(B)や(C)のような述語動詞の形は入りません。arrangeはarrange for *A* to *do*の形で「Aが～するよう手配する」という意味を表します。よって、to不定詞の(A) to be pickedが正解です。受動態になっているのは、顧客は車で「迎える」のではなく「迎えられる」ためです。▶(B)動(受動態の現在進行形)、(C)動(未来を表す形)、(D)動(-ing形) (難易度：●●●)

正解：(B)

14. Cedar市の多くの住民は、市長のスピーチが地元のラジオ局で放送されたとき、市長の言葉に注意深く耳を傾けました。

解説 asが前置詞と接続詞のどちらで使われているかを見極めましょう。前置詞のas「～として」と考えると、前後がthe mayor as her speech「スピーチとしての市長」となり意味が通りません。よって、本文ではasは前後の2つの節を繋ぐ、「時」を表す接続詞として用いられていると判断できます。as節内のher speechが主語、空所には述語動詞になりえる(A)か(B)が入ることが考えられますが、主節の述語動詞listenedが過去形なので、空所にも過去形が入ると考えると自然です。よって、受動態の過去形の(B) was broadcastが正解。▶(A)動broadcast「～を放送する」(未来を表す形)、(C)動(to不定詞)、(D)動(-ing形) (難易度：●●○)

正解：(D)

15. 会社の配当金の方針を修正することに関する社長の決定に、全ての役員が同意したわけではありませんでした。

解説 空所の前にあるin regard to ～「～に関して」のtoは、to不定詞のtoではなく前置詞のtoで、後ろには名詞か動名詞が続くことがポイントです。よって、名詞句を作る-ing形の(D) revisingが正解です。▶(A)動revise「～を修正する」(三人称単数現在形)、(B)動(原形・現在形)、(C)動(過去形・過去分詞) (難易度：●●○)

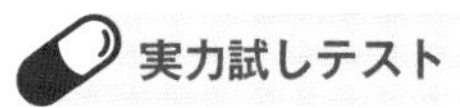

実力試しテスト

095~099

16. The mobile crane that Soheed Contractors currently owns is significantly easier ------- than the previous model.
(A) operates
(B) operated
(C) operating
(D) to operate

17. If you have any questions about your paycheck or income tax payment, ------- the human resources department.
(A) contact
(B) contacting
(C) contacts
(D) to contact

18. The low-cost carrier Wingstar Air has announced it ------- its daily flight between Frankfurt and Glasgow within a few weeks.
(A) has resumed
(B) resumed
(C) will resume
(D) resuming

19. Mr. Brown's book is intended for small business owners interested in learning how ------- online marketing strategies.
(A) implementing
(B) to implement
(C) implemented
(D) is implemented

20. In the years since its founding, Lumarc Corp. ------- its expertise to include optical and laser engineering.
(A) will have expanded
(B) to expand
(C) expanding
(D) has expanded

語注 〈問16〉 □ mobile crane クレーン車 □ significantly 副 著しく
〈問17〉 □ paycheck 名 給料支払い小切手 □ income 名 収入
〈問18〉 □ low-cost carrier 格安航空会社
〈問19〉 □ *be* intended for ～ ～のために意図された 〈問20〉 □ optical 形 光学の

正解：(D)

16. Soheed建設が現在所有するクレーン車は、以前のモデルより操作するのがはるかに容易です。

解説 文頭からownsまでが主語、isが述語動詞、形容詞（比較級）のeasierが補語なので、空所に述語動詞は入りません。形容詞easyは、*be* easy to *do*「（主語は）～することが容易だ」という表現で用いられます。よって、to不定詞の(D) to operateが正解です。isとセットで現在進行形を作ろうと(C)を選んだ人は要注意。間にsignificantly easierが挟まるため、文法上不自然です。▶(A) 動 operate「～を操作する」（三人称単数現在形）、(B) 動（過去形・過去分詞）、(C) 動（-ing形） （難易度：●●●）

正解：(A)

17. 給料支払い小切手あるいは所得税の支払いについて何か質問がある場合は、人事部に連絡してください。

解説 空所を含むカンマ以降の後半の節は、if節の後に続く主節なので主語と述語動詞があるはずです。しかし主語となるものが見当たらないため、成立するのは命令文「～してください」の形です。よって、動詞の原形の(A) contactが正解です。▶(B) 動 contact「～と連絡をとる」（-ing形）、(C) 動（三人称単数現在形）、(D) 動（to不定詞） （難易度：●○○）

正解：(C)

18. 格安航空会社のWingstar航空は、フランクフルトとグラスゴー間の毎日のフライトを数週間以内に再開すると発表しました。

解説 文全体の述語動詞はhas announcedです。announceはannounce that ～の形で用いられ、thatは本問のように省略されることがあります。announced以降のthat節には述語動詞が欠けているので、空所に補いましょう。文末にwithin a few weeks「数週間以内に」という時を表す語句があるので、未来を表す形の(C) will resumeが正解です。▶(A) 動 resume「～を再開する」（現在完了形）、(B) 動（過去形・過去分詞）、(D) 動（-ing形）
（難易度：●○○）

正解：(B)

19. Brownさんの本は、オンラインのマーケティング戦略をどのように実行すべきかを学ぶことに興味のある小企業のオーナーに向けられています。

解説 how以下がひとまとまりでlearningの目的語になっているので、howの後に続く品詞のパターンを考えます。〈how＋主語＋動詞〉「（主語が）～する方法」という名詞節だとすると主語がありません。how to *do*「どのように～すべきか」という名詞句であればto不定詞の(B) to implementが入って意味が通ります。▶(A) 動 implement「～を実行する」（-ing形）、(C) 動（過去形・過去分詞）、(D) 動（受動態の現在形） （難易度：●○○）

正解：(D)

20. 設立以来、Lumarc社は専門分野を光工学やレーザー工学にまで拡大してきました。

解説 前置詞句が文頭に来ています。カンマの後ろのLumarc Corp.が主語なので、直後の空所には述語動詞が入ります。文頭にはIn the years since its founding「設立以来」とあり、sinceが用いられているため、この表現とセットで用いられ「（これまで）～してきた」を意味する現在完了形の(D) has expandedが正解です。▶(A) 動 expand「～を拡大する」（未来を表す形の完了形）、(B) 動（to不定詞）、(C) 動（-ing形） （難易度：●●○）

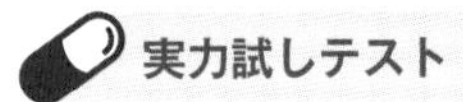

100~104

21. To maintain a sanitary environment, both eating and drinking ------- in the conference rooms.
(A) are prohibited
(B) prohibiting
(C) prohibit
(D) to prohibit

22. No matter what industry you are in, ------- out among your competitors is crucial to the success of your business.
(A) stand
(B) stood
(C) standing
(D) to be stood

23. Ms. Chatwin will return to school to seek a graduate degree in business administration before ------- her professional goals.
(A) pursued
(B) pursuing
(C) pursues
(D) to pursue

24. The chemical engineer insisted that the samples should be analyzed again ------- the results were accurate.
(A) ensured
(B) ensure
(C) to ensure
(D) ensuring

25. A key trend that the Ultwise Agency ------- is the dramatic increase in short-form video marketing.
(A) has been following
(B) to be following
(C) to follow
(D) was followed

語注 〈問21〉□ **maintain** 動 ～を維持する □ **sanitary** 形 衛生上の
〈問22〉□ **competitor** 名 競合企業、競争相手
□ ***be* crucial to ～** ～にとって必要不可欠である 〈問23〉□ **graduate** 形 大学院の
□ **degree** 名 学位 □ **business administration** 経営学
〈問24〉□ **chemical** 形 化学の 〈問25〉□ **dramatic** 形 劇的な

正解：(A)

21. 衛生的な環境を維持するため、会議室では飲食共に禁止されています。

解説 both eating and drinkingが本文の主語ですが、述語動詞が見当たりません。prohibitは「～を禁止する」という意味の他動詞で、飲食は禁止「される」という受動関係が成り立つため、受動態の(A) are prohibitedが正解です。▶(B)動(-ing形)、(C)動(原形・現在形)、(D)動(to不定詞)　(難易度：●○○)

正解：(C)

22. どんな業界にいても、競合企業の中で目立つことがビジネスの成功において極めて重要です。

解説 No matterからカンマまでの節は、主節ではなく副詞節です。カンマ以降はisが述語動詞で、形容詞crucial「極めて重要な」が補語と考えられるので、空所からcompetitorsまでが主語になります。名詞句を作る動名詞の(C)とto不定詞の(D)まで絞れます。stand outは「目立つ」という意味を持ち、このときのstandは自動詞。自動詞は受動態にできないので(D)は不適切です。よって(C) standingが正解です。▶(A)動(原形・現在形)、(B)動(過去形・過去分詞)、(D)動(to不定詞の受動態)　(難易度：●○○)

正解：(B)

23. 職業上の目標を追求する前に、Chatwinさんは経営学の大学院学位を手に入れるために大学に戻るでしょう。

解説 beforeが接続詞であれば後ろには主語と述語動詞が続くはずですが、空所に(A)や(C)を入れたとしても節の中で主語になるものはないため、このbeforeは前置詞です。before *doing*で「～する前に」を意味するので、動名詞の(B) pursuingが正解です。前置詞beforeの後ろにto *do*は文法上続かないため、(D)は不正解です。▶(A)動pursue「～を追求する」(過去形・過去分詞)、(C)動(三人称単数現在形)、(D)動(to不定詞)　(難易度：●○○)

正解：(C)

24. その化学エンジニアは、結果が正確なことを確実にするためにサンプルはもう一度分析されるべきだと主張しました。

解説 that節の中はthe samplesが主語、should be analyzedが述語動詞なので、空所に(A)(B)は入りません。空所の前後の文意を確認すると、「結果が正確であると確信する」ことを目的として「サンプルがもう一度分析されるべき」と主張していると考えられるため、「目的」を表すto不定詞の(C) to ensureを入れると意味が通ります。▶(A)動ensure「～を確実にする」(過去形・過去分詞)、(B)動(原形・現在形)、(D)動(-ing形)　(難易度：●●○)

正解：(A)

25. Ultwise代理店が関心を示している主要な動向は、短編ビデオマーケティングの劇的な増加です。

解説 空所の直後にあるisの後ろには名詞句が続いているので、文全体としては文頭から空所までが主語、isが述語動詞だと考えます。thatはA key trendを先行詞とする関係代名詞なので、関係詞節の中にも述語動詞が必要。現在完了進行形の(A) has been followingを入れるとthat the Ultwise Agency has been following「Ultwise代理店が関心を示している」となり、A key trend「主要な動向」を後ろから正しく説明できます。▶(B)動follow「～に関心を持つ」(to不定詞の進行形)、(C)動(to不定詞)、(D)動(受動態の過去形)
(難易度：●●●)

動詞

実力試しテスト

26. Employees of CWR Trust are required to maintain a professional appearance and ------- to the bank's code of conduct.
(A) adhering
(B) adhered
(C) adhere
(D) adheres

27. If any machine trouble occurs, factory workers must promptly ------- their supervisor.
(A) notifying
(B) to notify
(C) notified
(D) notify

28. If you are a new patient, please arrive at the clinic twenty minutes before your appointment ------- an information form.
(A) completing
(B) to complete
(C) has completed
(D) to be completed

29. The department head says that the staff's salary ------- by the time they receive their next paycheck.
(A) will have been adjusted
(B) has been adjusted
(C) will be adjusting
(D) was adjusted

30. Mr. Almeida routinely ------- newspapers and business magazines so that he can keep up with the latest trends.
(A) checked
(B) to check
(C) checks
(D) will check

語注 〈問26〉 □ **appearance** 名 外見 □ **adhere to ～** ～に忠実に従う
□ **conduct** 名 行動 〈問27〉 □ **occur** 動 生じる □ **supervisor** 名 監督者
〈問30〉 □ **keep up with ～** ～に遅れずについていく

正解：(C)

26. CWR信託銀行の従業員は、職業にふさわしい外見を維持し、銀行の行動規範に忠実であることが求められています。

解説 空所の前のandが何と何を並列しているかを確認します。andよりも前を見ると、*be* required to *do*「～することを求められている」という表現があります。この表現の「～する」に当たる部分がandで並列されていると予想できるので、原形の(C) adhereを空所に入れると、「維持する」ことと「忠実に従う」ことの2つが「求められている」という文脈になり、意味が自然に通ります。▶(A)動(-ing形)、(B)動(過去形・過去分詞)、(D)動(三人称単数現在形)
(難易度：●○○)

正解：(D)

27. 機械の不具合が生じたら、工場の従業員は直ちに監督者に知らせなくてはなりません。

解説 空所の前に副詞のpromptly「迅速に」がありますが、さらにその前を見ると、助動詞のmustがあることに気付きます。助動詞の後には動詞の原形が続くので、(D) notifyが正解です。助動詞と動詞の間に副詞が挿入されるパターンはよく出題されるので、押さえておきましょう。▶(A)動notify「～に知らせる」(-ing形)、(B)動(to不定詞)、(C)動(過去形・過去分詞)
(難易度：●○○)

正解：(B)

28. 新規患者の方は、情報を用紙に記入するために予約の20分前に当院にお越しください。

解説 主節はpleaseと動詞の原形arriveで始まる命令文なので、空所に(C)のような述語動詞は入りません。予約の20分前に到着するのは、「用紙に記入する」ためだと考えられるので、「目的」を表すto不定詞の(B) to completeが正解です。(D)もto不定詞ですが、空所の後ろに目的語となる名詞句が続く本問では受動態は不正解です。▶(A)動(-ing形)、(C)動(現在完了形)、(D)動(to不定詞の受動態)
(難易度：●●○)

正解：(A)

29. 部長は、次の給料支払い小切手を受け取るときまでには、職員の給料は調整されていると言っています。

解説 部長が言っている内容がthat節以降で述べられています。that節には「次の給料支払い小切手を受け取るときまでには職員の給料は-------」とあり、未来のことが述べられていると推測できます。正解候補はwillを含む(A)と(C)の2つになります。「～までには」という内容から「～し終えている」という完了の意味を表す可能性が高いことや、給料は調整「される」ものであることから、未来完了形の受動態の(A) will have been adjustedが正解です。▶(B)動adjust「～を調整する」(現在完了形の受動態)、(C)動(未来を表す形の進行形)、(D)動(受動態の過去形)
(難易度：●●●)

正解：(C)

30. Almeidaさんは、最新のトレンドについていくために日常的に新聞とビジネス雑誌をチェックしています。

解説 so thatより前にある主節に注目。主節の主語はMr. Almeidaですが、後ろに続く述語動詞がありません。まず(B)が正解候補から外れます。空所の直前にはroutinely「日常的に」という副詞があり、またthat節の述語動詞がcan keepと現在形なので、現在の習慣について述べられていることが分かります。よって、現在形の(C) checksが正解。▶(A)動check「～を確認する」(過去形・過去分詞)、(B)動(to不定詞)、(D)動(未来を表す形)
(難易度：●○○)

動詞

実力試しテスト

実力試しテスト

110~114

31. The organic gardening workshop, scheduled for June 8, from noon to 4 P.M., ------- at the School of Horticulture.
(A) will be held
(B) held
(C) to be held
(D) is holding

32. Schwartz & Associates is highly regarded for its contemporary designs, ------- to its gaining worldwide recognition.
(A) to lead
(B) leading
(C) led
(D) has led

33. Mr. Selleck completed ------- all the third-quarter sales data into a single report so the manager could check.
(A) will compile
(B) to compile
(C) has compiled
(D) compiling

34. After two hours of deliberation, the audit committee ------- that the year-end financial reporting process could be expedited.
(A) to decide
(B) deciding
(C) decided
(D) was decided

35. If Ferlito Real Estate had made the purchase sooner, the property ------- a greater return on investment.
(A) had yielded
(B) will yield
(C) has yielded
(D) would have yielded

語注 〈問31〉 □ **horticulture** 名 園芸 〈問32〉 □ **regard** 動 ～を評価する
□ **contemporary** 形 現代の □ **lead to ～** ～という結果になる
□ **recognition** 名 認識、評価 〈問33〉 □ **third-quarter** 形 第3四半期の
〈問34〉 □ **deliberation** 名 熟考 □ **audit** 名 監査 □ **year-end** 形 年末の
□ **expedite** 動 ～を迅速化する 〈問35〉 □ **real estate** 不動産

正解：(A)

31. 有機園芸のワークショップは、6月8日の正午から午後4時に予定されており、園芸スクールにて開催されます。

解説 The organic gardening workshopが主語、カンマに挟まれた日時の情報はそれを修飾する語句なので、その後ろの空所には述語動詞が入ります。主語の「ワークショップ」は開催「する」ものではなく「される」ものなので、受動態の(A) will be heldが正解です。▶(B)動hold「～を開催する」(過去形・過去分詞)、(C)動(to不定詞の受動態)、(D)動(現在進行形)

(難易度：●○○)

正解：(B)

32. Schwartz & Associatesはその現代的なデザインによって高い評価を受け、世界的な認知を獲得しました。

解説 カンマの前までのメインの文に対して、空所以降が説明を加えています。高い評価を受けた「結果」として世界的な認知を獲得した、と考えると自然なので、「結果」を表す分詞構文となる、現在分詞の(B) leadingが正解です。▶(A)動lead「繋がる」(to不定詞)、(C)動(過去形・過去分詞)、(D)動(現在完了形)

(難易度：●●●)

正解：(D)

33. Selleckさんは、マネージャーが確認できるように第3四半期の売上データを1枚の報告書にまとめ上げました。

解説 空所の前にある動詞completeは「～を完成させる」という意味なので、空所以降はこの目的語が入ります。completeは、to不定詞ではなく動名詞を目的語に取るため、(D) compilingが正解です。似た意味のfinish「～を終える」も同様に目的語に動名詞を取るのでまとめて覚えておきましょう。▶(A)動compile「～をまとめる」(未来を表す形)、(B)動(to不定詞)、(C)動(現在完了形)

(難易度：●●○)

正解：(C)

34. 2時間の熟考の後、監査委員会は年末の財務報告プロセスをもっと早められると判断しました。

解説 the audit committeeが主語、that以下がdecide「～と判断する」の目的語に当たる節なので、空所には述語動詞が入ります。the audit committeeはthat以下を「判断する」側なので、受動態の(D)は不適切。よって、過去形の(C) decidedが正解です。▶(A)動(to不定詞)、(B)動(-ing形)、(D)動(受動態の過去形)

(難易度：●○○)

正解：(D)

35. もしFerlito不動産がもっと早く購入を済ませていたら、その物件はもっと大きな投資利益を生み出したでしょう。

解説 文頭にIfがある点と、If節の述語動詞がhad madeという過去完了形である点に注目。〈If＋主語＋had *done*, 主語＋助動詞の過去形＋have *done*〉の形で、「もし主語が～だったら、主語は～だっただろうに」という、仮定法過去完了を表せることに気付けるかどうかがポイントです。よって、正解は助動詞の過去形を用いた(D) would have yieldedです。▶(A)動yield「～を生む」(過去完了形)、(B)動(未来を表す形)、(C)動(現在完了形)

(難易度：●●○)

動詞

実力試しテスト

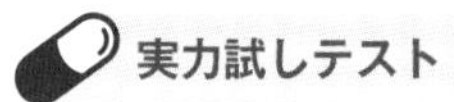

実力試しテスト

115~119

36. Mr. Jopling ------- the legal document for errors so that any necessary corrections could be made before the meeting.
(A) checked
(B) was checked
(C) checking
(D) to check

37. The number of mortgage applications ------- by Ressa Bank last month was much higher compared to that of March.
(A) will be received
(B) had been received
(C) received
(D) to receive

38. Mr. Lombardi ------- most recently as a chemist for a major pharmaceutical company based in Switzerland.
(A) will work
(B) has worked
(C) working
(D) to work

39. The flower arrangement class ------- promptly at 9:30 A.M. and is supposed to last two hours with a short break.
(A) to begin
(B) will begin
(C) begin
(D) beginning

40. Since workplace attire ------- more casual over the past decade, many large corporations have revised their dress codes.
(A) has grown
(B) to be grown
(C) have grown
(D) to grow

語注 〈問36〉 □ correction 名 修正 〈問37〉 □ mortgage 名 住宅ローン
〈問38〉 □ chemist 名 化学者 □ pharmaceutical company 製薬会社
□ (*be*) based in ~ ~に拠点を置く
〈問39〉 □ promptly 副 (時刻の前に置いて) ちょうど
〈問40〉 □ attire 名 服装 □ decade 名 10年 □ revise 動 ~を改訂する

正解:(A)

36. Joplingさんは、会議の前に必要な修正ができるように、間違いがないか法律文書を確認しました。

解説 Mr. Joplingが主語、the legal documentが目的語と考えられるので、空所には述語動詞が入ります。また、目的語があることから能動態になることも分かります。よって、(A) checkedが正解です。that節の述語動詞はcould be madeと過去形なので、時制も適切です。▶(B)動check「~を確認する」(受動態の過去形)、(C)動(-ing形)、(D)動(to不定詞)
(難易度:●○○)

正解:(C)

37. Ressa銀行によって先月受け付けられた住宅ローンの申し込みの数は、3月の数と比べてずっと多いものでした。

解説 名詞→空所→byと続くので受動態の述語動詞が入ると思うかもしれませんが、後半にwasがあります。これが文全体の述語動詞です。つまりThe numberからlast monthまでが名詞句となり主語として働いているので、空所に述語動詞の形は入りません。空所の後ろにby「~によって」があることをヒントに過去分詞の(C) receivedを入れると、空所以下がmortgage applicationsを修飾し、「受け付け済みの」住宅ローンの申し込み、となり意味が通ります。▶(A)動receive「~を受け取る」(未来を表す形の受動態)、(B)動(過去完了形の受動態)、(D)動(to不定詞)
(難易度:●●○)

正解:(B)

38. Lombardiさんは、直近ではスイスに拠点を置く大手製薬会社で化学者として働いていました。

解説 Mr. Lombardiが主語で、述語動詞がありません。副詞のrecently「最近」は現在完了形と共に用いられ「最近~した」を表すので、現在完了形の(B) has workedが正解です。▶(A)動work「働く」(未来を表す形)、(C)動(-ing形)、(D)動(to不定詞) (難易度:●●○)

正解:(B)

39. フラワーアレンジメントのクラスはちょうど午前9時30分に始まり、小休憩を挟み2時間続く予定です。

解説 The flower arrangement class「フラワーアレンジメントのクラス」がどうなるのかを表す、述語動詞が欠けています。よって、(A)と(D)は正解候補から外れます。(B) will beginを空所に入れると「フラワーアレンジメントクラスが始まる予定だ」という未来を表す形になり、文意が通ります。三人称単数現在の形になっていないので(C)は不適切です。▶(A)動begin「始まる」(to不定詞)、(C)動(原形・現在形)、(D)動(-ing形) (難易度:●○○)

正解:(A)

40. この10年間で職場の服装がカジュアルになったので、多くの大企業はドレスコードを改めました。

解説 workplace attireが主語、more casualが補語なので、空所に述語動詞が入るという可能性は、Sinceを接続詞として考えると正しいことが分かります。正解候補は現在完了形の(A)と(C)ですが、主語は単数なので(A) has grownが適切です。▶(B)動grow「~になる」(to不定詞の受動態)、(C)動(現在完了形)、(D)動(to不定詞)
(難易度:●●○)

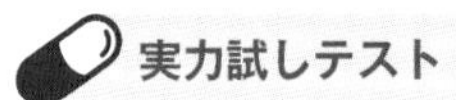

41. No matter which brand of detergent you use ------- clothing, the result will be pretty much the same.
(A) to wash
(B) washing
(C) has washed
(D) to be washed

42. As for any leftovers from the year-end party, staff should take them home instead of ------- them in the office refrigerator.
(A) leaving
(B) leave
(C) to leave
(D) being left

43. ------- to the aquarium, take the train to Cummings Station and then walk south for three or four blocks.
(A) Get
(B) To get
(C) Got
(D) Having got

44. Employees of Alpheto Architecture who ------- overseas receive a housing allowance aside from their locality pay.
(A) has been stationed
(B) are stationing
(C) stations
(D) have been stationed

45. The quality assurance team will write a report on their findings as soon as the assembly line inspection ------- complete.
(A) will be
(B) had been
(C) is
(D) was

語注 〈問41〉 □ detergent 名 洗剤　□ pretty 副 かなり
〈問42〉 □ leftover 名 料理の残り物　〈問44〉 □ architecture 名 建築
□ housing allowance 住宅手当　□ aside from ～ ～とは別に　□ locality 名 地域
〈問45〉 □ assurance 名 保証　□ findings 名 結果、明らかになったもの
□ assembly 名 組み立て　□ inspection 名 検査

正解：(A)

41. 服を洗濯するためにどのブランドの洗剤を使っても、仕上がりはほとんど同じです。

解説 文頭からカンマまでは、カンマ以降の主節を補足する副詞節です。空所の前までの内容は「どのブランドの洗剤を使ったかにかかわらず」というもの。「服を洗濯するために」という「目的」が続くと自然なので、to不定詞の(A) to washが正解です。▶(B)動wash「～を洗濯する」(-ing形)、(C)動(現在完了形)、(D)動(to不定詞の受動態)　(難易度：●●○)

正解：(A)

42. 忘年会の料理の食べ残しに関しては、オフィスの冷蔵庫に残していくのではなく、家に持ち帰るべきです。

解説 空所の前には前置詞句のinstead of ～があるので、正解候補は動名詞の(A)と(D)です。空所の後ろを見ると、目的語となるthemがあるので、能動態の(A) leavingが正解です。▶(B)動leave「～を残す」(原形・現在形)、(C)動(to不定詞)、(D)動(受動態の-ing形)
(難易度：●○○)

正解：(B)

43. 水族館に行くためには、Cummings駅行きの電車に乗り、それから南に3ブロックか4ブロック歩いてください。

解説 カンマの直後のtakeに対する主語がないので、take以下が命令文になっていると考えます。「電車に乗る」に対して「水族館に行く」ことは「目的」なので、その役割を持つto不定詞の(B) To getを空所に入れると意味が通ります。(to不定詞の働き→p. 71) 空所に原形の(A)を入れ、Getとtakeとwalkの3つの動詞が並列された命令文と考えることも文法上はできますが、意味が通りません。▶(A)動get「行く」(原形・現在形)、(C)動(過去形・過去分詞)、(D)動(完了の-ing形)　(難易度：●●○)

正解：(D)

44. 海外に配属されているAlpheto建築会社の従業員は、地域ごとの給与の他に住宅手当を受け取ります。

解説 receive「～を受け取る」が文全体の述語動詞なので、空所にはwho節内の述語動詞が入ると考えられます。stationは「～を配属する」という意味の他動詞です。先行詞である「Alpheto建築会社の従業員」は配属「する」のではなく配属「される」側なので、空所には受動態が入ります。さらに先行詞は複数形なので、(D) have been stationedが正解です。▶(A)動(現在完了形の受動態)、(B)動(現在進行形)、(C)動(三人称単数現在形)
(難易度：●●●)

正解：(C)

45. 品質保証チームは、組み立てラインの検査が完了次第すぐに、調査結果のレポートを書きます。

解説 主節の動詞はwill writeという未来を表す形なので、as soon as「～するとすぐに」で始まる節も未来の内容を指しています。ただし時や条件を表す副詞節の中では未来のことでも現在形で表すというルールがあるので、現在形の(C) isが正解です。副詞節内の主語the assembly line inspectionは単数なので、その点でも適切です。▶(A)動(未来を表す形)、(B)動(過去完了形)、(D)動(過去形)　(難易度：●●○)

実力試しテスト

125~129

46. The boarding call for Flight 472 was made just as Ms. Lewiston realized she ------- to the wrong gate.
(A) is walking
(B) will walk
(C) is walked
(D) had walked

47. Prior to the new law's enactment, the company ------- a set of rules for employees handling personal information yesterday.
(A) will institute
(B) institute
(C) is instituting
(D) instituted

48. ------- many books and magazines, Mr. Green is considered to be a professional.
(A) Having edited
(B) Edit
(C) To edit
(D) Edited

49. The nongovernmental organization Congo Forests Alliance has been trying to save enough ------- a second field station.
(A) affording
(B) afforded
(C) to afford
(D) will afford

50. Since the Hanakita Food Festival ------- for the next few days, the street should be packed with a lot of local residents.
(A) held
(B) was held
(C) will be held
(D) had been held

語注 〈問46〉 □ call 名 行き先案内放送 〈問47〉 □ prior to ～ ～の前に □ enactment 名 制定 □ a set of ～ 一連の～ □ handle 動 ～を取り扱う 〈問49〉 □ nongovernmental 形 非政府の □ alliance 名 連合 □ a second 別の □ field 名 現場、実地 □ station 名 拠点

正解：(D)

46. ちょうどLewistonさんが間違った搭乗ゲートに歩いてきてしまったと気付いたときにフライト472便の搭乗案内がなされました。

解説 空所を含むshe以下の節はrealized (that)「～ということに気付いた」の目的語で、節内の述語動詞が欠けています。動詞realizedは過去形なので、これに対応してthat節内の時制も過去にする必要があります。よって、過去完了形の(D) had walkedが正解です。▶(A)動walk「歩く」(現在進行形)、(B)動(未来を表す形)、(C)動(受動態の現在形)

(難易度：🖊🖊🖊)

正解：(D)

47. 新しい法律の制定に先立って、その会社は昨日、個人情報を扱う従業員に対して一連の規則を設けました。

解説 文末にyesterday「昨日」という過去を表す語があることから、institute「～を設ける」の過去形である(D) institutedが正解です。文末まで必ず目を通し、時を表すヒントを見逃さないようにしましょう。▶(A)動institute「～を設ける」(未来を表す形)、(B)動(原形・現在形)、(C)動(現在進行形)

(難易度：🖊🖊🖊)

正解：(A)

48. 多くの本と雑誌を編集してきたので、Greenさんはプロだと考えられています。

解説 文頭からカンマまでにはedit「～を編集する」の主語がないため、主語が省略された分詞構文の可能性を考えます。完了の-ing形の(A) Having editedを入れると、「(Greenさんは) 多くの本と雑誌を編集してきたので」という、主節に対する「理由」を表す(分詞構文の働き→p. 70)内容になり、文意が通ります。Having editedは、Because[As] he has edited ～の接続詞Because[As]と、主節と共通する主語のhe (= Mr. Green)を省略し、hasを-ing形にしたものです。命令文になると考え動詞の原形の(B)を選んでも文意が通らない上、カンマで区切られた2つの節を繋ぐ接続詞が文中にないので文法上不自然です。▶(B)動(原形・現在形)、(C)動(to不定詞)、(D)動(過去形・過去分詞)

(難易度：🖊🖊🖊)

正解：(C)

49. 非政府組織コンゴ森林同盟は、もう1つ現地拠点を持つのに十分な資金を蓄えようとしています。

解説 has been trying to saveが文全体の述語動詞なので、空所に述語動詞は入りません。よって、(D)以外が正解候補となります。enoughはenough to *do*「～するのに十分」という表現を作るので、空所にto不定詞の(C) to affordを入れると文意が通ります。▶(A)動afford「～を持つ余裕がある」(-ing形)、(B)動(過去形・過去分詞)、(D)動(未来を表す形)

(難易度：🖊🖊🖊)

正解：(C)

50. Hanakitaフードフェスティバルはこれから数日間開催されるので、通りは多くの地元住民でいっぱいになるでしょう。

解説 for the next few days「これから数日間」という、未来を表す語句に注目。未来を表す形の受動態である(C) will be heldが正解です。空所の後ろに目的語がないことやお祭りは開催「される」ものであることからも、受動態が適切だと分かります。▶(A)動hold「～を開催する」(過去形・過去分詞)、(B)動(受動態の過去形)、(D)動(過去完了形の受動態)

(難易度：🖊🖊🖊)

準動詞を理解しよう

2章のさらに分解！（→ p. 68）では、分詞や動名詞、to 不定詞について学習しました。実はこれらには呼び名があり、まとめて準動詞と呼ばれます。

準動詞の特徴は、文の述語動詞（＝文の時制を決める動詞）として用いることができないということ。次の例文を見てみましょう。

The human resources department (S) organizes (V＝述語動詞) a company retreat (O) every year to promote (準動詞) communication among the employees.

訳 社員同士のコミュニケーションを促進するために（準動詞）、人事部は毎年社員旅行を企画しています（述語動詞）。

例文の述語動詞はorganizesで、to promoteは準動詞です。promoteは「～を促進する」という意味の動詞ですが、ここではto不定詞、すなわち準動詞であるため、文の述語動詞としては機能しません。

つまり、動詞の異なる形が並んだタイプでto promoteの部分が空所になっていたら、既にorganizesという述語動詞があることから、空所には準動詞しか入らないと予想することができます。「文の述語動詞として用いることができない」という準動詞の特徴を押さえておけば、この問題タイプを解くときに、瞬時に答えを絞ることができるようになるのです。

①分詞、動名詞、to 不定詞などはまとめて準動詞と呼ばれる
②準動詞は文の述語動詞にはならない
ぜひこの2点を理解しておきましょう。

前置詞が並んだタイプ

- 文意に合う適切な前置詞を選ぼう
- 前置詞の意味やニュアンスを掴むのがポイント
- 前置詞を用いた熟語を覚えてさらに得点UP

文法の即効薬　前置詞が並んだタイプ
前置詞の意味・ニュアンス・熟語から判断する！

例題を解いてみて、解き方の基本STEPに沿って解けたかを確認しましょう。

例題　　　　難易度：

The marketing team rescheduled the focus group meeting as some samples had arrived ------- schedule.

(A) over
(B) past
(C) at
(D) behind

▶解き方の基本STEP

STEP 0　**選択肢をチェック！**

選択肢全てが前置詞の働きを持つ場合は、前置詞が並んだタイプです。

前置詞の意味やニュアンスを考える！

まずは本文を読み、文脈を確認します。その上で、前置詞自体の意味を考えましょう。前置詞自体の意味を理解しているかが、この問題タイプを解くカギの1つとなります。in「～（の場所）に」、on「～の上に」など、前置詞の意味やイメージを知っていると、正解を選びやすくなります。

STEP 2　**前置詞の意味だけで解けないときは、熟語を考える！**

前置詞そのものが持つ意味だけで正解を判断することができない問題も多くあります。その場合は、熟語を考えること。主に空所の前後を確認し、選択肢の前置詞と結び付く語句を見つけ、熟語を作りましょう。

例えば、major ------- economicsという問題があったとします。空所にinを入れると、major in ～「～を専攻する」という意味の熟語が完成しますが、これは前置詞in自体が持つ「～（の場所）に」という意味を覚えているだけでは解くことができません。このように、この問題タイプでは、熟語をどれだけ知っているかも肝心です。

▶例題の解説

🔊130

The marketing team (S) rescheduled (V) the focus group meeting (O) as (理由のas)

some samples (S´) had arrived (V´) ------- schedule.

どのように到着した？

(A) 前 ～を越えて (B) 前 ～を過ぎて
(C) 前 ～に (D) 前 ～に遅れて

訳 マーケティングチームは、いくつかのサンプルが予定より遅れて到着したため、フォーカスグループでの会議の予定を変更しました。

前置詞

例題

STEP 0

選択肢をチェック！

over, past, at, behindと、全て前置詞の働きを持つ語が並んでいます。

前置詞の意味やニュアンスを考える！

「サンプルが予定に ------- して到着したから、会議の予定を変更した」という本文に対して、選択肢に並ぶ前置詞の意味を考えます。(D) behindは、「～の後ろに、～に遅れて」など、ものや時間が後ろにあるイメージの前置詞。(D) behindを選ぶと、「いくつかのサンプルが予定より遅れて到着した」という内容になり、意味が自然に通ります。

前置詞の意味だけで解けないときは、熟語を考える！

例題では、behind schedule「予定より遅れて」という熟語が成り立っています。behind自体が持つ意味がそのまま熟語の中で使われているので、前置詞の意味だけでも解くことができるシンプルな問題です。

左ページの例のように、熟語を知らなければ正解を選ぶことが難しいパターンも登場します。普段から熟語をコツコツ覚えるようにしましょう。

➡ **正解：(D)**

さらに分解！

前置詞が並んだタイプを正解するためには、よく出題される前置詞の意味やニュアンスを押さえておくことが大切です。さらに、その前置詞を使った熟語をあわせて覚えておくことで、迷いなく正解が選べるようになります。

さまざまな前置詞

以下の表で、よく出題される前置詞を知りましょう。たくさんある前置詞の中から、まずは代表的なものを紹介します。

■ TOEICに出る基本の前置詞

	前置詞	意味とニュアンス	例
□	in	「～に、～で」 何かの中に入りこむ	in the park「公園で」
□	on	「～の上に」 何かの上にくっついている	on the desk「テーブルの上に」
□	under	「～の下に、～中で」 何かの真下、影響の下	under the seat「座席の下に」
□	over	「～を覆って、～を越えて」 何かにかぶさる、何かを越えている	over the weekend 「週末にかけて」
□	at	「～に、～で」 ある１点を指差す	at 8:00 A.M.「午前8時に」
□	to	「～へ」 方向を示す	to the right「右手（の方）に」
□	with	「～と共に」 くっついている、関連している	with you「あなたと」
□	from	「～から」 何かの起点	from here to the station 「ここから駅まで」
□	among	「～の間で」 複数の中で囲まれている	among young people 「若者の間で」
□	for	「～のために」 ものや気持ち、状態などが向かう	a gift for you 「あなたへの贈り物」
□	of	「～の」 所属や帰属	a friend of mine 「私の友人の１人」

さまざまな前置詞の熟語

前置詞は、動詞や名詞（句）などとセットで熟語を作ります。前置詞が元々持っている意味とは異なる意味になる熟語のうち、頻出の熟語を厳選して紹介します。

■前置詞を使った頻出熟語①

	動詞の働きをする熟語	意味
□	major in ～	「～を専攻する」
□	keep at ～	「～を続けてやる」
□	work on ～	「～に取り組む」
□	apply for ～	「～に申し込む」
□	lead to ～	「～に繋がる」
□	deal with ～	「～に対処する」
□	run into ～	「～と出くわす」

■前置詞を使った頻出熟語②

	形容詞や副詞の働きをする熟語	意味
□	in proximity to ～	「～に近接して」
□	on behalf of ～	「～を代表して、～の代わりに」
□	in charge of ～	「～を担当して」
□	in accordance with ～	「～に従って」
□	on *one's* way to ～	「～への途中に」
□	over the Internet	「インターネット上で」
□	around the world	「世界中に」
□	at the same time	「同時に」
□	with the exception of ～	「～を除いて」

トレーニング

空所に入る最も適切な語句を、(A)～(D)の中から選びましょう。

1. The repair cost is for free as long as the product is ------- warranty.

(A) before
(B) to
(C) under
(D) below

2. Visitors to KLS Headquarters are advised to obtain ID badges ------- the security office.

(A) from
(B) of
(C) within
(D) for

解答・解説

131　正解：(C)

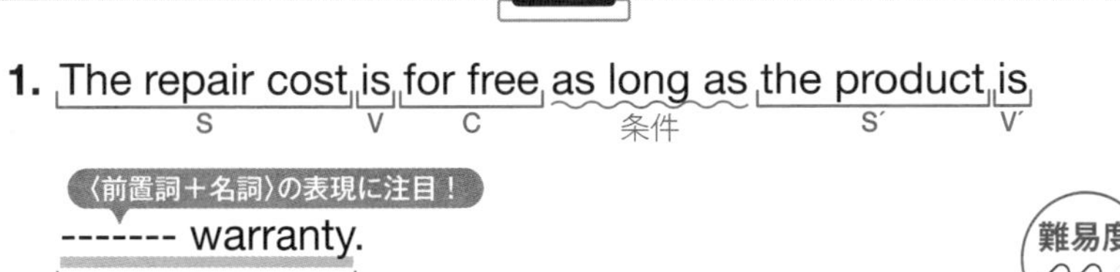

訳 商品が保証期間中である限り、修理費は無料です。

(A) 前 ～の前に
(B) 前 ～へ
(C) 前 ～の下に、～中で
(D) 前 ～より下に

解説 選択肢は全て前置詞です。本文全体の意味は、「商品が保証の ------- である限り、修理費は無料」というもの。空所の直後にあるwarranty「保証」という名詞に注目しましょう。(C) under「～中で」を空所に入れると、under warrantyで「保証期間中」という熟語になり、文全体の意味が通ります。前置詞underは、「～の下に」という意味だけでなく、「～中で」という意味があることをおさらいしておきましょう。

語注 □ **for free** 無料で　□ **as long as** ～である限り

132　正解：(A)

2. Visitors to KLS Headquarters are advised to obtain
S V
「場所」を示す語句！
ID badges ------- the security office.
O
難易度

訳 KLS本社への訪問者は、警備室でIDバッジを入手することが推奨されます。

(A) 前 ～から
(B) 前 ～の
(C) 前 ～以内に
(D) 前 ～のために

解説 空所の前のobtain ID badges「IDバッジを入手する」と、空所の後ろのthe security office「警備室」の関係を考えましょう。the security office「警備室」という場所「から」IDバッジを入手する、と考えると自然なので、「起点」を表す(A) from「～から」が正解です。

語注 □ **headquarters** 名 本社　□ **advise *A* to *do*** Aに～するように勧める
□ **obtain** 動 ～を手に入れる

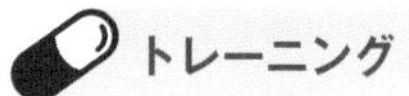

空所に入る最も適切な語句を、(A)～(D)の中から選びましょう。

3. If you purchase an annual membership ------- EX newsletter, you will get a ten percent discount.

(A) in
(B) of
(C) about
(D) after

4. New staff is going to be hired to take over the duties after Mr. Nakamura is transferred ------- Chicago.

(A) on
(B) after
(C) to
(D) between

解答・解説

133　正解：(B)

空所の前後の語句を繋げる前置詞は？

3. If you purchase an annual membership ------- EX newsletter, you will get a ten percent discount.

(you: S′ / purchase: V′ / an annual membership ------- EX newsletter: O′ / you: S / will get: V / a ten percent discount: O)

訳 EX通信の年会費をお支払いいただくと、10パーセントの割引を手に入れることができます。

(A) 前 ～に
(B) 前 ～の
(C) 前 ～について
(D) 前 ～の後に

解説 空所の前後の名詞句に注目しましょう。an annual membership「年会費」とEX newsletter「EX通信」の意味の繋がりを考えると、「年会費」は「EX通信」のもの（＝EX通信の年間購読にかかるもの）であり、「EX通信の年会費」とすると意味が通ることが分かります。よって、「所属」を表す前置詞の(B) of「～の」が正解です。

語注 □ **newsletter** 名 時事通信　□ **discount** 名 割引

134　正解：(C)

4. New staff is going to be hired to take over the duties after Mr. Nakamura is transferred ------- Chicago.

(New staff: S / is going to be hired: V / to take over the duties: 雇われる理由 / Mr. Nakamura: S′ / is transferred: V′)

transferと組み合わさる前置詞は？

訳 Nakamuraさんがシカゴへ異動した後、職務を引き継ぐために新しい職員が採用される予定です。

(A) 前 ～の上に
(B) 前 ～の後に
(C) 前 ～へ
(D) 前 ～の間

解説 空所の直前にある動詞is transferredに注目しましょう。transferは、transfer *A* to *B*で「AをBへ転任させる」という意味の表現になります。空所の直後には転任先だと考えられるChicagoという地名があるので、空所には前置詞の(C) to「～へ」が入ります。

語注 □ **hire** 動 ～を雇う　□ **take over ～** ～を引き継ぐ

135~139

1. Stargad Factory ensures that safety inspections are carried out ------- a monthly basis.
(A) on
(B) to
(C) beyond
(D) among

2. The president was pleased that the entire office renovation project had been completed on schedule and ------- budget.
(A) since
(B) against
(C) within
(D) toward

3. Designed for heavy operations, the conveyor system made by Floxrin Corp. is ideal ------- large-scale production plants.
(A) of
(B) to
(C) for
(D) out

4. ------- what had already been announced in a press release, a spokesperson for the company provided further information on a new smartphone, the Mob-34.
(A) In addition to
(B) By virtue of
(C) On behalf of
(D) By means of

5. The Radcliffe Resort will be undergoing a renovation from the end of this month ------- spring of next year.
(A) besides
(B) until
(C) within
(D) onto

語注 〈問1〉□ **ensure that ~** 確実に～であるようにする
□ **carry out ~** ～を実施する □ **monthly** 形 毎月の 〈問2〉□ **entire** 形 全体の
〈問3〉□ **large-scale** 形 大規模な 〈問4〉□ **press release** 公式発表
□ **spokesperson** 名 代弁者 〈問5〉□ **undergo** 動 ～を経る、～を経験する

正解：(A)

1. Stargad工場は安全検査が毎月確実に実施されるようにしています。

解説 空所の少し後ろにある、basis「基準」という名詞に注目。これは前置詞のonと組み合わさり、on a monthly basis「毎月（の頻度で）」という熟語を作ります。よって、(A) onが正解です。monthlyの部分には、daily「毎日の」やyearly「毎年の」といった他の形容詞が用いられることもあるので、あわせて覚えておきましょう。▶(B) 前 ～へ、(C) 前 ～を越えて、(D) 前 ～の間で （難易度：2/3）

正解：(C)

2. 社長は、オフィス全体の改装計画が予定通りかつ予算内で完了して満足しました。

解説 社長がpleased「満足して」いた理由が列挙されています。予算「内」に収まった（から満足した）という内容が想定できるため、「～以内に」という意味の(C) withinが正解です。▶(A) 前 ～以来、(B) 前 ～に反して、(D) 前 ～に向かって （難易度：2/3）

正解：(C)

3. Floxrin社によって製造されたコンベヤーシステムは高負荷耐用設計なので、大規模工場に適しています。

解説 空所の前にあるideal「理想的な」という形容詞に注目。*be* ideal for ～で「～に理想的な、～に適している」という意味の熟語になります。よって、(C) forが正解です。▶(A) 前 ～の、(B) 前 ～へ、(D) 前 ～から外へ （難易度：2/3）

正解：(A)

4. プレスリリースで既に発表されたことに加えて、会社の広報担当者は新しいスマートフォンであるMob-34に関してさらなる情報を提供しました。

解説 さまざまな群前置詞が並んでいます。広報担当者はprovided further information「さらなる情報を提供した」とあるため、「プレスリリースで既に発表されたこと」だけでなくそれに「加えて」何かを発表した、とすると文意が通るため、(A) In addition to「～に加えて」が正解です。▶(B) 前 ～のおかげで、(C) 前 ～を代表して、(D) 前 ～を手段として
（難易度：3/3）

正解：(B)

5. Radcliffeリゾートは、今月末から来春まで改装を行います。

解説 空所の前にfrom the end of this month「今月末から」とあり、後ろにはspring of next year「来春」という時を表す語句があるので、(B) until「～までずっと」を入れ「今月末から来春まで」とすると意味が通ります。from *A* to *B*「AからBまで」はものや時間の始点と終点を表しますが、期間を表す際は本問のようにuntilやtillが用いられることもあります。▶(A) 前 ～に加えて、(C) 前 ～以内に、(D) 前 ～の上に （難易度：1/3）

前置詞

実力試しテスト

6. Laresca Supermarket now offers more discount food items, so shoppers can save money on groceries ------- having to buy less food.
(A) without
(B) unless
(C) by
(D) after

7. To increase green spaces, Barnab Company is planting trees ------- its premises.
(A) upon
(B) during
(C) to
(D) on

8. ------- inclement weather, Kenora Hiking Club members were reminded to pack a lightweight raincoat and sweater for the outing.
(A) In case of
(B) On top of
(C) Except for
(D) In spite of

9. Mr. Bancroft has decided to pursue a graduate degree in art history ------- starting his career.
(A) instead of
(B) such as
(C) through
(D) because of

10. Candidates who meet the requirements of the sales manager position will be invited to our head office ------- an interview.
(A) about
(B) for
(C) under
(D) on

語注 〈問6〉 □ **groceries** 名 食料雑貨類 〈問7〉 □ **premises** 名 敷地
〈問8〉 □ **inclement** 形 (気候が) 厳しい □ **remind *A* to *do*** ～するようAに念を押す
□ **pack** 動 ～を詰める 〈問9〉 □ **pursue** 動 ～を追い求める
□ **degree** 名 学位 〈問10〉 □ **candidate** 名 候補者 □ **requirements** 名 必要条件

正解:(A)

6. Larescaスーパーマーケットはこれまでより多くの値引き食品を提供しているので、買い物客は買う食料を減らすことなく食費を節約できます。

解説 接続詞so「だから」に注目。「値引き商品が多いこと」が「食費を節約できる」と「食料品を少なく買う」をどう繋げるかを考えると、「買う食料を減らすことなく食費の節約ができる」と考えると自然なので、(A)のwithout「～なしに」が正解です。without *doing*「～することなしに」はhave to *do*「～する必要がある」と組み合わさりwithout having to *do*「～する必要なしに」という表現になります。▶(B)前～を除いては、(C)前～によって、(D)前～の後に
(難易度：●○○)

正解:(D)

7. 緑地を増やすために、Barnab社は敷地に木を植えています。

解説 空所の後ろにあるpremisesは「敷地」という場所を表す語で、「面」として捉えられます。よって、「～の上に」という意味の前置詞(D) onが正解です。on *one's* premisesで「～の敷地に」という意味を表す熟語になります。(A) uponもonと同じ意味を持ちますが、premisesと組み合わさり熟語を作らないので不正解です。▶(A)前～の上に、(B)前～の間、(C)前～へ
(難易度：●●●)

正解:(A)

8. 悪天候に備えて、Kenoraハイキングクラブのメンバーは軽量のレインコートとセーターを携帯しておくよう念を押されました。

解説 「レインコートとセーターを携帯しておくよう念を押され」たのは、「悪天候」に備えるためだと考えられます。よって(A) In case of「～に備えて」が正解です。in case of ～は、本問のような意味の他に、「～の場合は」という意味でも用いられます。▶(B)前～に加えて、(C)前～を除いて、(D)前～にもかかわらず
(難易度：●●○)

正解:(A)

9. Bancroftさんは、キャリアをスタートするのではなく芸術史の修士課程に進むことにしました。

解説 「修士課程に進むこと」と「キャリアをスタートすること」は通常どちらか一方を選択するという関係にあるので、「AではなくB」という「代替」を表す(A) instead of「～の代わりに」が正解です。▶(B)前～のような、(C)前～を通じて、(D)前～が原因で
(難易度：●○○)

正解:(B)

10. 営業部長職の必要条件を満たす候補者は、面接のために本社に招待されます。

解説 本社に招待されるのは、an interview「面接」が目的だと考えられるので、「目的」を表す前置詞の(B) forが正解です。前置詞のforは、「～に向かって」という基本的な意味があり、「目的」を表すことができます。(A)は「～について」という訳から正解に思えてしまうかもしれませんが、特定の話題への「関連」を表すため、不適切です。▶(A)前～について、(C)前～の下に、(D)前～の上に
(難易度：●○○)

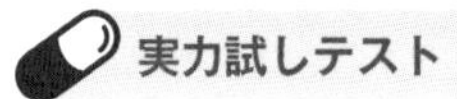

11. Please call Janine Davis in the community center's administration office if you have any questions ------- the painting workshop.
(A) regarding
(B) according to
(C) apart from
(D) except for

12. Ms. Gibbons purchased the abstract painting ------- a dealer who is based in Paris and specializes in contemporary art.
(A) before
(B) beneath
(C) during
(D) through

13. Mr. Ellingson has been tasked ------- researching industry trends and best practices in human resource management.
(A) inside
(B) to
(C) from
(D) with

14. ------- the repair work on Plum Bridge, the Route 37 highway was temporarily closed.
(A) In
(B) As far as
(C) Because of
(D) Around

15. The mechanic was not able to proceed ------- restoring Mr. Bracknell's vintage car as the necessary parts were not delivered.
(A) behind
(B) of
(C) with
(D) inside

語注 〈問11〉□ administration 名 管理 〈問12〉□ abstract 形 抽象的な
□ *be* based in ～ ～に拠点を置く □ contemporary 形 現代の
〈問13〉□ practice 名 慣行、やり方 〈問14〉□ temporarily 副 一時的に
〈問15〉□ mechanic 名 修理工 □ restore 動 ～を修復する □ vintage 形 年代物の

正解：(A)

11. 絵画のワークショップについて質問がある場合は、コミュニティーセンターの管理事務所のJanine Davisにお電話ください。

解説 「質問がある場合はお電話ください」という内容と「ワークショップ」の関係を考えると、「ワークショップに関しての質問があればお電話ください」と繋げるのが自然なので、(A) regarding「～に関して」が正解です。regardingはaboutよりもややフォーマルな語です。(B)は情報源となるものを目的語に取るので不適切です。▶(B) 前 ～によると、(C) 前 ～のほかに、(D) 前 ～を除いて （難易度：●●●）

正解：(D)

12. Gibbonsさんは、パリに拠点を置き現代アートを専門とするディーラーを通じて抽象画を購入しました。

解説 「抽象画の購入」と「ディーラー」との関係を考えると、「～を通じて」という意味の(D) throughを入れるのが適切です。throughは「～を通って」という意味から、「～を通じて」という「媒介」や「手段」を表す用法があります。絵が、売り手からディーラーを経由してGibbonsさんの手元に届くイメージです。▶(A) 前 ～の前に、(B) 前 ～の下に、(C) 前 ～の間 （難易度：●●○）

正解：(D)

13. Ellingsonさんは、業界のトレンドリサーチと人材管理における最善の方法を調査する任務を負っています。

解説 名詞のtaskは「仕事」という意味ですが、動詞のtaskは「～に仕事を課す」という意味です。通常人を主語に取って*be* tasked with ～の形で用いられ、「～する任務を負う」という意味を表します。よって、正解は(D) withです。withは「～と共に」という意味を基本とし、「持っている」という意味、さらには「(問題や仕事等を) 抱えている」という意味を表します。▶(A) 前 ～の中に、(B) 前 ～へ、(C) 前 ～から （難易度：●●○）

正解：(C)

14. Plum橋での補修作業が原因で、幹線道路37号線は一時的に閉鎖されました。

解説 補修作業は道路が閉鎖する「原因」だと考えられるので、(C) Because of「～が原因で」が正解です。空所の後ろにPlum Bridgeという「場所」を表す語句があるため(A)を選びたくなってしまうかもしれませんが、これはthe repair work on Plum Bridgeというかたまりで「Plum橋での補修作業」の意味になり、作業「場所」を表しているわけではないので不適切です。▶(A) 前 ～に、(B) 前 ～の所まで、(D) 前 ～の周りに （難易度：●○○）

正解：(C)

15. 必要な部品が配送されなかったので、修理工はBracknellさんの年代物の車の修復を進めることができませんでした。

解説 空所の直前にある動詞proceedに注目。動詞proceed「進む」は自動詞で、前置詞withを伴ってproceed with ～「～を進める、～を続ける」という熟語になります。よって、(C) withが正解です。▶(A) 前 ～に遅れて、(B) 前 ～の、(D) 前 ～の中に （難易度：●●○）

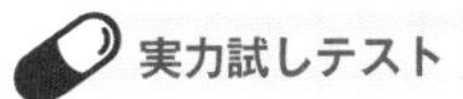

16. Ms. Cartwright recommended that the painting be hung directly ------- the reception desk in the lobby.
(A) following
(B) about
(C) except
(D) above

17. If the invoice has not been paid ------- the terms of your contract, our accounting department will contact you.
(A) prior to
(B) regardless of
(C) in accordance with
(D) instead of

18. At the expo, Nidas Sports had an array of products on display ------- its new premium line of golf clubs.
(A) including
(B) along
(C) toward
(D) versus

19. Mr. Zhang signed for the bouquets from Adonis Florists ------- the restaurant manager because she was in a meeting.
(A) since
(B) at
(C) about
(D) for

20. Participants must complete the questionnaire and return it to us ------- April 30 in order to receive a Seawood Spa gift voucher.
(A) to
(B) by
(C) per
(D) above

語注 〈問16〉□ reception 名 受付 〈問17〉□ invoice 名 請求書、送り状
□ terms 名 条件 □ accounting 名 経理 〈問18〉□ expo 名 展示会
□ an array of ～ 多くの～ □ premium 形 高級な
〈問19〉□ sign for ～ ～の受け取りのサインをする 〈問20〉□ participant 名 参加者
□ voucher 名 引換券

正解：(D)

16. Cartwrightさんは、絵はロビーの受付の机の真上に掛けるべきだと勧めました。

解説 「絵を掛ける」場所についての文章なので、「～の上に」という位置関係を示す(D) aboveが正解です。副詞のdirectly「まっすぐ、そのまま」がabove the reception desk in the lobbyという前置詞で始まるかたまりを修飾し、ロビーの受付の机の「真上」という意味になっています。▶(A) 前 ～の後に、(B) 前 ～について、(C) 前 ～以外 (難易度：1/3)

正解：(C)

17. 請求書が契約の条件に従って支払われていない場合、弊社経理部がご連絡いたします。

解説 空所を含む前半の節は、「条件」を表すIfの節です。空所の前はIf the invoice has not been paid「請求書の支払いが行われていない場合」というもの。空所の後ろにはthe terms of your contract「契約の条件」とあるので、(C) in accordance with「～に従って」を空所に入れ、「契約の条件に従って請求書の支払いが行われていない場合」とすると、後半の節の内容と自然に繋がります。▶(A) 前 ～の前に、(B) 前 ～にかかわらず、(D) 前 ～の代わりに (難易度：3/3)

正解：(A)

18. Nidasスポーツは、博覧会で新しい高級ラインのゴルフクラブを含む多くの製品を展示しました。

解説 have *A* on displayは「Aを展示している」という意味を表す熟語です。空所以下は、この*A*に当たるan array of products「多くの製品」にさらに説明を加えているかたまりだと考えられます。「多くの製品」の1つとして「新しい高級ラインのゴルフクラブ」があると考え、(A) including「～を含む」を空所に入れると、意味が自然に通ります。▶(B) 前 ～に沿って、(C) 前 ～に向かって、(D) 前 ～に対して (難易度：2/3)

正解：(D)

19. レストランのマネージャーが会議中だったので、ZhangさんはAdonis花屋から彼女へのブーケに受け取りのサインをしました。

解説 because節のsheはthe restaurant managerを指します。マネージャーが会議中だったのでZhangさんが代わりに受け取りのサインをしたということは、花はマネージャーに宛てられたものだったと考えられます。よって、「～のための」という意味を表す(D) forが正解です。▶(A) 前 ～以来、(B) 前 ～に、(C) 前 ～について (難易度：1/3)

正解：(B)

20. Seawoodスパギフト券を受け取るには、参加者はアンケートをご記入の上、4月30日までに私どもに返送していただく必要があります。

解説 空所の前にはreturn it to us「それ（＝アンケート）を私どもに返送してください」とあり、後ろには「4月30日」という日付が続いているので、これは「期限」を表していると考えるのが自然です。よって、「～までに」を表す(B) byが正解です。byは「期限」を表す意味を持つということを覚えておきましょう。(A)も時を表す語の前で使われることがありますが、その場合「～に至るまで」という意味になるのでここでは不適切です。▶(A) 前 ～へ、(C) 前 ～につき、(D) 前 ～の上に (難易度：1/3)

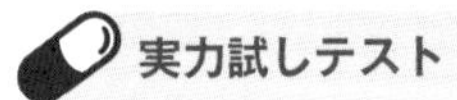

21. Be sure to handle the package ------- care because it contains breakable items inside.
(A) by
(B) from
(C) beyond
(D) with

22. Electrosh Corp. was forced to raise the prices of its photocopiers by around ten percent ------- increased manufacturing costs.
(A) above
(B) as
(C) due to
(D) prior to

23. Staff have the option of working half a day on Saturday ------- working overtime on weekdays.
(A) by means of
(B) as far as
(C) next to
(D) instead of

24. Food trucks must be parked ------- Beacon Street on the day of the Norand Food Festival.
(A) along
(B) per
(C) into
(D) aboard

25. A few housekeepers finished their assigned tasks ------- the others, so they offered to sort towels in the linen room.
(A) beyond
(B) outside
(C) ahead of
(D) except for

語注 〈問21〉 □ **contain** 動 ～を含む □ **breakable** 形 割れやすい
〈問22〉 □ **force *A* to *do*** Aに～することを強いる □ **raise** 動 ～を引き上げる
〈問23〉 □ **overtime** 副 時間外で 〈問24〉 □ **park** 動 ～を駐車する
〈問25〉 □ **housekeeper** 名 客室係、家政婦 □ **assigned** 形 割り当てられた
□ **offer to *do*** ～すると申し出る □ **sort** 動 ～を整理する、～を分類する

正解：(D)

21. 中に割れやすいものが入っているので、必ず注意して小包を扱うようにしてください。

解説 careは「注意」という意味の名詞です。割れ物が入っている小包は「注意して」扱うものなので、with care「注意（した状態）をもって」という意味になる(D) withが正解です。〈with＋名詞〉は派生語の副詞と同じ働きをするので、with careとcarefullyは同じ意味になります。▶(A)前～によって、(B)前～から、(C)前～を越えて（難易度：2/3）

正解：(C)

22. Electrosh社は、増加した製造コストが原因で、コピー機の価格を10パーセント程度引き上げざるを得ませんでした。

解説 「増加した製造コスト」はコピー機の価格の引き上げの「原因」と考えられるので、「原因・理由」を表す(C) due to「～が原因で」が正解です。(B)のasは接続詞であれば理由を表しますが、空所以降は文の要素が揃っていない句なので、本問では前置詞「～として」という意味になり不適切です。▶(A)前～の上に、(B)前～として、(D)前～の前に
（難易度：1/3）

正解：(D)

23. スタッフは、平日に残業する代わりに、土曜日に半日勤務するという選択肢があります。

解説 スタッフにはoption「選択肢」があると述べられているので、どんな選択肢かを確認すると、「土曜日に半日勤務する」と「平日に残業する」の2つであることが分かります。よって、*B* instead of *A*という形で「AではなくB」という「代替」を表す(D) instead of「～の代わりに」が正解です。▶(A)前～を手段として、(B)前～の所まで、(C)前～の隣に
（難易度：1/3）

正解：(A)

24. Norandフードフェスティバルの日には、キッチンカーはBeacon通りに沿って駐車されなくてはなりません。

解説 「キッチンカー」が「通り」とどのような位置関係で駐車されるかを考えると、「（細長いもの）に沿って」という意味の(A) alongが正解になります。(C)も場所を目的語に取る前置詞ですが、「空間の中へ移動する」イメージなので不適切です。▶(B)前～につき、(C)前～の中に、(D)前～に乗って（難易度：1/3）

正解：(C)

25. 客室係の数人は、割り当てられた仕事を他の人たちよりも先に終えたので、リネンルームのタオルを整理することを申し出ました。

解説 the othersはthe other housekeepers、theyはa few housekeepersをそれぞれ指しています。客室係の数人がタオルの整理という他の業務をすることを申し出ているのは、他の客室係より早く割り当てられた仕事を終えたからだと考えられるため、「（時間的・空間的に）～よりも前」を意味する(C) ahead ofが正解です。▶(A)前～を越えて、(B)前～の外に、(D)前～を除いて（難易度：2/3）

前置詞

実力試しテスト

26. Mr. Kingsley won the boat race on Horseshoe Bay ------- having a problem with a sail early in the competition.
(A) as of
(B) despite
(C) near
(D) concerning

27. Ms. Pearson sent a memo to all staff ------- those who had already submitted an emergency contact form.
(A) since
(B) upon
(C) onto
(D) except

28. Subscribers to *Madeleine Magazine* receive discounts ------- everything from home decor goods to personal care products.
(A) to
(B) by
(C) on
(D) as

29. Due to the presence of underwater pipes off the southeast coast of Kalisa Island, boaters are prohibited ------- dropping anchor there.
(A) with
(B) during
(C) from
(D) about

30. ------- completing a bachelor's degree in nutrition science, Lisa Webber accepted a job at a nursing home.
(A) Past
(B) Unlike
(C) Over
(D) After

語注 〈問26〉 □ **bay** 名 湾　□ **sail** 名 帆　□ **competition** 名 試合
〈問27〉 □ **emergency** 名 緊急　〈問28〉 □ **subscriber** 名 定期購読者
□ **decor** 名 装飾　□ **personal care product** パーソナルケア製品（身体の洗浄や身だしなみを整えるために使われる商品の総称）　〈問29〉 □ **presence** 名 存在
□ **anchor** 名 錨　〈問30〉 □ **bachelor's degree** 学士号　□ **nutrition science** 栄養学
□ **nursing home** 介護施設

正解：(B)

26. Kingsleyさんは、試合の序盤で帆に問題が生じたにもかかわらず、Horseshoe湾のボートレースに勝ちました。

解説 空所の前後の「ボートレースに勝った」ことと「帆に問題を抱えた」ことの間には対立する関係があるので、(B) despite「～にもかかわらず」が正解です。▶(A) 前 ～以降は、(C) 前 ～の近くに、(D) 前 ～に関して　（難易度：●●○）

正解：(D)

27. Pearsonさんは、緊急時連絡先の用紙を既に提出している人たちを除く全スタッフに連絡メモを送りました。

解説 空所の前で「全員に連絡メモを送った」と述べられているものの、空所の後ろではthose who「～な人たち」と、特定の人々に関して言及があります。これは「全員」に当てはまらない人たちのことだと考えられるため、「除外」を表す(D) except「～以外」が正解です。▶(A) 前 ～以来、(B) 前 ～の上に、(C) 前 ～の上に　（難易度：●●●）

正解：(C)

28. 雑誌*Madeleine*の定期購読者は、室内装飾からパーソナルケア製品まで全てに対して割引を受けます。

解説 空所以降は何に対しての割引かを説明しているので、「対象」の意味を持つ(C) on「～に対して」が正解です。この意味のonを用いた表現には、a tax on ～「～に対する税金」、spend money on ～「～に対してお金を使う」などがあります。「～へ」という日本語につられて(A)を選ばないように注意しましょう。▶(A) 前 ～へ、(B) 前 ～によって、(D) 前 ～として　（難易度：●●○）

正解：(C)

29. Kalisa島の南東海岸沖に海底パイプがあるので、ボートに乗る人はそこで錨を降ろすことを禁じられています。

解説 動詞prohibitはprohibit *A* from *doing*の形で用いられ「Aが～することを禁止する」という意味なので、空所には(C) fromが入ります。本問は受動態になっており、これはThey prohibit boaters from dropping anchor there.となる文のboatersを主語にして受動態にした形です。▶(A) 前 ～と共に、(B) 前 ～の間、(D) 前 ～について　（難易度：●○○）

正解：(D)

30. 栄養学で学士号を取得した後、Lisa Webberは介護施設での仕事を引き受けました。

解説 「学士号を取得した」ことと「介護施設での仕事を引き受けた」ことの関係を考えると、時間的な順序を表す(D) After「～の後に」が正解です。After *doing*「～した後に」という表現は頻出なので覚えておきましょう。(A)も時間に関する前置詞ですが、時間や年齢を表す語の前に置かれ「～を過ぎて」という意味になるので、ここでは不適切です。▶(A) 前 ～を過ぎて、(B) 前 ～とは違って、(C) 前 ～を越えて　（難易度：●●○）

31. According to Chef Dupont, carrots and potatoes should be kept ------- room temperature but not refrigerated.
(A) via
(B) below
(C) inside
(D) from

32. Yaswell Holdings has issued a statement to the media ------- its plans to purchase a controlling stake in Pebras Fertilizers.
(A) about
(B) onto
(C) behind
(D) since

33. The location selected for June's livestock trade fair is twice the size ------- the venue where it was previously held.
(A) for
(B) on
(C) by
(D) of

34. As stated in the employee manual, applications for paid leave must be submitted two weeks ------- advance.
(A) before
(B) in
(C) at
(D) around

35. For new shoppers only, Nilezone will be offering free shipping with online orders ------- April.
(A) over
(B) throughout
(C) given
(D) beyond

語注 〈問31〉 □ refrigerate 動 ～を冷蔵する
〈問32〉 □ issue 動 ～を出す、～を発する □ statement 名 声明
□ controlling 形 支配権を持つ □ stake 名 株 〈問33〉 □ livestock 名 家畜
□ trade fair 見本市 〈問34〉 □ state 動 ～を述べる □ paid leave 有給休暇

正解：(B)

31. Dupontシェフによると、ニンジンとジャガイモは室温よりも低い状態にしておくべきですが、冷蔵されるべきではないそうです。

解説 空所の前にはshould be kept「保たれるべきだ」、直後にはroom temperature「室温」とあります。保たれるべき室温の高さについて述べられている内容だと推測できるので、空所に相対的な位置関係を表す(B) below「～より下に」を入れると、「室温よりも下で」となり意味が通ります。▶(A)前 ～を通って、(C)前 ～の中に、(D)前 ～から (難易度：●●○)

正解：(A)

32. Yaswellホールディングスはメディアに対し、Pebras肥料会社の支配権を有する数の株を購入する計画についての声明を出しました。

解説 空所の前までの大意は、「ある会社がメディアへ声明を出した」というもの。空所の直後にはits plans to ～「その（＝会社の）～する計画」とあり、具体的な内容が続いています。これは「何についての声明なのか」を説明していると考えると自然なので、空所には(A) about「～について」が入ります。▶(B)前 ～の上に、(C)前 ～に遅れて、(D)前 ～以来
(難易度：●○○)

正解：(D)

33. 6月の家畜見本市に選ばれた場所は、以前開かれた会場の2倍の大きさです。

解説 〈倍数を表す語＋the＋名詞＋of *A*〉「*A*の～倍だ」という表現を知っているかがポイントです。(D) of「～の」を空所に入れると、twice the size of the venue「会場の2倍の大きさ」となり文意が通ります。▶(A)前 ～のために、(B)前 ～の上に、(C)前 ～によって
(難易度：●●○)

正解：(B)

34. 従業員マニュアルに記載されているように、有給休暇の申請書は2週間前に提出されなくてはなりません。

解説 名詞のadvanceは本来「前進」という意味で、inと組み合わさりin advance「前もって」という熟語を作ります。よって、(B) inが正解です。in advanceの前にtwo weeksなどの期間を表す表現が置かれ、どれほど前もった状態かを表します。一見(A)も空所に当てはまりそうですが、before advanceという熟語は存在しないので不正解です。なお、beforeが単に時間的に「ある時点より前」ということを表すのに対し、in advanceはある決まった日時よりも先回りして「前もって」という意味になります。▶(A)前 ～の前に、(C)前 ～に、(D)前 ～の周りに (難易度：●○○)

正解：(B)

35. Nilezone社は4月中、新規の買い物客限定で、オンライン注文で送料が無料になるキャンペーンをご提供します。

解説 (B) throughoutは、時を表す名詞の前に置き「～の間中、～の始めから終わりまで」という意味を表すため、空所に入れると「4月の間ずっと」となり、文意が通ります。よって、(B)が正解です。(A)も「～の間中」を表すことができますが、その場合は通常monthsやnightsなどの複数形の時間表現やperiodなどの期間、またvacationやChristmasなどのイベントを表す語の前に置かれるため、本問では不適切です。▶(A)前 ～を越えて、(C)前 ～を考慮に入れると、(D)前 ～を越えて (難易度：●●●)

もっと学ぶ！ 前置詞のニュアンス

3章のさらに分解！（→ p. 102）では、前置詞が持つニュアンスについて学習しました。ニュアンスを掴むと、日本語訳を一言一句暗記せずとも、頭で理解しているイメージから正解を選べるようになります。
ここではもう少し、前置詞のニュアンスを見ていきましょう。

across：平面を横切る**イメージ**
➡「〜を横切って、〜の向こう側に」
例：across the river「川を渡って」
across the street「通りの向こうに」

up：上に向かう**イメージ**
➡「〜の上に」
例：up the mountain「山の上に」
up the river「上流に」

beyond：向こう側に飛び越える**イメージ**
➡「〜の向こうに、〜を越えて」
例：beyond that building「その建物の向こうに」
beyond my expectation「予想外の」

against：対抗している**イメージ**
➡「〜に反対して、〜に向かって」
例：against the idea「意見に反対して」
against a wall「壁に対して」

around：周りをぐるぐるしている**イメージ**
➡「〜の周りに、〜の辺りで」
例：around the desk「デスクの周りに」
around the store「お店の辺りで」

ニュアンスを掴む学習法で、もっと前置詞の理解を深めましょう。

前置詞と接続詞が混ざったタイプ

- 後ろに続く形をヒントに、適切な前置詞や接続詞を選ぼう
- 「句」と「節」の見極めで正答率UP

前置詞と接続詞が混ざったタイプ
空所の後ろが句か節かを確認する！

例題を解いてみて、解き方の基本STEPに沿って解けたかを確認しましょう。

例題 難易度：

Employees are prohibited from driving company cars ------- permission from their direct supervisor.

(A) unless
(B) before
(C) now that
(D) without

▶解き方の基本STEP

選択肢をチェック！

選択肢に前置詞（句）と接続詞（句）が並んでいるときは、この問題タイプです。時折、選択肢に副詞や形容詞が混ざっていることもあります。

空所の後ろが句なら前置詞、節なら接続詞を選ぶ！

空所の後ろの形に注目しましょう。空所の後ろに名詞（句）が続いていたら前置詞、節（主語＋述語動詞）が続いていたら接続詞が正解候補になります。

STEP 2

意味が通るかを確認する！

STEP1で正しい品詞が分かったら、意味が通るかを必ず確認します。空所に正解候補の語を当てはめ、空所の前後の内容が自然に繋がるかを確かめましょう。

例えば空所に前置詞が入ると分かっていても、選択肢には意味の異なる前置詞が2つ以上並んでいるかもしれません。STEP1で品詞を絞った後、最後は意味で正解を選びます。

▶例題の解説

170

Employees are prohibited from driving company cars -------
S V
permission from their direct supervisor.

主語と述語動詞がない名詞句！

(A) 前 ～を除いては、接 ～しない限り　(B) 前 ～の前に、接 ～する前に
(C) 接 今や～なので　(D) 前 ～なしに

訳 従業員は、直属の上司からの許可なしに社用車を運転することを禁止されています。

語注 □ **prohibit *A* from *doing*** Aが～するのを禁止する　□ **permission** 名 許可

STEP 0 選択肢をチェック！

選択肢には前置詞と接続詞の働きを持つ語句が並んでいますね。(A) unlessや(B) beforeのように、前置詞と接続詞両方の働きをする語が並ぶこともあります。

STEP 1 空所の後ろが句なら前置詞、節なら接続詞を選ぶ！

空所の後ろにはpermission from their direct supervisor「直属の上司からの許可」という名詞のかたまり（＝名詞句）が続いているので、空所には前置詞が入ります。正解候補は(A)(B)(D)です。

STEP 2 意味が通るかを確認する！

(A)(B)(D)のどれを空所に入れると意味が正しく通るかを確認しましょう。

空所に前置詞(D) without「～なしに」を入れると、without permission from their direct supervisor「直属の上司からの許可なしに」という意味になり、「従業員は社用車の運転を禁止されている」という、空所の前までの内容と正しく繋がります。(A)と(B)は、空所に入れても意味が通りません。よって、正解は(D) withoutです。

➡ 正解：(D)

さらに分解！

この問題タイプを攻略するのに重要なことは3つ。まずは「句」と「節」について理解すること、2つ目は前置詞と接続詞の働きを理解すること、3つ目は頻出の前置詞（句）・接続詞（句）の意味を覚えておくことです。

句と節を理解しよう

前置詞と接続詞が混ざったタイプでは、「句」と「節」の理解が肝心です。この2つの形の基本を、改めて確認しておきましょう。

■句とは?

2つ以上の語が集まり、1つの品詞と同じような働きをするもの。〈主語＋述語動詞〉の形にはなりません。

We always offer discounts to shoppers during the winter season.
句

訳 私たちはいつも、冬の期間は買い物客に割引を提供しています。

Despite the inclement weather, the annual event was carried out as planned.
句

訳 悪天候にもかかわらず、年次行事は予定通り行われました。

■節とは?

2つ以上の語が集まり、〈主語＋述語動詞〉の形を作るもの。

Novas Apparel started selling down jackets as the winter season was approaching.
節

訳 冬の期間が近づきつつあったので、Novas衣料品店はダウンジャケットを売り始めました。

Since his performance was outstanding, he got promoted to manager.
節

訳 彼の業績は優れていたので、彼は部長に昇進しました。

前置詞と接続詞を理解しよう

「句」と「節」の違いを理解できれば、前置詞と接続詞を理解し、使い分けることは簡単です。前置詞・接続詞と共に選択肢に時々並ぶ、副詞の使い方もまとめておさらいしておきましょう。

■前置詞とは?

直後に句（名詞などのかたまり）が続き、名詞を繋ぐ働きを持ちます。

Because of the labor shortage, the company placed a job advertisement online.

前置詞（句）　句

訳 労働力不足のため、その会社はネットに求人広告を出しました。

■接続詞とは?

直後に節（主語＋述語動詞）が続き、節を繋ぐ働きを持ちます。

Because the company needed more workers, it placed a job advertisement online.

接続詞　節

訳 その会社はより多くの労働者が必要だったので、ネットに求人広告を出しました。

■副詞とは?

品詞がバラバラなタイプ（→p. 22）で学習した通り、名詞以外を修飾します。この部分を飛ばして読んでも、文は成立します。副詞には名詞や節を繋げる働きはありません。

Because the company needed more workers, it (promptly) placed a job advertisement online.

副詞

訳 その会社はより多くの労働者が必要だったので、（すぐに）ネットに求人広告を出しました。

さらに分解！

問題の中には、空所の後ろに「句」が続いているか「節」が続いているかを確認するだけでは正解を絞り切れないものも。よく出る前置詞（句）と接続詞（句）は意味までしっかり覚えておきましょう。

さまざまな接続詞

基本の前置詞については、前置詞が並んだタイプ（→p. 100）で学習しました。ここでは主に、頻出の接続詞を覚えていきましょう。前置詞の役割も持っている語は、カッコの中に意味を記載しています。

■ TOEICに出る基本の接続詞

	接続詞	意味		接続詞	意味
□	before	「～する前に」（前「～の前に」）	□	when	「～するとき」
□	after	「～した後に」（前「～の後に」）	□	although	「～だけれども」
□	while	「～する間、～である一方」	□	though	「～だけれども」
□	because	「～なので」	□	if	「もし～ならば」
□	since	「～なので、～して以来」（前「～以来」）	□	whether	「～かどうか」
□	so	「～なので」	□	unless	「～しない限り」（前「～を除いては」）
□	as	「～なので、～するとき」（前「～として」）	□	once	「ひとたび～すれば」
□	whereas	「～である一方」	□	until	「～するまでずっと」（前「～までずっと」）

前置詞句と接続詞句

前置詞句や接続詞句とは、2語以上で構成され前置詞や接続詞の働きをする語句のこと。because of ～「～が原因で」（前置詞句）や even though「～だけれども」（接続詞句）などが例に挙げられます。前置詞句の後ろには名詞（句）が、接続詞句の後ろには〈主語＋述語動詞〉が必ず続くルールは変わりません。

■ TOEICに出る基本の前置詞句

	前置詞句	意味
□	because of ～	「～が原因で」
□	due to ～	「～が原因で」

	前置詞句	意味
□	owing to ～	「～が原因で」
□	except for ～	「～を除いて」
□	regardless of ～	「～にもかかわらず」
□	in addition to ～	「～に加えて」
□	in spite of ～	「～にもかかわらず」
□	in case of ～	「～の場合には」
□	in the event of ～	「～の場合には」
□	in light of ～	「～を考えて」
□	instead of ～	「～の代わりに」

■ TOEICに出る基本の接続詞句

	接続詞句	意味
□	now that ～	「今や～なので」
□	so that ～	「～するために」
□	as soon as ～	「～するとすぐに」
□	provided that ～	「～するという条件で」
□	considering that ～	「～ということを考慮すると」
□	as long as ～	「～する限りは」
□	even if ～	「たとえ～だとしても」
□	even though ～	「～だけれども」
□	in the event that ～	「～の場合には」
□	in case ～	「万が一～の場合には、～だといけないので」
□	in order that ～	「～する目的で」
□	by the time ～	「～するときまでには」

トレーニング

空所に入る最も適切な語句を、(A)〜(D)の中から選びましょう。

1. ------- the months of July and August, employees are allowed to work from home three days a week.

(A) When
(B) During
(C) While
(D) To

2. ------- you cannot attend the seminar, please check the archive that will be available online.

(A) Until
(B) Due to
(C) In case
(D) So that

解答・解説

171　**正解：(B)**

1. ------- the months of July and August, employees (S) are allowed to work (V) from home three days a week.

訳 7月と8月の間、従業員は1週間に3日在宅勤務することを許可されています。

(A) 接 ～するとき
(B) 前 ～の間
(C) 接 ～する間、～である一方
(D) 前 ～へ

解説 選択肢には前置詞と接続詞が並んでいます。空所の後ろにはthe months of July and August「7月と8月」という名詞句が続いているので、空所には接続詞ではなく前置詞が入ります。正解候補は(B)と(D)に絞られるので、あとは意味で正解を判断しましょう。期間を表す前置詞の(B) During「～の間」を入れると、During the months of July and August「7月と8月の間」となり文意が通ります。(A)や(C)の接続詞は、後ろに節〈主語＋述語動詞〉が必要です。

172　**正解：(C)**

2. ------- you (S′) cannot attend (V′) the seminar (O′), please check (V) the archive (O) [that will be available online].

訳 万が一セミナーに出席できない場合には、オンラインで利用可能となるアーカイブをご確認ください。

(A) 前 ～までずっと、接 ～するまでずっと
(B) 前 ～が原因で
(C) 接 万が一～の場合には
(D) 接 ～するために

解説 選択肢には前置詞と接続詞の働きを持つ語句が並んでいます。空所の後ろには〈主語＋述語動詞〉の節が続いているので、空所に入るのは接続詞だと分かります。「条件」を表す接続詞句の(C) In case「万が一～の場合には」を空所に入れると、「万が一セミナーに出席できない場合」となり、カンマ以降の内容と自然に繋がります。誤答の(A) Untilは前置詞と接続詞両方で使われるということも押さえておきましょう。

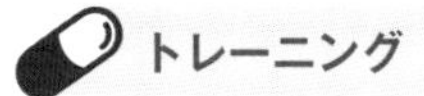

空所に入る最も適切な語句を、(A)～(D)の中から選びましょう。

3. ------- the intense market competition, Verdan Motors plans to increase production in the coming year.

(A) However
(B) Because
(C) Despite
(D) Even though

4. The file format is common, ------- you will be able to watch the video regardless of what software you use.

(A) so
(B) when
(C) then
(D) because of

解答・解説

173　正解：(C)

3. ------- the intense market competition, Verdan Motors (S) plans to increase (V) production (O) in the coming year.

訳 激しい市場競争にもかかわらず、Verdan Motors社は今後1年間で生産量を増やすことを計画しています。

(A) 副 しかしながら
(B) 接 ～なので
(C) 前 ～にもかかわらず
(D) 接 ～だけれども

解説 選択肢には前置詞や接続詞、そして副詞が並んでいます。空所の後ろにはthe intense market competitionという名詞句が続いていることに注目しましょう。名詞句の前には、前置詞が入ります。よって、唯一の前置詞である(C) Despite「～にもかかわらず」が正解です。(B)と(D)は接続詞で後ろには節を続ける必要があるため、ここでは不正解です。

語注 □ **intense** 形 激しい　□ **market competition** 市場競争

174　正解：(A)

節と節を繋ぐのは？

4. The file format (S_1) is (V_1) common (C), ------- you (S_2) will be able to watch (V_2) the video (O) regardless of what software you use.

訳 ごく一般的なファイル形式なので、使用するソフトウェアにかかわらず動画をご視聴いただけます。

(A) 接 ～なので
(B) 接 ～するとき
(C) 副 そのとき
(D) 前 ～が原因で

解説 選択肢には接続詞、副詞、前置詞の働きを持つ語句が並んでいます。空所の前後の形に注目すると、どちらも〈主語＋述語動詞〉を含む節になっています。節と節を繋ぐことができるのは接続詞なので、正解候補は(A)と(B)です。「AだからB」という因果関係を表す接続詞の(A) so「～なので」を空所に入れると、空所の前の節が「理由」、空所以降の節がその「結果」を表す内容となり文意が通るので、正解は(A)です。

語注 □ **format** 名 形式　□ **common** 形 ありふれた
□ **regardless of ～** ～にかかわらず

175~179

1. ------- inclement weather is forecast, the beach cleanup on July 6 will be postponed.
(A) As for
(B) Prior to
(C) As
(D) Likewise

2. Unizza, Inc., revealed its plan to acquire the Nodaha Company ------- a year.
(A) but
(B) although
(C) whether
(D) after

3. Operations at the hydropower plant will be suspended tomorrow ------- an inspection team carries out an assessment.
(A) while
(B) even
(C) during
(D) that

4. Ms. Kessler and her business partner submitted a detailed business plan to the loan officer ------- their application form.
(A) now that
(B) along with
(C) into
(D) but

5. The hospital director meets regularly ------- the nurses to bring them up to speed on the latest developments.
(A) when
(B) since
(C) now
(D) with

語注 〈問1〉☐ inclement 形 厳しい ☐ forecast 動 ～を予想する
〈問2〉☐ reveal 動 ～を明らかにする ☐ acquire 動 ～を買収する
〈問3〉☐ operation 名 操業 ☐ hydropower 名 水力電力 ☐ plant 名 工場
☐ suspend 動 ～を一時停止する ☐ assessment 名 査定、アセスメント
〈問4〉☐ loan 名 融資、ローン 〈問5〉☐ bring *A* up to speed Aに最新の情報を与える

正解：(C)

1. 悪天候が予想されているので、7月6日のビーチ清掃は延期になります。

解説 空所の後ろはinclement weatherが主語、is forecastが述語動詞と、〈主語＋述語動詞〉の節の形が続き、カンマの後ろも完全な文になっています。空所には2つの節を繋ぐ接続詞が入ります。よって、(C) As「～なので」が正解です。asは前置詞「～として」の意味もありますが、ここでは「理由」を表す接続詞として用いられています。▶(A) 前 ～に関して、(B) 前 ～の前に、(D) 副 同じように （難易度：●○○）

正解：(D)

2. Unizza社は、Nodaha社を1年後に買収する計画を明らかにしました。

解説 空所の後ろにはa year「1年」という時を表す名詞が続いているので、「～の後に」という時間的な順序を表す前置詞の(D) after「～の後に」が正解です。▶(A) 前 ～を除いて、接 しかし、(B) 接 ～だけれども、(C) 接 ～かどうか （難易度：●○○）

正解：(A)

3. 明日検査チームが査定を行う間、水力発電所の操業は一時停止されます。

解説 空所の前後には主語と述語動詞から成る完全な文があるので、空所には2つの節を繋ぐ接続詞が入ります。「操業が一時停止する」のは、「査定が行われている間」だと考えられるので、(A) while「～する間」が正解です。▶(B) 副 ～さえ、(C) 前 ～の間、(D) 接 ～ということ （難易度：●○○）

正解：(B)

4. Kesslerさんと彼女のビジネスパートナーは、融資担当者に申込書と共に詳細なビジネスプランを提出しました。

解説 述語動詞の部分のsubmit *A* to *B*は「AをBに提出する」という意味で、a detailed business plan「詳細なビジネスプラン」という提出物が*A*に、the loan officer「融資担当者」という提出先が*B*に当たります。空所の直後にあるtheir application form「申込書」は名詞句で、これはビジネスプランと共に提出されるものだと判断できるので、前置詞句の(B) along with「～と共に」が正解です。▶(A) 接 今や～なので、(C) 前 ～の中に、(D) 前 ～を除いて、接 しかし （難易度：●●○）

正解：(D)

5. 院長は最新の出来事について情報を与えるため、看護師たちと定期的に会っています。

解説 空所の直後を見ると、the nurses「看護師たち」という「人」を表す名詞があり、to不定詞が続いています。文全体の述語動詞はmeetsで、これはmeet with ～「～に会う」という熟語を作ります。よって、前置詞の(D) withが正解です。なお、the nursesの直後のto不定詞以下は「看護師たちと定期的に会っている」ことの目的を表しています。▶(A) 接 ～するとき、(B) 前 ～以来、接 ～なので、～して以来、(C) 副 今 （難易度：●○○）

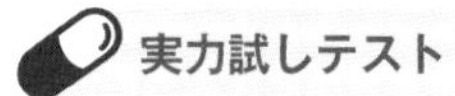

🔊 180~184

6. ------- attendance at Saturday's training conference is not compulsory, we recommend that all staff join at least one workshop.
(A) Because
(B) While
(C) Except
(D) Despite

7. Ms. Kirkwood was given the choice of either exchanging the defective printer ------- a new one or receiving a refund.
(A) for
(B) but
(C) and
(D) that

8. The executives agree ------- the negotiations are taking far too long and a decision will have to be made soon.
(A) concerning
(B) with
(C) such
(D) that

9. ------- tourism on Gozolta Island continues to decline, it will affect not only the hospitality sector but also people's livelihoods.
(A) Despite
(B) Even
(C) If
(D) However

10. Conway Souvenirs will remain at 48 Randolph Street ------- the rent increase is no more than five percent.
(A) otherwise
(B) whether
(C) as long as
(D) in spite of

語注 〈問6〉 □ attendance 名 出席　□ compulsory 形 強制的な
〈問8〉 □ executive 名 幹部　□ negotiation 名 交渉　〈問9〉 □ decline 動 衰える
□ livelihood 名 暮らし　〈問10〉 □ souvenir 名 土産　□ no more than ～ ～以下

正解：(B)

6. 土曜日の研修会議への出席は強制ではない一方、私たちは全スタッフが少なくとも1つのワークショップに参加することを推奨しています。

解説 カンマまでは、attendance at Saturday's training conferenceが主語、isが述語動詞という節の形なので、空所には接続詞が入ります。「研修会議への出席は強制ではない」ことと、「少なくとも1つのワークショップに参加する」ことは「対立」した関係なので、(B) While「～である一方」が正解です。▶(A)接 ～なので、(C)前 ～を除いて、(D)前 ～にもかかわらず
（難易度：●●○）

正解：(A)

7. Kirkwoodさんは、欠陥のあるプリンターを新しいものに交換するか払い戻しを受けるかの選択肢を与えられました。

解説 either *A* or *B*「AかBのどちらか」という表現が用いられており、空所を含むexchanging ～ a new oneのかたまりが*A*に当たります。空所の直後には名詞句が続いているので、前置詞が入ると判断できます。さらにexchangeはexchange *A* for *B*「AをBと交換する」という熟語を作るので、前置詞の(A) forが正解です。forは「交換、代替」を表せるということを押さえておきましょう。▶(B)前 ～を除いて、接 しかし、(C)接 ～と…、(D)接 ～ということ
（難易度：●●●）

正解：(D)

8. 交渉が長くかかりすぎているという意見で幹部たちは一致しているので、決定はすぐになされる必要があります。

解説 空所の後ろは完全な文となっているため、空所には接続詞が入ります。動詞agreeはthat節を目的語に取り、agree that ～「～であることに同意する」という形になります。よって、正解は(D) that「～ということ」です。▶(A)前 ～に関して、(B)前 ～と共に、(C)形 そのような
（難易度：●●○）

正解：(C)

9. もしGozolta島の観光事業が衰退し続けるなら、サービス業部門だけでなく人々の暮らしにも影響を与えるでしょう。

解説 カンマまでを確認するとtourism on Gozolta Islandが主語、continues to declineが述語動詞という完全な文で、空所の後ろにもまた完全な文があります。よって、空所には2つの節を繋ぐ接続詞が入ります。よって、(C) If「もし～ならば」が正解です。▶(A)前 ～にもかかわらず、(B)副 ～さえ、(D)副 しかしながら
（難易度：●○○）

正解：(C)

10. 家賃の上昇率が5パーセント以下であれば、Conway土産物店はRandolph通り48番地にとどまるでしょう。

解説 空所の前後にはそれぞれ主語と述語動詞から成る完全な文があるので、空所にはこの2つの節を繋ぐ接続詞が入ります。「家賃の上昇が5パーセント以下である」ことは「店が（現在の場所に）とどまる」ための「条件」と考えると自然なので、「条件」を表す接続詞句の(C) as long as「～する限りは」が正解です。▶(A)副 さもないと、(B)接 ～かどうか、(D)前 ～にもかかわらず
（難易度：●●○）

実力試しテスト

185~189

11. As it had been four days ------- the agreed upon delivery date, Mr. Sutton made a complaint to the vendor.
(A) past
(B) when
(C) yet
(D) within

12. ------- you want to sell merchandise online or promote a service, your Web site should be informative and easy to navigate.
(A) Whereas
(B) Regardless
(C) Excluding
(D) Whether

13. Ms. Sharma managed to finish writing up the report yesterday ------- having to deal with some computer-related issues.
(A) even so
(B) in spite of
(C) either
(D) under

14. ------- Ms. Wallis dropped by the office to speak with Mr. Quinn, he was out of the office on an important sales call.
(A) On account of
(B) As if
(C) When
(D) For

15. ------- the Hanano Musical performance, there will be two five-minute breaks.
(A) But
(B) During
(C) Firstly
(D) whether

語注 〈問11〉 □ **agreed upon** 合意された　□ **vendor** 名 売り手
〈問12〉 □ **informative** 形 情報に富んだ　□ **navigate** 動（インターネットを）閲覧する
〈問13〉 □ **manage to *do*** なんとか～する　□ **write up ～**（書類など）をしっかり書く
〈問14〉 □ **out of the office** 不在で　□ **sales call** 営業の訪問

正解：(A)

11. 合意した納品日を4日過ぎていたので、Suttonさんはその販売業者に苦情を申し立てました。

解説 空所の後ろのagreed uponはひとまとまりで「合意された」という意味の形容詞として働いており、後ろのdelivery dateを修飾しています。つまり、空所の後ろからカンマまでが名詞句なので、空所には前置詞が入ります。正解候補は前置詞の(A)と(D)ですが、カンマ以降に「苦情を言った」とあることから「納期を過ぎた」と考えると自然です。よって、(A) past「～を過ぎて」が正解です。▶(B) 接 ～するとき、(C) 接 けれども、(D) 前 ～以内に
（難易度：●●○）

正解：(D)

12. オンラインで商品を売りたいのであれサービスを宣伝したいのであれ、ウェブサイトは情報に富み、閲覧しやすいものでなければなりません。

解説 カンマの前後には主語と述語動詞から成る完全な文があるので、空所には接続詞が入ります。sell merchandise online「オンラインで商品を売る」とpromote a service「サービスを宣伝する」という2つの選択肢がorで結ばれているので、「AであろうとBであろうと」という意味を表す(D) Whetherが正解です。▶(A) 接 ～である一方、(B) 副 それにもかかわらず、(C) 前 ～を除いて
（難易度：●●○）

正解：(B)

13. Sharmaさんはコンピューターに関する問題に対処する必要があったものの、昨日報告書をなんとかしっかり書き上げることができました。

解説 空所の後ろには、havingで始まる動名詞の句が続いているので、空所には前置詞が入ります。「問題を対処する必要があった」のにもかかわらず「なんとか報告書を書き上げた」と考えると自然なので、(B) in spite of「～にもかかわらず」が正解です。▶(A) 副 たとえそうでも、(C) 形 どちらかの、(D) 前 ～の下に
（難易度：●○○）

正解：(C)

14. WallisさんがQuinnさんと話をするために会社に立ち寄ったとき、Quinnさんは重要な営業の訪問で不在でした。

解説 カンマの前後には完全な文があり、空所の後ろは節なので、空所には接続詞が入ります。「Quinnさんが不在だった」という後半の節の内容と、「WallisさんがQuinnさんと話すため会社に立ち寄った」という前半の節の内容の関係を考えると、「立ち寄ったときに不在だった」となる(C) When「～するとき」が正解です。▶(A) 前 ～が原因で、(B) 接 まるで～のように、(D) 前 ～のために
（難易度：●○○）

正解：(B)

15. Hananoミュージカルの公演の間、2度の5分間休憩があります。

解説 カンマまでには名詞句があるだけで主語と述語動詞がないので、空所には前置詞が入ります。前置詞としての(A)はnoやeveryなどの特定の語の後ろで用いられます。(B)のDuring「～の間」を空所に入れると、「演奏の間に休憩がある」という意味になり、文意も通ります。▶(A) 前 ～を除いて、接 しかし、(C) 副 第1に、(D) 接 ～かどうか（難易度：●○○）

前置詞・接続詞
実力試しテスト

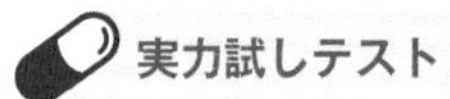

16. ------- the hundreds of exhibitors at the Electronics Trade Show, the event will also feature a number of hands-on activities.
(A) Apart from
(B) Except for
(C) Although
(D) However

17. Please find enclosed a copy of our standard warranty ------- information about the maintenance and repair options we offer.
(A) in addition
(B) whenever
(C) so that
(D) as well as

18. Mr. Bailey promised he would buy his research team lunch ------- their project was completed on time.
(A) provided
(B) regardless
(C) along with
(D) because of

19. ------- Ms. Palmer will be away on business next week, Mr. Taylor will be in charge of the office.
(A) However
(B) Despite
(C) Throughout
(D) Because

20. ------- *Photoglobe Magazine*, both the MFX-98 made by Apertal and the company's newest model are excellent cameras.
(A) Whereas
(B) So that
(C) According to
(D) Since

語注 〈問16〉 □ **exhibitor** 名 出展者　□ **trade show** 展示会
□ **feature** 動 ～を呼び物にする、～を特徴とする　□ **a number of ～** いくつかの～
□ **hands-on** 形 実地の　〈問17〉 □ **enclosed** 形 同封の　□ **warranty** 名 保証書
〈問18〉 □ **on time** 時間通りに　〈問19〉 □ ***be* in charge of ～** ～の責任者である

正解：(A)

16. Electronics展示会の何百もの出展者のほか、そのイベントは多くの体験型の活動も呼び物にしています。

解説 空所の後ろには名詞句が続いているので、空所には前置詞が入ります。後半の節にはalso「～も」があり、カンマまでの内容「のほかに」、体験活動という呼び物があることが読み取れるため、(A) Apart from「～のほかに」が正解です。▶(B)前～を除いて、(C)接～だけれども、(D)副しかしながら
(難易度：●●●)

正解：(D)

17. 私どもが提供するメンテナンスと修理オプションについての情報に加え、基本の保証書が同封されているのをご確認ください。

解説 空所の後ろは名詞句なので、空所には前置詞が入ります。(D) as well as「～だけではなく…も」を入れると、同封されているものは「メンテナンスと修理オプションについての情報」だけでなくour standard warranty「基本の保証書」もある、となり文意が通ります。Please find enclosed/attached a/the ～「～が同封されているのをご確認ください」は、メールで使われる定型の表現です。▶(A)副さらに、(B)接～するときはいつでも、(C)接～するために
(難易度：●●●)

正解：(A)

18. Baileyさんは、プロジェクトを時間通りやり遂げるという条件で、研究チームにランチをごちそうすると約束しました。

解説 空所の後ろは節なので、空所には接続詞が入ります。空所に(A) provided「～という条件で」を入れると、「プロジェクトを時間通りやり遂げる」という「条件」で「ランチをごちそうする」という自然な流れになります。▶(B)副それにもかかわらず、(C)前～と共に、(D)前～が原因で
(難易度：●●○)

正解：(D)

19. Palmerさんは来週仕事で不在なので、Taylorさんがオフィスの責任者になります。

解説 空所の後ろからカンマまでは節なので、空所には接続詞が入ります。(D) Because「～なので」を入れると、「Palmerさんは来週仕事で不在なので」という「理由」を表す内容になり、全体の文意が通ります。▶(A)副しかしながら、(B)前～にもかかわらず、(C)前～中で
(難易度：●○○)

正解：(C)

20. *Photoglobe*誌によると、Apertal社によって製造されるMFX-98と、同社の最新モデルは両方とも素晴らしいカメラだそうです。

解説 空所の後ろからカンマの前までには名詞のみがあるので、空所には前置詞が入ります。「*Photoglobe*誌」という「情報源」を表す名詞が続いているので、(C)のAccording to「～によると」が正解です。▶(A)接～である一方、(B)接～するために、(D)前～以来、接～なので、～して以来
(難易度：●○○)

前置詞・接続詞
実力試しテスト

21. ------- a huge donation, the new city library will open its doors as early as next spring.
(A) While
(B) In favor of
(C) Among
(D) Thanks to

22. We are pleased to let you know that Caldero Cafeteria is offering outdoor seating ------- the warmer weather has arrived.
(A) now that
(B) whether
(C) ahead of
(D) so far

23. Mr. Braxton regretted having to decline several highly qualified job candidates ------- only one position needed to be filled.
(A) beyond
(B) unless
(C) when
(D) that

24. At the beginning of the music festival in Millennium Park, the event producer addressed the audience ------- the speaker system.
(A) still
(B) over
(C) until
(D) than

25. Please make sure that the number of participants is accurate ------- booking the venue.
(A) although
(B) amid
(C) how
(D) before

語注 〈問21〉□ donation 名 募金　□ as early as ～ 早ければ～には
〈問22〉□ *be* pleased to *do* ～できて嬉しく思う　〈問23〉□ decline 動 ～を断る
□ qualified 形 適任の　□ fill 動 (役職) を埋める
〈問24〉□ address 動 ～に向けて演説する
〈問25〉□ make sure that ～ 確実に～する　□ accurate 形 正確な

正解：(D)

21. 多額の募金のおかげで、新しい市の図書館は早ければ来春には開館します。

解説 空所の後ろからカンマの前まではa huge donation「多額の募金」という名詞句なので、空所には前置詞が入ります。「図書館が来春に開館できる」のは、募金が「要因」だと考えられるので、(D)のThanks to「～のおかげで」が正解です。▶(A)接～する間、～である一方、(B)前～に賛成して、(C)前～の間で　(難易度：●○○)

正解：(A)

22. 暖かい季節が到来したため、私たちCalderoカフェテリアが屋外のお席をご提供することを喜んでお知らせいたします。

解説 空所の後ろは、the warmer weatherが主語、has arrivedが述語動詞の完全な文なので、空所には接続詞が入ります。「暖かい季節が到来した」ことは「屋外の席を提供」できることの「理由」だと考えられるので、(A)のnow that「今や～なので」が正解です。▶(B)接～かどうか、(C)前～の前に、(D)副今までのところ　(難易度：●●○)

正解：(C)

23. Braxtonさんは1人分の求人しか埋める必要がなかった際、非常に適任な求職者を何人か断る必要があったことを残念に思いました。

解説 空所の後ろには節が続いているので、空所には接続詞が入ります。(C)のwhen「～するとき」を入れると「1人分の求人しか埋める必要がなかった」ことと「非常に適任な求職者を何人か断る必要があったこと」が同時の出来事だったという意味になり、文意が通ります。▶(A)前～を越えて、(B)前～を除いては、接～しない限り、(D)接～ということ
(難易度：●●○)

正解：(B)

24. Millennium公園の音楽祭の冒頭で、イベントのプロデューサーがスピーカーを通して聴衆にあいさつの言葉を述べました。

解説 空所の後ろは名詞句なので、空所には前置詞が入ります。「聴衆にあいさつの言葉を述べた」のは「スピーカーを通して」と考えると自然なので、「(スピーカーや電話などに) よって」という「手段」を表す(B) overが正解です。▶(A)副いまだに、(C)前～までずっと、接～するまでずっと、(D)前～よりも、接～よりも　(難易度：●○○)

正解：(D)

25. 会場を予約する前に、参加者の数が正確であることを確認してください。

解説 空所の後ろには動名詞句が続いているので、空所には前置詞が入ります。「参加者の数の確認」と「会場の予約をすること」の関係を考えると、「会場の予約をする前に参加者の数を確認する」と繋げるのが自然です。よって、(D) before「～の前に」が正解です。before *doing*「～する前に」という表現は頻出なので、必ず押さえておきましょう。▶(A)接～だけれども、(B)前～の真っただ中に、(C)副どのように　(難易度：●○○)

実力試しテスト

200~204

26. We will not be able to start the renovation project ------- the client agrees with the terms of our contact.
(A) instead
(B) along
(C) unless
(D) whereas

27. Ms. Middleton researched the logistics of shipping the merchandise, ------- she knows the costs involved in delivering it to Europe.
(A) so
(B) how
(C) provided
(D) about

28. ------- the workload we have, some work needs to be outsourced.
(A) Because
(B) Given
(C) But
(D) From

29. ------- a record number of people turned out for the annual Harvest Festival, the food vendors were extremely busy.
(A) Since
(B) Whether
(C) Among
(D) Within

30. ------- tickets for Vincent Parrilla's new play are already sold out, additional performances are expected to be announced.
(A) Despite
(B) Without
(C) Although
(D) Whether

語注 〈問26〉 □ **terms** 名 条件 〈問27〉 □ **logistics** 名 物流
□ **involved** 形 関係した 〈問28〉 □ **workload** 名 仕事量
〈問29〉 □ **record** 形 記録的な □ **turn out** (行事などに) 出かける
□ **annual** 形 毎年の □ **harvest** 名 収穫 □ **vendor** 名 (通りで) 売る人
〈問30〉 □ **additional** 形 追加の

正解：(C)

26. 顧客が契約条件に同意しない限り、私たちは修復計画を始めることができません。

解説 空所の後ろには主語と述語動詞から成る完全な文が続いているので、空所には接続詞が入ります。契約への合意は、計画を始める「条件」だと考えられるので、(C) unless「～しない限り」が正解です。▶(A) 副 その代わりに、(B) 前 ～に沿って、(D) 接 ～である一方
(難易度：●●●)

正解：(A)

27. Middletonさんは商品を輸送する物流を調査したので、ヨーロッパへの配送に関わるコストを知っています。

解説 空所の後ろには主語と述語動詞から成る完全な文が続いているので、空所には接続詞が入ります。「物流を調査した」ことは、「ヨーロッパへの配送に関わるコストを知っている」ことの「理由」になるので、因果関係を表す(A) so「～なので」が正解です。▶(B) 副 どのように、(C) 接 ～という条件で、(D) 前 ～について
(難易度：●○○)

正解：(B)

28. 我々が抱える仕事量を考慮すると、いくつかの仕事を外部委託する必要があります。

解説 空所の後ろにはthe workload (that) we have「我々が抱える仕事量」という名詞句があるので、正解候補は前置詞となる(B)(C)(D)です。(B) Given「～ということを考慮すると」を空所に入れると、カンマ以降の内容と自然に繋がります。後ろに節が続いていたら、considering that ～「～ということを考慮すると」などが正解になります。▶(A) 接 ～なので、(C) 前 ～を除いて、接 しかし、(D) 前 ～から
(難易度：●●○)

正解：(A)

29. 記録的な数の人々が年に一度の収穫祭に集まったので、食べ物を売る屋台は非常に多忙でした。

解説 カンマの前後には完全な文があるので、空所には2つの節を繋ぐ接続詞が入ります。「記録的な数の人々が祭りに集まった」のは、「屋台が非常に忙しかった」ことに対する「理由」になるので、(A) Since「～なので」が正解です。接続詞としてのsinceは「～以来」という意味だけでなく、理由を表すこともできるという点もおさらいしておきましょう。▶(B) 接 ～かどうか、(C) 前 ～の間で、(D) 前 ～以内に
(難易度：●○○)

正解：(C)

30. Vincent Parrillaの新しい演劇のチケットはすでに売り切れていますが、追加公演が発表される見通しです。

解説 カンマの前後には完全な文があるので、空所には接続詞が入ります。「チケットが売り切れている」ことと、「追加公演が見込まれている」ことの関係を考えると、(C) Although「～だけれども」が正解です。同じく接続詞の(D)は通常後ろに*A* or *B*と選択肢が続く必要があり、なおかつ空所に入れても意味が通らないので不適切です。▶(A) 前 ～にもかかわらず、(B) 前 ～なしに、(D) 接 ～かどうか
(難易度：●●○)

31. Ms. Summers was invited to the anniversary celebration ------- was unable to attend due to a previous engagement.
(A) but
(B) if
(C) when
(D) until

32. The vice president would like to know Mr. Sherwood's opinion ------- how the company can gain market share in Indonesia.
(A) because
(B) to
(C) once
(D) about

33. During the demonstration, Mr. Johnson spoke about the product ------- everyone in the audience had experience using power saws.
(A) as well as
(B) as if
(C) by means of
(D) only if

34. The curator of the museum called a meeting to address employees' questions ------- the new multimedia exhibit.
(A) however
(B) whereas
(C) concerning
(D) why

35. Fentoco Systems sells electronic components to individual consumers, ------- most of its sales are to other technology companies.
(A) with
(B) yet
(C) such as
(D) that

語注 〈問31〉 □ **previous** 形 先の □ **engagement** 名 約束
〈問32〉 □ **gain** 動 ～を獲得する □ **market share** マーケットシェア、市場占有率
〈問33〉 □ **saw** 名 のこぎり 〈問34〉 □ **curator** 名 学芸員、キュレーター
□ **address** 動 ～に対処する 〈問35〉 □ **component** 名 部品 □ **individual** 形 個人の
□ **consumer** 名 消費者

正解：(A)

31. Summersさんは記念式典へ招待されましたが、先約のため参加できませんでした。

解説 空所の後ろを確認すると、be動詞のwasはあるのに主語がなく、主語になるような選択肢もありません。butやandなどの接続詞の後ろでは、前の文と主語が共通する場合は、主語を省略することが可能です。ここではMs. Summersを指すsheが省略されており、空所の後ろには完全な文がある状態と同じなので、空所には逆接を表す接続詞の(A) but「しかし」が入ります。▶(B)接もし～ならば、(C)接～するとき、(D)前～までずっと、接～するまでずっと
(難易度：●●●)

正解：(D)

32. 副社長は、会社がインドネシアでどのようにマーケットシェアを獲得できるかについて、Sherwoodさんの意見を知りたがりました。

解説 空所の直後には疑問詞のhow「どのように」、その後ろには主語と述語動詞が続いています。主語と述語動詞があるものの、howのような疑問詞から始まる場合は名詞節と呼ばれ、名詞のかたまりとして扱います。よって、空所には前置詞が入ります。opinion about ～で「～に関する意見」という意味を表すので、(D) about「～について」が正解です。▶(A)接～なので、(B)前～へ、(C)接ひとたび～すれば
(難易度：●●●)

正解：(B)

33. 実演の間、Johnsonさんはまるで見物客の全員が電動のこぎりを使った経験があるかのように商品について話しました。

解説 空所の前後には完全な文があるので、空所には接続詞が入ります。接続詞句の(B) as if「まるで～のように」を入れると「まるで見物客の全員が電動のこぎりを使った経験があるかのように」となり意味が通ります。▶(A)前～だけでなく…も、(C)前～を手段として、(D)接～の場合に限って
(難易度：●●●)

正解：(C)

34. その博物館の学芸員は、新しいマルチメディアの展示に関する従業員からの質問に対応するための会議を開きました。

解説 空所の後ろには名詞句が続いているので、空所には前置詞が入ります。空所の前にある「新しいマルチメディアの展示」と後ろにある「質問」の関係性を考えると、「新しいマルチメディアの展示に関する質問」とすると意味が通ります。よって、「関連」を表す前置詞の(C) concerning「～に関して」が正解です。concerningはregardingに言い換えることもできます。▶(A)副しかしながら、(B)接～である一方、(D)副なぜ
(難易度：●●○)

正解：(B)

35. Fentoco Systems社は電子部品を個人消費者に販売していますが、売り上げの大半は他のテクノロジー企業へのものです。

解説 空所の前後には完全な文があるので、空所には2つの節を繋ぐ接続詞が入ります。接続詞の(B) yet「けれども」は逆接を表し、空所に入れると「個人消費者に販売してはいるが、売り上げは企業に対するものが大半だ」という自然な文脈になります。よって、(B)が正解です。▶(A)前～と共に、(C)前～のような、(D)接～ということ
(難易度：●○○)

「音」を使った学習法

「音」を使った学習は、リーディング対策にも大きな効果があります。文構造を理解できる、語彙力が上がる、速読力が上がるなど、メリットはたくさん。本書でも、全ての問題に音声が付いています。

音声を聞き、その後に真似して音読をするという使い方をしてみてください。付属の音声で、要素や意味の切れ目で音が区切れていることを確認したら、文構造を意識して自分でも真似して声に出してみましょう。「ここまでが主語、後ろは述語動詞…」という風に、要素を意識しながら音読をすると、文構造への理解が深まります。

また、知らない単語が目と耳から同時に頭に入ってくると、意味がより定着します。ただ単語のスペルを見るだけではなく、単語の音やアクセントも頭に入れながら覚えようとすると、記憶に残りやすくなるのです。さらに、ネイティブが読んだ自然な速度の音声を聞くと、そのスピードで英文の内容を理解することに慣れていきます。慣れれば慣れるほど、1問を解くのにかかる時間は短くなっていきます。

最後に、ここに「書く」学習を組み合わせた、「音読筆写」という効果的なトレーニング法をご紹介します。

【音読筆写】

①文構造や新出単語を意識して、英文を精読する
②Part 5の音声を聞いた後、聞こえた通りに音読する
③音読をしながら、本文を紙に筆写する（ペンで書き写す）
④もう一度英文を読む・聞いてみる

「聞く」「話す」「書く」トレーニングは、「読む」リーディングの試験でも活きてきますので、積極的に行っていきましょう！

代名詞
が並んだタイプ

- 文構造をヒントに
正しい格の代名詞を選ぼう
- 難しい代名詞の種類にもチャレンジ

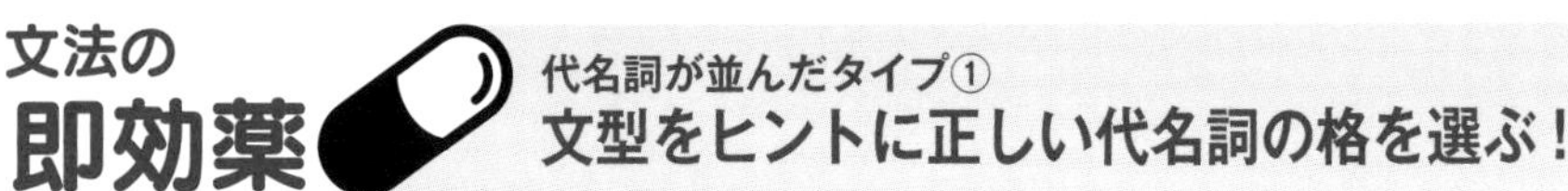

例題1を解いてみて、解き方の基本STEPに沿って解けたかを確認しましょう。

例題1

難易度：

It is easy to maintain a garden if ------- use our automatic garden watering system.

(A) you
(B) your
(C) yourself
(D) yours

▶解き方の基本STEP

選択肢をチェック！

I「私は」（主格）、my「私の」（所有格）、me「私を［に］」（目的格）など、選択肢に代名詞のさまざまな格が並んでいるときは、代名詞が並んだタイプだと判断しましょう。

文構造を確認する！

英文の文構造を確認し、足りない要素があるかどうかを確認します。

正しい格を選ぶ！

文の要素が足りないときは、以下の格が正解になります。
主語（S）が足りない場合→主格、所有代名詞
目的語（O）が足りない場合→目的格、所有代名詞、再帰代名詞

文の要素が全て揃っているときは、以下の格が正解になります。
空所が名詞の前にある場合→所有格
空所が文末にあり強調を表している場合→再帰代名詞

▶例題 1 の解説

210

> 主語が足りない！
>
> It is easy to maintain a garden if ------- use our automatic garden watering system.
>
> (It: S / is: V / easy: C / -------: S´ / use: V´ / our automatic garden watering system: O´)
>
> (A) 代 あなたは（主格）　(B) 代 あなたの（所有格）
> (C) 代 あなた自身（再帰代名詞）　(D) 代 あなたのもの（所有代名詞）
>
> 訳 弊社の自動給水システムをお使いになれば、庭の手入れは簡単です。

語注 □ **maintain** 動 ～を維持する　□ **automatic** 形 自動の
□ **watering system** 給水システム

STEP 0

選択肢をチェック！

選択肢には主格や所有格など、代名詞の格が変化したさまざまな形が並んでいます。

文構造を確認する！

文構造を確認し、足りない要素を見つけます。空所を含む、if「もし～なら」の節に注目します。空所の後ろには述語動詞と目的語が続いており、ifの節には主語が欠けていることが分かります。

正しい格を選ぶ！

主語が足りない場合は主格か所有代名詞を補うので、主格の(A) you「あなたは」と所有代名詞の(D) yours「あなたのもの」が正解候補です。use「～を使用する」がこの節の述語動詞なので、「(使用される) もの」ではなく「(使用する) 人」が主語になると考えるのが自然です。よって、正解は(A) youです。

➡ **正解：(A)**

文法の
即効薬

代名詞が並んだタイプ②
不定代名詞の意味と用法を覚える！

例題２を解いてみて、解き方の基本STEPに沿って解けたかを確認しましょう。

例題2

難易度：

Enan Phones launched two new smartphones and ------- have been selling well so far.

(A) either
(B) both
(C) no one
(D) every

▶解き方の基本STEP

STEP 0

選択肢をチェック！

代名詞が並んだタイプでは、不定代名詞が選択肢に並んでいるパターンも出題されます。不定代名詞とは、one「1つ」、both「両方」、each「それぞれ」、either「どちらか一方」、someone「誰か」といった、不特定の人やものを表す代名詞のことです。

STEP 1

不定代名詞の意味と用法から正解を絞る！

このパターンの問題では、それぞれの不定代名詞の意味と用法を理解していることが肝心です。「人」と「もの」どちらを表す不定代名詞なのか、また単数扱いと複数扱いのどちらの代名詞なのかを考え、本文に当てはまる選択肢を選びましょう。

▶例題２の解説

211

two new smartphonesを表す代名詞

Enan Phones launched two new smartphones and -------
(S_1 / V_1 / O / S_2)
have been selling well so far.
(V_2)

(A) 代 どちらか一方　(B) 代 両方
(C) 代 誰も～ない　(D) 形 全ての

訳 Enan Phones社は新しいスマートフォンを２台発売し、両方とも今のところ好調な売れ行きを見せています。

語注 □ **launch** 動 ～を発売する　□ **so far** 今のところ

選択肢をチェック！

either, both, no oneと、選択肢には主に不定代名詞が並んでいます。(D)のeveryのみ、品詞は形容詞です。

STEP 1

不定代名詞の意味と用法から正解を絞る！

本文の前半の節は、「ある会社が２台のスマホを発売した」という内容。andの後に------- have been selling well so far「今のところ-------は好調な売れ行きを見せている」という内容が続いており、主語が欠けていることが分かります。

前半の節のtwo new smartphones「２台のスマートフォン」を表す(B) both「両方」を空所に入れると、「両方とも今のところ売れている」となり意味が通ります。空所の後ろの述語動詞がhasではなくhaveであることも、複数扱いである(B) bothを選ぶヒントになります。

(A) eitherや(C) no oneは単数扱いなので、対応する述語動詞は三人称単数形になります。また(D) everyは名詞を修飾する形容詞なので、ここでは主語になることができません。

➡ **正解：(B)**

さらに分解！

このタイプの問題では、代名詞の格変化がよく問われます。それぞれどんな形をしていてどんな意味を持つのかをおさらいしておきましょう。

代名詞の格変化と役割

代名詞には、以下の5つの形があります。それぞれの役割を押さえた上で、最後に格変化の一覧を表で確認しましょう。

①主格「～は」

主語になる！

He will release a new song in October.
(He = S, will release = V, a new song = O)

訳 彼は10月に新曲を発表します。

②所有格「～の」

名詞を前から修飾し、「所有者」を表す！

His new novel gained a lot of media attention.
(His new novel = S, gained = V, a lot of media attention = O)

訳 彼の新しい小説は、多くのメディアの注目を集めました。

③目的格「～を［に］」

動詞や前置詞の目的語になる！

New working regulations will allow him to work from home three days a week.
(New working regulations = S, will allow = V, him = O)

訳 新しい就業規則は、彼に週3日在宅勤務することを可能にします。
（新しい就業規則によって、彼は週3日在宅勤務することができるようになります。）

④所有代名詞「～のもの」

〈所有格＋前に登場した名詞〉を表す！

The writing seminar [one of his acquaintances provides] is more famous than his. (his = his writing seminar)
(The writing seminar = S, one of his acquaintances = S′, provides = V′, is = V, more famous = C)

訳 彼の知り合いの1人が提供しているライティング講座は、彼のもの（＝彼のライティング講座）よりも有名です。

⑤再帰代名詞「～自身」

動詞の目的語として使う！

Ms. Sakurai introduced herself to the team.
S V O

Sakuraiさんはチームに対して自己紹介（自分自身を紹介）しました。

強調として使う！

Mr. Green repaired the photocopier himself.
S V O

訳 Greenさんは自分自身でそのコピー機を修理しました。

■格変化の一覧

	主格（～は）	所有格（～の）	目的格（～を［に］）	所有代名詞（～のもの）	再帰代名詞（～自身）
私	I	my	me	mine	myself
あなた	you	your	you	yours	yourself
彼	he	his	him	his	himself
彼女	she	her	her	hers	herself
それ	it	its	it		itself
私たち	we	our	us	ours	ourselves
あなたたち	you	your	you	yours	yourselves
彼ら 彼女ら それら	they	their	them	theirs	themselves

代名詞を用いた熟語

再帰代名詞を用いた熟語が出題されることもあります。覚えているとすぐに正解を選ぶことができるので、1つずつ確実に押さえておきましょう。

■再帰代名詞を用いた熟語

	熟語	意味
□	find *oneself doing*	「気付くと～している」
□	help *oneself* to ～	「（飲食物を）自分で自由に取る」
□	make *oneself* understood	「～のことを分からせる」
□	adapt *oneself* to ～	「～に順応する」
□	seat *oneself*	「着席する」
□	by *oneself*	「～自身で」

さらに分解！

例題１で代名詞の格変化、例題２で不定代名詞が出題されることを学習しました。ここからは不定代名詞をさらに分解し、マスターしていきましょう。

不定代名詞

不特定の人やものを表す代名詞＝不定代名詞です。まずは、代表的な不定代名詞とその意味、また単数扱い・複数扱いどちらなのかを表で確認しておきましょう。

■不定代名詞の一覧

	不定代名詞	意味	単数の用法	複数の用法
□	one(s)	（人・もの）	○	○
□	none	「誰［どれ］も～ない」	○	○
□	all	「全て」	○	○
□	any	「どれでも、誰でも」	○	○
□	another	「別のもの」	○	×
□	others	「他の人・もの」	×	○
□	the other(s)	「残りの人・もの」	○	○
□	each	「それぞれ」	○	×
□	both	「両方」	×	○
□	some	「いくつか、いくらか」	○	○
□	something	「何か」	○	×
□	anything	「何か、何でも」	○	×
□	everything	「全て」	○	×
□	nothing	「何も～ない」	○	×
□	someone[somebody]	「誰か」	○	×
□	everyone[everybody]	「全員」	○	×
□	no one[nobody]	「誰も～ない」	○	×
□	either	「どちらか一方」	○	×
□	neither	「どちらも～ない」	○	×

頻出の不定代名詞

表で取り上げた不定代名詞の中でも特によく出題されるものを、例文を使って詳しく見てみましょう。

■ none

複数の人・もののうち0人、0個を表す！

None of the attendees were informed of the guest speaker.

訳 ゲスト講演者については、参加者の誰も知らされていませんでした。

■ all

3人、3つ以上の「全て」を表す！

We have spacious hotel rooms and all are equipped with flat-screen TVs.

訳 ホテルルームは広々としており、全室に薄型テレビが付いております。

■ any

3人、3つ以上の「誰でも、どれでも」を表す！

There are four package designs to choose from, and any of them can be chosen for free.

訳 4つのパッケージデザインがあり、どれでも無料で選ぶことができます。

■ each

複数の人・もののうち「それぞれ1人、1つ」を指すので、必ず単数扱い！

Each of our clothing items is made of cotton and linen.

訳 私たちの衣料品の1つ1つは、コットンとリネンでできています。

■ both

既に登場した2人、2つを表す！

Mr. Kimura came up with two ideas, but his coworker disagreed with both.

訳 Kimuraさんは2つのアイディアを思いつきましたが、同僚は両方ともに反対しました。

■ someone

-one、-body、-thingは単数扱い！

Someone who is assigned to the project will take over his duties.

訳 そのプロジェクトに任命される人（誰か）が、彼の職務を引き継ぐ予定です。

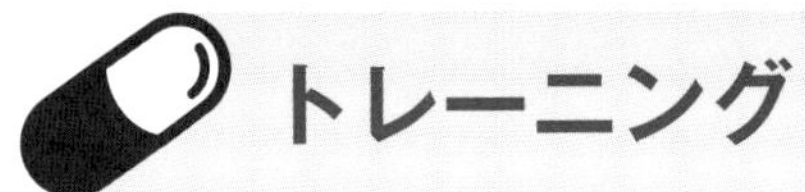

トレーニング

空所に入る最も適切な語句を、(A)～(D)の中から選びましょう。

1. Ms. White will be given an award at the ceremony celebrating ------- outstanding performance throughout the year.

(A) her
(B) hers
(C) she
(D) herself

2. ------- of the members in Kirkham Marine Museum located the world's smallest shark's habitat.

(A) They
(B) One
(C) Whoever
(D) Theirs

解答・解説

212　正解：(A)

1. Ms. White will be given an award at the ceremony celebrating ------- outstanding performance throughout the year.

S（Ms. White） V（will be given） O（an award）

誰の功績？

訳 年間を通じた優れた功績をたたえて、Whiteさんは式典で賞を授与されます。

(A) 代 彼女の（所有格）
(B) 代 彼女のもの（所有代名詞）
(C) 代 彼女は（主格）
(D) 代 彼女自身（再帰代名詞）

解説 空所の後ろにはoutstanding performance「優れた功績」という名詞句が続いていることに注目。空所の代名詞は、この功績の「所有者」を表します。所有格の(A) her「彼女の」を空所に入れると、celebrating her outstanding performance「彼女の（＝Whiteさんの）優れた功績をたたえて」となり、意味が自然に通ります。名詞を修飾し「誰の」を表すときは、所有格を選びましょう。

語注 □ **award** 名 賞　□ **outstanding** 形 優れた

213　正解：(B)

後ろに〈of＋名詞の複数形〉が続く！

2. ------- of the members in Kirkham Marine Museum located the world's smallest shark's habitat.

S（------- of the members in Kirkham Marine Museum） V（located） O（the world's smallest shark's habitat）

訳 Kirkham海洋博物館のメンバーの1人が、世界で最も小さいサメの生息地を突き止めました。

(A) 代 彼らは（主格）　(B) 代 1人
(C) 代 ～する人は誰でも（複合関係代名詞）
(D) 代 彼らのもの（所有代名詞）

解説 文構造を見ると、located「～を突き止めた」が述語動詞、the world's smallest shark's habitat「世界で最も小さいサメの生息地」が目的語なので、空所を含む部分は文の主語であると考えられます。ここで、空所の直後にあるof the members「（複数いる）メンバーの」という表現に注目しましょう。不定代名詞の(B) One「1人」を入れると、One of the members「（複数いる）メンバーの1人」という意味になり、文意が通ります。不定代名詞のoneは、高確率で〈one of (the)＋複数名詞〉「～のうちの1つ［人］」という形で出題されます。

語注 □ **locate** 動 ～を突き止める　□ **habitat** 名 生息地

トレーニング

空所に入る最も適切な語句を、(A)～(D)の中から選びましょう。

3. At Akasan Journal, ------- have focused on the academic papers in scientific fields for more than 30 years.

(A) our
(B) us
(C) ourselves
(D) we

4. ------- who attends the panel discussion as a speaker is required to attend a rehearsal on the previous day.

(A) Someone
(B) They
(C) Everyone
(D) Several

解答・解説

214　正解：(D)

主語が抜けている！

3. At Akasan Journal, ------- (S) have focused on (V) the academic papers in scientific fields (O) for more than 30 years.

訳 Akasan Journal社では、30年以上にわたり科学の分野の学術論文に重点を置いています。

(A) 代 私たちの（所有格）
(B) 代 私たちを［に］（目的格）
(C) 代 私たち自身（再帰代名詞）
(D) 代 私たちは（主格）

解説 この文の述語動詞はhave focused onですが、その前には主語が見当たらないので空所に主語を補う必要があります。文の主語として働く代名詞の主格と所有代名詞のうち、選択肢にある主格の(D) we「私たちは」が正解です。このweは、Akasan Journal社という会社全体（スタッフ一同）のことを指しています。

語注 □ **focus on ～** ～に重点を置く　□ **academic** 形 学問的な　□ **paper** 名 論文

215　正解：(C)

4. ------- (S) [who attends (V′) the panel discussion (O′) as a speaker] is required to attend (V) a rehearsal (O) on the previous day.

動詞は三人称単数現在形！

訳 パネルディスカッションに講演者として出席する人は全員、前日のリハーサルに参加する必要があります。

(A) 代 誰か　(B) 代 彼らは（主格）
(C) 代 全員　(D) 代 いくつか

解説 この文の述語動詞はis required to attendで、空所からspeakerまでが長い主語のかたまりです。空所には文の主語となり、かつwhoから始まる関係詞節に修飾される語が入ります。関係詞節内の述語動詞のattendsと文全体の述語動詞のis required to attendが三人称単数現在形となっているので、主述の一致の視点から正解候補は(A)と(C)です。(C) Everyone「全員」を空所に入れると「パネルディスカッションに講演者として参加する人全員」という主語になり、文全体の意味も自然に通ります。

語注 □ **rehearsal** 名 リハーサル　□ **previous** 形 前の

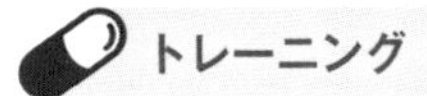

トレーニング

空所に入る最も適切な語句を、(A)～(D)の中から選びましょう。

5. Raising the hourly wage of part-timers is an effective way to keep ------- motivated and increase productivity.

(A) they
(B) them
(C) their
(D) theirs

6. Mr. Lewis will have finished fixing the copier ------- by the time a periodic check is carried out tomorrow.

(A) he
(B) his
(C) him
(D) himself

解答・解説

216　**正解：(B)**

5. Raising the hourly wage of part-timers is an effective way to keep ------- motivated and increase productivity.

訳 パートタイマーの時給を上げることは、彼らのやる気を維持し、生産性を向上させるのに有効な手段です。

(A) 代 彼らは（主格）
(B) 代 彼らを（目的格）
(C) 代 彼らの（所有格）
(D) 代 彼らのもの（所有代名詞）

解説 「パートタイマーの時給を上げること」が何をするのに有効な手段なのかを、to不定詞以降が説明しています。空所の前後に注目すると、前には他動詞のkeep、後ろには形容詞のmotivated「やる気のある、動機づけられた」があります。keep O Cで「Oを～の状態に維持する」を表すので、目的格の(B) themが入りkeep them motivatedで「彼ら（パートタイマー）をやる気のある状態に維持する」という意味になります。(D) theirs「彼らのもの」も文法上はO（目的語）になりえますが、やる気は「人」が持つものなので誤りです。

語注 □ **wage** 名 賃金、給料

217　**正解：(D)**

6. Mr. Lewis will have finished fixing the copier ------- by the time a periodic check is carried out tomorrow.

訳 明日の定期点検が行われるまでには、Lewisさんは彼自身でコピー機の修理を終えていることでしょう。

(A) 代 彼は（主格）
(B) 代 彼の（所有格）、彼のもの（所有代名詞）
(C) 代 彼を［に］（目的格）
(D) 代 彼自身（再帰代名詞）

解説 Mr. Lewisが主語、will have finished fixingが述語動詞、the copierが目的語と、文の要素は揃っています。完全な文の場合、主語を強調する役割を持つ再帰代名詞が正解として考えられます。よって、(D) himself「彼自身」が正解。「彼自身で」修理を終える、と「彼が自ら行うこと」が強調されています。

218~222

1. Last week, the Ridgeville Dental Clinic completed ------- move from 375 West Street to a larger space on Finch Avenue.
(A) themselves
(B) they
(C) its
(D) it

2. Nearly ------- of the correspondence between Ms. Gleason and her accountant pertains to the firm's financial activities.
(A) others
(B) all
(C) such
(D) everyone

3. Mr. Renault invited Ms. Gene, his former colleague, to work with ------- at his newly established tech company.
(A) he
(B) his
(C) him
(D) himself

4. Encouraged by the success of her first book on nutrition, Ms. Marshall began working on ------- last autumn.
(A) anything
(B) either
(C) other
(D) another

5. You may even find ------- typing all day long and not feeling stressed with Minitech's newest keyboard.
(A) yourself
(B) your
(C) you
(D) yours

語注 〈問1〉□ **avenue** 名 大通り 〈問2〉□ **accountant** 名 会計士
□ **pertain to ~** ～と関係がある □ **firm** 名 会社
〈問3〉□ **invite *A* to *do*** Aに～しないかと誘う □ **former** 形 以前の
〈問4〉□ **encourage** 動 ～を勇気付ける、～を励ます □ **nutrition** 名 栄養
□ **work on ~** ～に取り組む 〈問5〉□ **all day long** 一日中

正解：(C)

1. Ridgevilleデンタルクリニックは先週、ウェスト通り375番地からFinch大通りのより広い場所への移転を完了しました。

解説 空所とmove「引っ越し」がひとまとまりでcomplete「～を完了する」の目的語になっています。空所に名詞を修飾する所有格の代名詞(C) its「その」を入れると、itsがRidgeville Dental Clinic'sのことを指し、「Ridgevilleデンタルクリニックの引っ越し」となり意味が通ります。よって(C)が正解です。動詞として使われることが多いmoveですが、ここでは名詞として使われています。▶(A) 代 彼ら自身（再帰代名詞）、(B) 代 彼らは（主格）、(D) 代 それは（主格）、それを［に］（目的格） （難易度：●●○）

正解：(B)

2. Gleasonさんと会計士の間のやり取りのほぼ全ては、会社の財務活動と関連があります。

解説 文全体の述語動詞はpertains to「～と関係がある」なので、空所を含む文頭からaccountantが主語のかたまりだと判断できます。文頭のNearlyは数量を表す名詞を修飾するので、(B) all「全て」を空所に入れ、Nearly all「ほぼ全て」とするのが適切です。▶(A) 代 他の人・もの（複数形）、(C) 代 そのようなもの、(D) 代 全員 （難易度：●●○）

正解：(C)

3. Renaultさんは以前の同僚であるGeneさんを、新しく設立したテック企業で自身と一緒に働くよう誘いました。

解説 空所の前には前置詞withがあるものの、その目的語に当たる名詞がないため、空所には目的格の代名詞が入ります。よって、(C) him「彼を［に］」が正解です。▶(A) 代 彼は（主格）、(B) 代 彼の（所有格）、彼のもの（所有代名詞）、(D) 代 彼自身（再帰代名詞） （難易度：●○○）

正解：(D)

4. 栄養についての初めての著書での成功に勇気付けられ、Marshallさんは昨秋、別の本に取りかかり始めました。

解説 空所の前には句動詞のwork on ～「～に取り組む」がありますが、その目的語となる名詞がないため、空所に代名詞を補います。(A)と(B)は意味が通らず、(C)は通常冠詞が付くか複数形で用いられるので不適切です。よって、(D) another「別のもの」が正解です。anotherとは、first book「初めての著書」に対してanother (book)「別の本」のことを指しています。▶(A) 代 何か、何でも、(B) 代 どちらか一方、(C) 代 他の人・もの （難易度：●●○）

正解：(A)

5. Minitech社の最新のキーボードなら、一日中タイピングをしていてもストレスを感じさえしないことに気付くでしょう。

解説 空所の前には動詞のfind、後ろには-ing形があることに注目。find *oneself doing*で「気付くと～している」という意味を表す熟語になります。よって、再帰代名詞の(A) yourself「あなた自身」が正解です。▶(B) 代 あなたの（所有格）、(C) 代 あなたは（主格）、あなたを［に］（目的格）、(D) 代 あなたのもの（所有代名詞） （難易度：●●●）

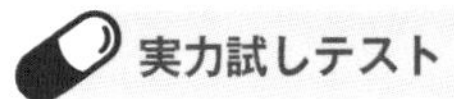

実力試しテスト

223~227

6. Each month, we print approximately 400 copies of the *Rexdale Times* newsletter and mail ------- to subscribers.
(A) it
(B) them
(C) theirs
(D) its

7. Before opening ------- own sushi restaurant in Los Angeles, Chef White had worked as a chef for nearly 20 years in Tokyo.
(A) his
(B) he
(C) him
(D) himself

8. Mr. Schulze developed a technique to detect flaws in sheet metal, used for ------- from automobiles to roofing tiles.
(A) each
(B) another
(C) several
(D) everything

9. Because Mr. McKenzie's talk is first on the seminar schedule, please pass around his handouts before -------.
(A) myself
(B) mine
(C) me
(D) my

10. If any customer is unsatisfied with their Mixolat blender, they can send ------- back to us for a full refund.
(A) it
(B) its
(C) they
(D) their

語注 〈問6〉 □ **approximately** 副 約、およそ　□ **copy** 名 部、冊
□ **subscriber** 名 定期購読者　〈問8〉 □ **detect** 動 ～を見つける　□ **flaw** 名 傷、欠陥
□ **sheet metal** 板金、シートメタル　□ **automobile** 名 自動車
□ **roofing** 名 屋根ふき　〈問9〉 □ **pass around ～** ～を順番に回す
〈問10〉 □ **unsatisfied** 形 不満足な　□ **refund** 名 返金

正解：(B)

6. 毎月私たちはRexdaleタイムズのニュースレターを約400部印刷し、それらを定期購読者に送付しています。

解説 mail *A* to *B*は「AをBに送付する」という意味です。空所には*A*に当たるmailの目的語となる名詞が入ります。送付するものはapproximately 400 copiesとあることから複数なので、目的格の代名詞で複数形を指す(B) them「それらを」が正解です。▶(A)代それは(主格)、それを[に](目的格)、(C)代それらのもの(所有代名詞)、(D)代それの(所有格)
(難易度：●○○)

正解：(A)

7. Whiteシェフは、自身の寿司店をロサンゼルスにオープンする前、20年近く東京でシェフとして働いていました。

解説 空所からrestaurantまでがopeningの目的語だと考えます。空所の後ろは名詞句で、これを修飾することができるのは所有格の代名詞(A) his「彼の」だけです。「彼自身の寿司店」となり意味が通るので、(A)が正解です。own「自身の」は通常、前に所有格が置かれ、*one's* own「～自身の」という形になるということを押さえておきましょう。▶(B)代彼は(主格)、(C)代彼を[に](目的格)、(D)代彼自身(再帰代名詞)　(難易度：●○○)

正解：(D)

8. Schulzeさんは、自動車から屋根ふきタイルまで全てのものに使われる板金の傷を見つける技術を開発しました。

解説 空所の前には前置詞forがあるため、空所には前置詞の目的語となる代名詞が入ります。everything from *A* to *B*で「AからBまで全て」を意味するので、不定代名詞の(D) everything「全て」が正解です。▶(A)代それぞれ、(B)代別のもの、(C)代いくつか　(難易度：●●●)

正解：(B)

9. McKenzieさんの講演はセミナー日程の最初にあるので、私のものより先に彼の配布資料を順に回してください。

解説 空所の前のbeforeに注目。後ろには空所1語しか入らないことから前置詞として使われており、空所には名詞が入ることが判断できます。beforeの前にはhis handouts「彼の配布資料」とあります。「-------の前に彼の配布資料を回してほしい」という文なので、my handouts「私の配布資料」を言い換えた所有代名詞(B) mine「私のもの」が正解です。▶(A)代私自身(再帰代名詞)、(C)代私を[に](目的格)、(D)代私の(所有格)
(難易度：●●○)

正解：(A)

10. Mixolatブレンダーにご満足いただけないお客さまがいらっしゃれば、全額返金のために私どもへご返送いただけます。

解説 空所にはsendの目的語が入ると考えられます。よって、目的格の代名詞(A) it「それを」が正解です。it はtheir Mixolat blenderを指します。▶(B)代それの(所有格)、(C)代彼らは(主格)、(D)代彼らの(所有格)　(難易度：●○○)

代名詞
実力試しテスト

11. Ms. Ellis told the bookstore clerk that she was interested in reading ------- new from a contemporary author.
(A) this
(B) either
(C) something
(D) herself

12. Mr. Hirsh is the secretary of the management committee and also, ------- supports the chairperson in administrative and procedural tasks.
(A) he
(B) his
(C) him
(D) himself

13. Employees can pick up a free ticket to the barbecue not only for ------- but also for their immediate family members.
(A) it
(B) their
(C) itself
(D) themselves

14. ------- of our customers, Verismo Construction, has expressed an interest in purchasing a large quantity of cement from us.
(A) Other
(B) One
(C) Any
(D) Either

15. Ms. Gallucci knew there were plastic folders in the cabinet but was uncertain as to whether they had -------.
(A) such
(B) most
(C) enough
(D) everyone

語注 〈問11〉 □ clerk 名 店員 □ contemporary 形 現代の
〈問12〉 □ secretary 名 秘書、書記官 □ chairperson 名 委員長、議長
□ administrative 形 運営上の □ procedural 形 手続き上の
〈問13〉 □ pick up ~ ~を手に入れる □ immediate 形 一番近い関係にある
〈問14〉 □ cement 名 セメント 〈問15〉 □ plastic folder クリアファイル
□ uncertain 形 不確かな □ as to ~ ~について

正解：(C)

11. Ellisさんは書店員に、現代作家の何か新しいものを読むことに興味があると伝えました。

解説 空所にはreadの目的語となる名詞が入り、形容詞new以下がその名詞を修飾すると考えられます。(C) somethingは直後に形容詞を伴い、something new「何か新しいもの」という表現を作るので、(C)が正解です。代名詞の(A)や(B)は後ろから形容詞で修飾できないため、不適切です。また再帰代名詞の(D)は意味が通りません。▶(A) 代 これ、(B) 代 どちらか一方、(D) 代 彼女自身（再帰代名詞） （難易度：🥢🥢🥢）

正解：(A)

12. Hirshさんは管理委員会の秘書であり、また、運営手続き上の仕事で委員長をサポートしています。

解説 and以下の節に注目。空所の後ろのsupportsは、その後ろにさらに名詞があるため、名詞の複数形ではなく動詞です。よって、空所にはその主語となる主格の代名詞(A) he「彼は」が入ることが分かります。▶(B) 代 彼の（所有格）、彼のもの（所有代名詞）、(C) 代 彼を［に］（目的格）、(D) 代 彼自身（再帰代名詞） （難易度：🥢🥢🥢）

正解：(D)

13. 従業員は自分用だけでなく、近親者用にバーベキューの無料チケットを受け取れます。

解説 not only *A* but also *B*「AだけでなくBも」の表現が用いられ、for -------が*A*、for their immediate family membersが*B*に当たります。空所の前のforは前置詞で、空所にはこの目的語となる代名詞が入ります。文全体の大意は「従業員は-------だけでなく彼らの近親者用にもチケットを受け取ることができる」というもの。空所には「彼ら自身（＝従業員たち自身）」が入ると自然なので、再帰代名詞の(D) themselves「彼ら自身」が正解です。▶(A) 代 それは（主格）、それを［に］（目的格）、(B) 代 彼らの（所有格）、(C) 代 それ自体（再帰代名詞） （難易度：🥢🥢🥢）

正解：(B)

14. 取引先の1つであるVerismo建設会社は、私たちから大量のセメントを購入することに興味を示しています。

解説 空所の直後の〈of＋複数名詞〉に注目。これは不定代名詞oneとセットで用いられ、one of ~「~のうちの1つ［人］」を表します。「取引先の1つであるVerismo建設会社」という主語が成立し文意も通るので、(B) One「1つ」が正解です。(C)や(D)もAny of ~「~の何でも」、Either of ~「~のどちらか」の形を取りますが、本問では文意が通りません。▶(A) 代 他の人・もの、(C) 代 どれでも、誰でも、(D) 代 どちらか一方 （難易度：🥢🥢🥢）

正解：(C)

15. Gallucciさんは、キャビネットにクリアファイルがあることは知っていましたが、十分な数があるかどうか確かではありませんでした。

解説 空所には動詞hadの目的語となる名詞が入ります。文意を考えると、but「しかし」の前の「クリアファイルがあることは知っていた」ということと後ろの「-------があるかどうか確かではなかった」が逆接で繋がるのは、不定代名詞の(C) enough「十分（な数）」を空所に入れたときです。▶(A) 代 そのようなもの、(B) 代 ほとんど、(D) 代 全員 （難易度：🥢🥢🥢）

代名詞
実力試しテスト

実力試しテスト

233~237

16. The total area of Ormon Canyon is approximately twice ------- of the country's two other national parks combined.
(A) that
(B) what
(C) each
(D) any

17. Adventure Trips and Excursiana offer tours on Lake Tepako, but ------- operates their boats if a storm has been forecast.
(A) whoever
(B) nothing
(C) anything
(D) neither

18. In light of the Reggae Festival's growing popularity, the organizers have decided to move ------- to a larger venue next year.
(A) its
(B) it
(C) their
(D) them

19. When Ms. Doran contacted the customer service department yesterday, the operator she spoke with identified ------- as Robert.
(A) his own
(B) he
(C) his
(D) himself

20. When choosing a rental snowboard, our instructors will help you determine which is the right size for ------- height.
(A) our
(B) its
(C) their
(D) your

語注 〈問16〉 □ **area** 名 面積　□ **canyon** 名 峡谷　□ **combined** 形 合計の
〈問17〉 □ **operate** 動 ～を操作する、～を運転する　〈問18〉 □ **reggae** 名 レゲエ
□ **organizer** 名 主催者　〈問20〉 □ **height** 名 身長

正解：(A)

16. Ormon峡谷の総面積は、その国の他の2つの国立公園を合わせた総面積のおよそ2倍です。

解説 空所の前にはtwice「2倍」があるので、「総面積」の大きさを比較しています。比較対象も「総面積」である必要があるので、本来は空所にthe total areaが入るはずですが、文頭に既にあるので反復を避けるためにその代わりになるものを入れます。よって代名詞の(A) thatが正解です。今回は単数形の名詞の代わりなのでthatを用いましたが、複数形の名詞の繰り返しを避ける場合はthoseを用います。▶(B) 関（関係代名詞の主格・目的格）、(C) 代 それぞれ、(D) 代 どれでも、誰でも　（難易度：💊💊💊）

正解：(D)

17. Adventure旅行会社とExcursiana社はTepako湖のツアーを提供していますが、どちらも嵐の予報の場合はボートを運航しません。

解説 前半の節では、Adventure TripsとExcursianaという2つの会社のことが述べられています。but以降の後半の節は「嵐の予報の場合は------はボートを運航する」という内容です。天候が悪い場合はボートを運航しないと考えるのが自然なので、2つの人やものの動作・状態を否定する(D) neither「どちらも～ない」が正解です。「嵐の予報の場合は（2社とも）ボートを運航しない」という内容になり、前半の節と意味が自然に繋がります。▶(A) 関 ～する人は誰でも（複合関係代名詞）、(B) 代 何も～ない、(C) 代 何か　（難易度：💊💊）

正解：(B)

18. 高まりつつある人気を考慮し、主催者たちはレゲエフェスティバルを来年もっと大きな会場に移すことを決めました。

解説 空所にはmove「～を移す」の目的語となる名詞が入ります。文意から、大会場へ移すものはReggae Festivalだと考えられるので、単数を受ける目的格の代名詞である(B) it「それを」が正解です。▶(A) 代 それの（所有格）、(C) 代 それらの（所有格）、(D) 代 それらを［に］（目的格）　（難易度：💊💊）

正解：(D)

19. Doranさんが昨日カスタマーサービス部門に連絡したとき、話をしたオペレーターは自らをRobertと名乗りました。

解説 空所は他動詞identify「～の身元を明かす」の後ろにあるため、目的語となる名詞が入ります。主語のthe operator she spoke withは、Robertと自らを名乗った人自身なので、目的格の再帰代名詞の(D) himself「彼自身を」が正解です。identify *oneself* as ～「～と名乗る（～だと自身の身元を明らかにする）」という熟語を覚えておきましょう。▶(A) 代 彼自身の、(B) 代 彼は（主格）、(C) 代 彼の（所有格）、彼のもの（所有代名詞）　（難易度：💊💊💊）

正解：(D)

20. 私たちのインストラクターは、レンタルのスノーボードを選ぶ際、あなたの身長に適切なサイズがどれかを決めるお手伝いをいたします。

解説 選択肢は全て、「～の」を表す所有格の代名詞です。文中のhelp *A* (to) *do*「Aが～することを助ける」の表現に注目。本問ではyou「あなた」がdetermine which is the right size「適切なサイズがどれかを決める」という関係になっているので、youと人称を揃えた(D) your「あなたの」が正解です。▶(A) 代 私たちの（所有格）、(B) 代 それの（所有格）、(C) 代 彼らの（所有格）　（難易度：💊💊）

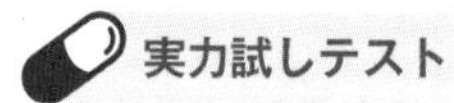

21. Eight musical groups will perform at the concert, and the blues band requested that ------- go on stage first.
(A) themselves
(B) them
(C) they
(D) their

22. The supervisor brought donuts and bagels for the volunteers and said they could take their pick of -------.
(A) few
(B) either
(C) itself
(D) which

23. The designer created the graphics for the Web site ------- so that her coworkers could focus on another project.
(A) hers
(B) her
(C) herself
(D) her own

24. Each ceiling light in the storeroom will shut ------- off when no motion is detected by the sensors.
(A) myself
(B) their
(C) its
(D) itself

25. Numerous awards were handed out at the ceremony, and local businesses received ------- for their service to the community.
(A) this
(B) both
(C) everyone
(D) several

語注 〈問21〉 □ **go on stage** ステージに上がる 〈問23〉 □ **focus on ～** ～に集中する
〈問24〉 □ **ceiling light** 天井灯、シーリングライト □ **storeroom** 名 物置、倉庫
□ **motion** 名 動作 □ **sensor** 名 センサー 〈問25〉 □ **business** 名 企業

正解：(C)

21. 8つの音楽グループがコンサートで演奏する予定で、ブルースのバンドが最初にステージに上がりたいと願い出ました。

解説 空所はrequest「～を願い出る」の目的語であるthat節内の主語に当たるため、主格の代名詞(C) they「彼らは」が正解です。なお、requestやsuggestのような要求や提案を意味する動詞が用いられる場合、目的語のthat節内にある述語動詞はshould *do*の形か本問のようにshouldが省略された原形になります。▶(A)代彼ら自身（再帰代名詞）、(B)代彼らを[に]（目的格）、(D)代彼らの（所有格） （難易度：●○○）

正解：(B)

22. 監督者はドーナツとベーグルをボランティアのために持参し、どちらかを選んでよいと言いました。

解説 take *one's* pick of ～は「～の中から自由に選ぶ」という意味を表す熟語です。この文での選択肢はdonuts「ドーナツ」かbagels「ベーグル」かなので、「どちらか一方」という意味を表す不定代名詞の(B) eitherが正解です。▶(A)代ほとんどない、(C)代それ自体（再帰代名詞）、(D)関（関係代名詞の主格・目的格） （難易度：●●○）

正解：(C)

23. デザイナーは、同僚が別のプロジェクトに集中できるように、ウェブサイトのためのグラフィックを彼女自身で作成しました。

解説 文頭から空所までは完全な文です。よって再帰代名詞の(C) herself「彼女自身」を入れると、「彼女自身で作成した」という強調用法になり文意が通ります。本問では誤答の(D)は、空所の前にonがあればon her own「彼女1人で」という意味になり、適切な選択肢になります。▶(A)代彼女のもの（所有代名詞）、(B)代彼女の（所有格）、彼女を[に]（目的格）、(D)代彼女自身の （難易度：●●○）

正解：(D)

24. 物置の各天井灯は、センサーにより動きが感知されないときは、自動的にスイッチが切れます。

解説 shut *A* offは「（電気・機械など）を止める」という意味の熟語です。「センサーにより動きが感知されないときは」という文脈から、天井灯のスイッチが自動で切れると考えられます。天井灯が「天井灯自体」を止めることが分かるので、再帰代名詞の(D) itself「それ自体」が正解です。▶(A)代自分自身（再帰代名詞）、(B)代それらの（所有格）、(C)代それの（所有格） （難易度：●●○）

正解：(D)

25. 数々の賞が式典で与えられ、地域社会への貢献を理由に地元企業が賞をいくつか受け取りました。

解説 空所の前にある述語動詞receivedの目的語として代名詞が指すことになるのは、文頭にあるaward「賞」です。local businesses「（複数の）地元企業」が受け取ったと考え、(D) several「いくつか」を空所に入れると、several awards「いくつかの賞」を意味し、文意が通ります。(A)を入れるとthis award「この賞」を意味することになりますが、thisが指すものが不明です。同様の理由で(B)も不適切です。また(C)は人を指す不定代名詞なので不適切です。▶(A)代これ、(B)代両方、(C)代全員 （難易度：●●●）

代名詞・実力試しテスト

26. The Norwold Agency endeavors to earn the respect of its clients by providing outstanding consulting services to ------- all.
(A) they
(B) them
(C) their own
(D) themselves

27. Mr. Moore was so impressed with his friend's new office that he is considering moving ------- to someplace bigger as well.
(A) his
(B) he
(C) its own
(D) itself

28. Please use the machines on the right side of the laundromat while ------- on the left are being serviced and cleaned.
(A) this
(B) either
(C) the ones
(D) the other

29. Although several staff members expressed an interest in signing up for the training course, ------- has enrolled yet.
(A) none
(B) any
(C) this
(D) few

30. Mr. Evans was busy with some tasks, so ------- other than him needed to pick up his clients at the airport.
(A) neither
(B) someone
(C) any
(D) each

語注 〈問26〉 □ **endeavor to *do*** ～しようと努める □ **earn** 動 ～を得る
□ **outstanding** 形 傑出した 〈問27〉 □ **impress** 動 ～に感銘を与える
□ **consider *doing*** ～することをよく検討する □ **move *A* to *B*** AをBに移す
□ **as well** 同様に 〈問28〉 □ **laundromat** 名 コインランドリー
□ **service** 動 ～を点検する 〈問29〉 □ **sign up for ～** ～に申し込む
□ **enroll** 動 登録する 〈問30〉 □ **pick up ～** ～を車で迎えに行く

正解：(B)

26. Norwold代理店は、傑出したコンサルティングサービスを全顧客に提供することで、彼らの敬意を得ることに尽力しています。

解説 前置詞toの後ろには目的格の代名詞が入るので、空所に(B) them「彼らに」を入れると、themがits clients「Norwold代理店の顧客」を指すことになり意味が通ります。後ろのallはthemと並びthem all「彼ら全員」という意味を表します。▶(A)代彼らは（主格）、(C)代彼ら自身の、(D)代彼ら自身（再帰代名詞）　（難易度：）

正解：(A)

27. Mooreさんは友人の新しいオフィスに非常に感銘を受けたので、自分のオフィスも同様にどこかもっと大きいところへ移すことを検討しています。

解説 空所にはmovingの目的語となる名詞が入ると考えられます。所有代名詞の(A) his「彼のもの」を空所に入れるとhis office「彼のオフィス」を指すことができ、文全体の意味も通ります。よって、(A)が正解です。▶(B)代彼は（主格）、(C)代それ自体の、(D)代それ自体（再帰代名詞）　（難易度：）

正解：(C)

28. 左側のものが点検・清掃されている間は、コインランドリーの右側の機械をご使用ください。

解説 空所には、on the left「左側の」に修飾されてwhileの節の主語となる名詞が入ります。前半の節にあるthe machines on the right side「右側の機械」と対応しているので、代名詞が指すのはmachinesのことであると分かります。後ろに続くbe動詞がareなので、複数扱いの代名詞である(C) the onesを入れると意味が通ります。▶(A)代これ、(B)代どちらか一方、(D)代残りの人・もの　（難易度：）

正解：(A)

29. 何人かのスタッフが研修コースへの申し込みに関心を示しましたが、まだ誰も登録していません。

解説 空所には主語となる名詞、かつ後ろに続く動詞が三人称単数形のhas enrolledなので、単数扱いの名詞が入ります。また、文末にはyet「まだ」とあるので、主語は否定的な意味を持つものである必要があります。(A) none「誰も～ない」を入れると、「まだ誰も（どのスタッフも）登録していない」となり意味が通ります。▶(B)代どれでも、誰でも、(C)代これ、(D)代ほとんどない　（難易度：）

正解：(B)

30. Evansさんはいくつかの仕事で忙しかったので、彼以外の誰かが顧客を空港に迎えに行く必要がありました。

解説 空所とother than himがひとまとまりでso以下の節の主語になっています。other than ～は「～以外の」という意味で、(B) someone「誰か」と組み合わさりsomeone other than ～「～以外の誰か」という表現を作ります。よって、(B)が正解です。▶(A)代どちらも～ない、(C)代どれでも、誰でも、(D)代それぞれ　（難易度：）

代名詞
実力試しテスト

248~252

31. The book club members had planned to discuss Phil Wiley's novel next, but ------- could finish it in time for the meeting.
(A) anyone
(B) another
(C) such
(D) few

32. When equipment breaks down, make sure to call for the factory technician instead of attempting to fix anything -------.
(A) yourself
(B) yours
(C) your
(D) you

33. Your feedback will help ------- improve our summer culinary course for next year.
(A) we
(B) us
(C) our
(D) ours

34. With so many high-performance antennas to choose from, the campground's manager will select ------- which has the strongest signal.
(A) the one
(B) each
(C) that
(D) it

35. Jessica Davis became a manager just last year but has already proved ------- to be a valuable asset to the leadership team.
(A) hers
(B) she
(C) herself
(D) her

語注 〈問31〉 □ **in time for ～** ～に間に合って 〈問32〉 □ **equipment** 名 装置
□ **break down** 壊れる □ **call for ～** ～を呼び出す □ **attempt to *do*** ～しようとする
〈問33〉 □ **improve** 動 ～を改善する □ **culinary** 形 料理の □ **course** 名 講座
〈問34〉 □ **high-performance** 形 高性能な □ **antenna** 名 アンテナ
□ **signal** 名 (電波) 信号 〈問35〉 □ **valuable** 形 価値のある
□ **asset** 名 有用な人、資産 □ **leadership** 名 上層部

正解: (D)

31. 読書クラブのメンバーは次の会でPhil Wileyの小説について議論する計画をしていましたが、集まりに間に合って読み終えられた人はほとんどいませんでした。

解説 接続詞butに着目します。「Phil Wileyの小説について議論する計画をしていたけれども」という内容には「読み終えられた人はいなかった」という否定的な内容が続くはずです。不定代名詞の(D) few「ほとんどない」を空所に入れると文意が通ります。▶(A)代 誰でも、(B)代 別のもの、(C)代 そのようなもの (難易度：●●○)

正解: (A)

32. 装置が壊れたときは、自分で直そうとするのではなく必ず工場の技術者を呼び出すようにしてください。

解説 本問は空所がなくても文意が通るので、再帰代名詞の(A) yourself「あなた自身で」が正解です。fix「～を直す」の目的語になるものとしてanythingが既にあるので、目的語の役割を持つ(B)や(D)は不適切、また空所の後ろに修飾する名詞がないので(C)も不適切です。▶(B)代 あなたのもの (所有代名詞)、(C)代 あなたの (所有格)、(D)代 あなたは (主格)、あなたを [に] (目的格) (難易度：●○○)

正解: (B)

33. あなたのフィードバックは、来年の夏の料理教室に向けて改善を行うための助けとなります。

解説 動詞helpはhelp *A* (to) *do*の形で「*A*が～する助けとなる」という意味になりますが、toはしばしば省略されます。helpの目的語に当たる*A*の部分が必要なので、空所に目的格の代名詞(B) us「私たちを」を入れると意味が通ります。▶(A)代 私たちは (主格)、(C)代 私たちの (所有格)、(D)代 私たちのもの (所有代名詞) (難易度：●○○)

正解: (A)

34. 高性能なアンテナの選択肢がたくさんあるので、キャンプ場のマネージャーは最も信号が強いものを選ぶでしょう。

解説 空所は、主格の関係代名詞のwhich以下に修飾される先行詞となる名詞が入ると考えられます。代名詞の(B)(C)(D)は通常関係詞節に修飾されないため、不適切です。そこで空所に(A) the oneを入れると、oneがantennaを指し、「最も信号が強いアンテナ」となり意味が通ります。▶(B)代 それぞれ、(C)代 あれ、(D)代 それは (主格)、それを [に] (目的格)
(難易度：●●●)

正解: (C)

35. Jessica Davisは昨年マネージャーになったばかりですが、自らが幹部チームにとっての貴重な存在であることを既に示しています。

解説 空所には、他動詞proveの目的語として働く名詞が入ります。prove *oneself* to beで「自身が～であることを証明する」という意味の熟語になるので、再帰代名詞の(C) herselfが正解です。▶(A)代 彼女のもの (所有代名詞)、(B)代 彼女は (主格)、(D)代 彼女の (所有格)、彼女を [に] (目的格) (難易度：●○○)

おすすめの単語学習法

文法の問題を解くときも、語彙力は欠かせないもの。「単語をどうやって学習したら効果的かが分からない……」という方のために、おすすめの単語の学習法をご紹介します。

①まずは1単語1つの意味で覚える

単語学習を始めるにあたって、まずは1単語に対して1つの意味を覚えましょう。最もよく使われている意味1つを覚えることがポイントです。（例：extend →「～を延長する」）

↓

②基本の語彙が身に付いたら、派生語を覚える

基本的な単語を一通り覚えたら、派生語まで覚えていきます。その語の名詞、動詞、副詞、形容詞、と品詞を広げていきましょう。（例：extension「延長」、extensive「広い」、extensively「広く」）

↓

③類義語や対義語、可算・不可算を覚える

余裕があったら、類義語や対義語もまとめて覚えていきます。辞書や単語帳には、似た意味の単語や反対の意味を持つ単語がまとめられています。関連する単語をセットで覚え、語彙力を上げていきましょう。（例：expand「～を拡大する」）

名詞を覚える場合は、可算名詞か不可算名詞かもチェックしておきましょう。

いかがでしたか？　文法知識に加え、語彙の力もぐんぐん伸ばしていきましょう。

関係詞が並んだタイプ

- 先行詞を見抜いて正しい関係詞を選ぼう
- 文型の知識が役に立つ問題タイプ

文法の即効薬

関係詞が並んだタイプ

文型と先行詞をヒントに関係詞を選ぶ！

例題を解いてみて、解き方の基本STEPに沿って解けたかを確認しましょう。

例題

難易度：

At Coupener Restaurant, new menu items ------- use abundant produce from local farmers will be added next month.

(A) who
(B) what
(C) whose
(D) that

▶解き方の基本STEP

STEP 0

選択肢をチェック！

関係詞が並んだタイプでは、主にwhich, that, whose, whatなどの関係代名詞が選択肢に並んでいます。出題頻度は高くないものの、時折when, where, whyなどの関係副詞やwhatever, whoeverなどの複合関係詞が並んでいることもあります。

空所の後ろの要素を確認し、格を判断する！

まずは空所以降に足りない要素がないかを確認しましょう。主語が足りない場合は関係代名詞の主格(who, which, that)、目的語が足りない場合は目的格(whom, which, that)を空所に補います。主語も目的語も揃っていたら、所有格(whose)が正解になる可能性が高いです。

先行詞を見る！

次に先行詞（＝空所の前にある語）を見ます。先行詞が「人」の場合はwho, whose, whomなどの関係代名詞、「もの」の場合はwhich, whoseが正解候補です。thatは「人」「もの」どちらの先行詞に対しても用いられます。格と先行詞が分かれば、正解を1つに絞ることができます。

▶例題の解説

253

「もの」を表す先行詞　関係詞節内に主語がない！

At Coupener Restaurant, new menu items [------- use abundant produce from local farmers] will be added next month.

S　V′　O′　V

(A) 関（関係代名詞の主格・目的格）　(B) 関（関係代名詞の主格・目的格）
(C) 関（関係代名詞の所有格）　(D) 関（関係代名詞の主格）

訳 Coupenerレストランでは、地元農家からの野菜をふんだんに使った新メニューが来月から追加されます。

語注 □ **abundant** 形 豊富な　□ **produce** 名 農産物　□ **local farmer** 地元農家

STEP 0 選択肢をチェック！

選択肢には、関係代名詞としての働きを持つwho, what, whose, thatが並んでいます。関係詞が並んだタイプと判断し、問題を解きましょう。

STEP 1 空所の後ろの要素を確認し、格を判断する！

空所からfarmersまでが、直前のnew menu itemsを詳しく説明する関係詞節です。空所の後ろの要素を確認すると、述語動詞のuse「～を使用する」と目的語のabundant produce from local farmers「地元農家からの豊富な野菜」があります。節の中には主語が足りないので、主格の関係代名詞が必要です。よって(C) whose以外が正解候補です。

STEP 2 先行詞を見る！

空所を含む関係詞節の先行詞は、new menu items「新メニュー」です。先行詞が「もの」なので、「もの」と「人」両方を先行詞に取れる(D) thatが正解です。(B) whatは先行詞を必要としないため不正解です。

➡ **正解：(D)**

さらに分解！

関係詞が並んだタイプでは、特によく出題される関係代名詞の用法を中心に覚えておきましょう。代名詞が並んだタイプの章で学んだ、「主格」、「所有格」、「目的格」の考え方が基本になります。

関係代名詞

このタイプで圧倒的に出題される頻度が高いのが、関係代名詞です。先行詞が「人」なのか「もの」なのか、またそれぞれがどの格なのかを確認しておきましょう。主格の関係代名詞であれば直後の関係詞節に主語が欠けているなど、分かりやすい特徴があります。

■関係代名詞の一覧

先行詞	格		
	主格	所有格	目的格
人	who	whose	whom
もの	which	whose	which
人・もの どちらも	that	×	that
なし	what	×	what

※目的格の関係代名詞は文章中で省略できるので、出題頻度はかなり低いです。

■who（人、主格）

whoが節内の主語の位置に入る！

Mr. Kalama (S) is (V) a famous writer (C) [who (S′) wrote (V′) *Light the Heart* (O′)].

訳 Kalamaさんは、*Light the Heart*を書いた有名な作家です。

■whose（人・もの、所有格）

whoseの直後には冠詞がない名詞が続く！

We (S) will first interview (V) job candidates (O) [whose résumés (S′) are (V′) outstanding (C′)].

訳 私たちはまず、履歴書が傑出している候補者と面接をします。

■which（もの、主格・目的格）

whichが節内の主語の位置に入る！（主格）

This (S) is (V) the movie (C) [which (S′) received (V′) an award (O′) last year].

訳 これが昨年賞を受賞した映画です。

節の中には目的語が欠けている！（目的格）

This is the book [which many of my colleagues recommend to me].
S V C S′ V′

訳 これが同僚の多くが私におすすめする本です。

■ **that（人・もの、主格・目的格）**

thatが節内の主語の位置に入る！（主格）

This is the movie [that received an award last year].
S V C V′ O′

訳 これが昨年賞を受賞した映画です。

節の中には目的語が欠けている！（目的格）

This is the book [that many of my colleagues recommend to me].
S V C S′ V′

訳 これが同僚の多くが私におすすめする本です。

■ **what（主格・目的格）**

先行詞がない場合に用いられる！（目的格）

This is [what our manager said at the meeting last week].
S V S′ V′ C

訳 これが先週の会議で私たちのマネージャーが述べたことです。

関係副詞

これまで学習した関係代名詞以外に、関係副詞と呼ばれる関係詞も存在します。具体的には、where「～する場所」、when「～するとき」、how「～する方法」、why「～する理由」などが挙げられます。関係副詞が正答になる場合、空所以降に欠けている要素はありません。関係副詞の後ろには完全な文が続くということを押さえておきましょう。関係副詞のうちどれが入るかは、先行詞から判断する必要があります。

■ **where**

関係副詞の後ろには完全な文が続く！

Novanta Dining is a restaurant [where a lot of local residents gather].
S V 「場所」 C S′ V′

訳 Novanta Diningは、多くの地元住民が集まるレストランです。

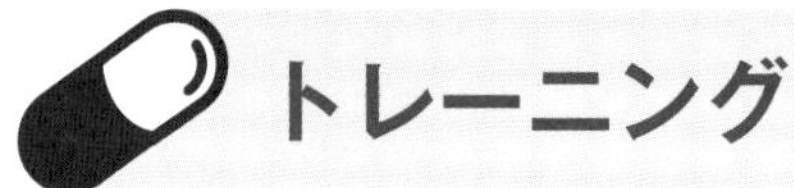

空所に入る最も適切な語句を、(A)～(D)の中から選びましょう。

1. Mr. Mori instructed his subordinate to send an e-mail to those ------- had not submitted a survey yet.

(A) whom
(B) whose
(C) who
(D) which

2. Beahat Newspaper interviewed Gesow Tech ------- sales have been skyrocketing since it entered a new market.

(A) which
(B) what
(C) whose
(D) that

解答・解説

254　**正解：(C)**

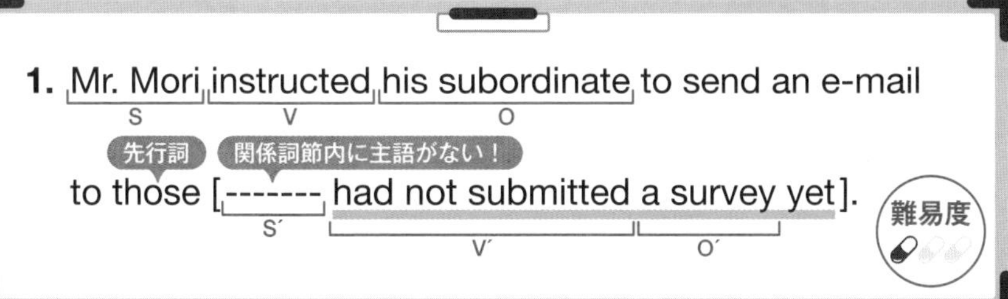

訳 Moriさんは彼の部下に、まだアンケートを提出していない人にEメールを送るよう指示しました。

(A) 関（関係代名詞の目的格）
(B) 関（関係代名詞の所有格）
(C) 関（関係代名詞の主格）
(D) 関（関係代名詞の主格・目的格）

解説 選択肢には関係代名詞の働きを持つ語が並んでいます。空所からhad not submitted a survey yetまでが関係代名詞節です。節内には主語となる語句がないため、空所には主格の関係代名詞が入ると判断します。先行詞のthoseはthose whoで「～する人たち」という意味の表現となります。よって、「人」を先行詞に取る(C) whoが正解です。thoseとwhoの間には本来people「人々」が入りますが、ほぼ確実に省略されています。(D) whichは先行詞が「もの」のときに用いる関係代名詞です。

語注 □ **instruct *A* to *do*** Aに～するよう指示する　□ **subordinate** 名 部下
□ **survey** 名 アンケート調査

255　**正解：(C)**

2. Beahat Newspaper interviewed Gesow Tech
S V O
空所の直後には主語となる名詞！
[------- sales have been skyrocketing
S´ V´
since it entered a new market].

訳 Beahat新聞社は、新市場に進出して以来売り上げが急上昇しているGesow技術社にインタビューをしました。

(A) 関（関係代名詞の主格・目的格）
(B) 関（関係代名詞の主格・目的格）
(C) 関（関係代名詞の所有格）
(D) 関（関係代名詞の主格・目的格）

解説 選択肢には関係代名詞が並んでいます。空所の直後にsalesという語があることに注目。関係代名詞の所有格の(C) whoseは、直後に名詞を続けることができます。先行詞はGesow Techだと考え空所に(C)を入れると、whose sales = Gesow Tech's sales「Gesow技術社の売り上げ」という意味になり、文意が通ります。salesが関係代名詞節の主語、have been skyrocketingが述語動詞であると考えると、目的格の(A)か(D)も入りそうですが、skyrocket「急上昇する」は自動詞であり目的語を取らないので不適切です。

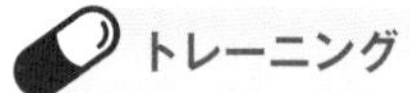

トレーニング

空所に入る最も適切な語句を、(A)～(D)の中から選びましょう。

3. The chief of the personnel department oversees a training session ------- aims to foster new employees' skills.

(A) which
(B) who
(C) where
(D) whom

4. The trophy that Ms. Green received for her outstanding performance will be displayed ------- everyone can see it.

(A) whenever
(B) where
(C) which
(D) whom

解答・解説

256　正解：(A)

3. The chief of the personnel department oversees a training session [------- aims to foster new employees' skills].

(The chief of the personnel department = S, oversees = V, a training session = O, ------- = S′, aims to foster = V′, new employees' skills = O′)

「もの」を表す先行詞

関係詞節内に主語がない！

難易度

訳 人事部の部長は、新入社員のスキルを伸ばすことを目指す研修を監督しています。

(A) 関（関係代名詞の主格）
(B) 関（関係代名詞の主格・目的格）
(C) 関（関係副詞）
(D) 関（関係代名詞の目的格）

解説 選択肢には関係代名詞と関係副詞が並んでいます。空所から文末までが関係詞節ですが、節内には主語がありません。そのため、空所には欠けている主語を補う、主格の関係代名詞を入れましょう。(A)と(B)が正解候補となりますが、先行詞のa training session「研修」は「もの」を表す先行詞であるため、「人」を表す先行詞を取る(B) whoは不適切です。よって、(A) whichが正解です。

語注 □ **oversee** 動 ～を監督する　□ **aim to *do*** ～することを目指す
□ **foster** 動 ～を育成する

257　正解：(B)

4. The trophy [that Ms. Green received for her outstanding performance] will be displayed [------- everyone can see it].

(The trophy = S, Ms. Green = S′, received = V′, will be displayed = V, everyone = S′, can see = V′, it = O′)

完全な文が続いている！

難易度

訳 優れた功績に対してGreenさんが受け取ったトロフィーは、全員が見ることのできる場所に飾られる予定です。

(A) 関（複合関係副詞）
(B) 関（関係副詞）
(C) 関（関係代名詞の主格・目的格）
(D) 関（関係代名詞の目的格）

解説 関係詞節となる空所の後ろには主語、述語動詞、目的語という文の要素が揃っているので、正解候補は関係副詞の(A)と(B)に絞られます。空所から文末までが関係副詞節で、文意よりトロフィー（= it）が飾られる「場所」について述べていることが分かります。よって、「場所」を表す関係副詞の(B) whereが正解です。

実力試しテスト

258~262

1. Unfortunately, we do not have any rooms at our resort ------- will be available on the dates you wish to stay.
(A) whose
(B) where
(C) when
(D) that

2. The tourist information center extends its opening hours during times of the year ------- there are larger numbers of visitors.
(A) when
(B) where
(C) which
(D) why

3. The personnel manager made a list of the job candidates ------- résumés indicate they speak more than one language.
(A) who
(B) whose
(C) whom
(D) whoever

4. One of Mr. Singh's assistants, ------- recently completed a degree in business administration, is helping him manage the agency.
(A) which
(B) who
(C) when
(D) whose

5. Any forgotten items found on the platform should be handed over to our staff at the station ------- they were discovered.
(A) whom
(B) how
(C) what
(D) where

語注 〈問2〉 □ extend 動 ～を延長する □ opening hours 営業時間
〈問3〉 □ personnel 名 人事部 □ job candidate 求職者 □ résumé 名 履歴書
〈問4〉 □ degree 名 学位 □ administration 名 管理
〈問5〉 □ forgotten item 遺失物 □ hand *A* over to *B* AをBに手渡す

正解：(D)

1. あいにく、私どものリゾートには、宿泊をご希望の日にご利用可能な部屋がございません。

解説 関係詞節となる空所以降は、will beが述語動詞、availableが補語なので主語がなく、空所には主格の関係代名詞が入ります。よって(D) thatが正解です。(A)は所有格なので空所に当てはまらず、さらに関係副詞が入るのは節内の文の要素が揃っている場合のみなので、(B)(C)も正解にはなりません。なお、先行詞は直前のour resortではなく、any roomsであることに注意しましょう。▶(A)関(関係代名詞の所有格)、(B)(C)関(関係副詞)

(難易度：●○○)

正解：(A)

2. その観光案内センターは、1年のうち訪問者の数が増える時期は営業時間を延長します。

解説 空所の後ろは、there is/are構文が続いており完全な文なので、空所には関係副詞が入ります。よって関係代名詞の(C)以外が正解候補です。文意から考えると先行詞はtimes of the year「時節、時期」という「時」を表す名詞句なので、(A) whenが正解です。(B)や(D)もそれぞれ関係副詞ですが、それぞれ「場所」や「理由」を先行詞に取ります。▶(B)関(関係副詞)、(C)関(関係代名詞の主格・目的格)、(D)関(関係副詞) (難易度：●●○)

正解：(B)

3. 人事部長は、2つ以上の外国語が話せるということを示している履歴書の候補者のリストを作りました。

解説 空所以下の節には主語、述語動詞、目的語という文の要素が揃っているため、関係代名詞それ自体が節の中で主語や目的語となる(A)(C)(D)は不適切です。よって、節の中で名詞と結び付いて主語になる、関係代名詞の所有格の(B) whoseを入れると文意が通ります。先行詞はthe job candidatesで、whose résumés = the job candidates' résumés「候補者の履歴書」という意味です。先行詞を取らないという点からも、(D)は不適切です。▶(A)関(関係代名詞の主格・目的格)、(C)関(関係代名詞の目的格)、(D)関(複合関係代名詞)

(難易度：●●○)

正解：(B)

4. 最近経営管理で学位を取得したSinghさんのアシスタントのうちの1人は、Singhさんが事務所を経営する手伝いをしています。

解説 空所以降の関係詞節には主語が欠けています。また先行詞はOne of Mr. Singh's assistants「Singhさんのアシスタントの1人」なので、「人」を先行詞に取る主格の関係代名詞(B) whoが正解です。(A)は「もの」を先行詞に取るので不正解です。▶(A)関(関係代名詞の主格・目的格)、(C)関(関係副詞)、(D)関(関係代名詞の所有格) (難易度：●○○)

正解：(D)

5. ホーム上で発見された遺失物は、発見された駅のスタッフに引き渡される必要があります。

解説 空所の後ろは完全な文なので、空所には(A)や(C)などの関係代名詞は入らず、(B)か(D)の関係副詞が入ります。先行詞はthe stationという場所を表す語なので、(D) whereを入れると、「それらが発見された駅」となり意味が通ります。よって、(D)が正解です。▶(A)関(関係代名詞の目的格)、(B)関(関係副詞)、(C)関(関係代名詞の主格・目的格)

(難易度：●●○)

6. The sales division received a rush order for several pieces of equipment ------- will require installation by our technician.
(A) whichever
(B) who
(C) when
(D) that

7. Memberships can be purchased at the Stratton Fitness front desk, ------- is open from 10:00 A.M. to 9:00 P.M.
(A) when
(B) which
(C) what
(D) where

8. Commuters traveling into Philadelphia ------- take the Yellow Line faced delays this morning due to a mechanical failure.
(A) when
(B) why
(C) who
(D) where

9. Not only workers but also visitors must wear a protective helmet at sites ------- construction is being carried out.
(A) where
(B) which
(C) what
(D) how

10. Volsotto Machinery has shipped everything ------- Kedlin Manufacturing ordered last week, including parts for a conveyor system.
(A) what
(B) when
(C) how
(D) that

語注 〈問6〉 □ division 名 部門 □ rush 形 急ぎの □ equipment 名 備品
〈問7〉 □ membership 名 会員権、会員資格 〈問8〉 □ commuter 名 通勤者
□ delay 名 遅延 □ failure 名 故障 〈問9〉 □ protective 形 保護の

正解：(D)

6. 営業部は、私たちの技術者による設置を必要とする、いくつかの備品の急ぎの注文を受けました。

解説 空所の後ろには主語がないため、空所には主格の関係代名詞が入ります。先行詞は空所の直前のseveral pieces of equipment「いくつかの備品」なので、ものを先行詞とする(D) thatが正解です。(A)も主格の関係代名詞として働きますが、先行詞と関係代名詞の用途が組み合わさって1語になった複合関係代名詞のため、空所の前に先行詞がある本問では不適切です。▶(A)関(複合関係代名詞)、(B)関(関係代名詞の主格・目的格)、(C)関(関係副詞)

(難易度：●○○)

正解：(B)

7. 会員権は、午前10時から午後9時まで開いているStrattonフィットネスのフロントでお買い求めいただけます。

解説 空所の後ろには主語がないため、空所には主格の関係代名詞が入ります。直前のthe Stratton Fitness front deskが先行詞なので、主格かつ「もの」を先行詞とする(B) whichが正解です。本問では関係代名詞の前にカンマがあり、〈カンマ＋関係詞〉の形になっています。これは関係詞の非制限用法と呼ばれ、先行詞に対して補足説明を加える働きを持ちます。一方、カンマを用いない〈先行詞＋関係代名詞〉は制限用法と呼ばれ、先行詞の対象を絞りこむ働きをします。関係副詞の(A)や(D)は、空所以降が完全な文ではないため不適切です。(C)はそれ自体に先行詞を含んでいる関係代名詞なので、ここでは不正解です。▶(A)関(関係副詞)、(C)関(関係代名詞の主格・目的格)、(D)関(関係副詞)

(難易度：●○○)

正解：(C)

8. Yellow線を利用してフィラデルフィアに移動する通勤者は今朝、機械の故障が原因で遅延に直面しました。

解説 文頭からYellow Lineまでが文全体の主語、facedが述語動詞、delaysが目的語だと考えましょう。空所からYellow Lineまでが、Commuters「通勤者」を先行詞に取る関係詞節です。空所の後ろには関係詞節の述語動詞take、その目的語としてのthe Yellow Lineがあるものの、主語がありません。空所には人を先行詞に取る主格の関係代名詞が入るので、(C) whoが正解です。▶(A)(B)(D)関(関係副詞)

(難易度：●●○)

正解：(A)

9. 作業員だけでなく来訪者も、建設が行われている現場では保護用ヘルメットを着用しなければなりません。

解説 空所以下の関係詞節は、constructionが主語、is being carried outが述語動詞と完全な文になっています。よって、正解候補は関係副詞の(A)と(D)です。先行詞のsites「現場」は場所を表すので、場所を先行詞に取る(A) whereが正解です。▶(B)(C)関(関係代名詞の主格・目的格)、(D)関(関係副詞)

(難易度：●●○)

正解：(D)

10. Volsotto機械会社は、先週Kedlin製造が発注した製品を、コンベヤーシステムのパーツを含め全て出荷しました。

解説 空所以降の関係詞節には主語のKedlin Manufacturing、述語動詞のorderedがありますが、「何をオーダーしたか」を示す目的語がないため、空所には目的格の関係代名詞が入ります。よって(D) thatが正解です。▶(A)関(関係代名詞の主格・目的格)、(B)(C)関(関係副詞)

(難易度：●○○)

実力試しテスト

268~272

11. Scotla Bank is currently seeking a credit analyst ------- has experience and expertise in the field of finance.
(A) what
(B) who
(C) which
(D) when

12. The store provided details about their state-of-the-art security cameras ------- would help Ms. Flemings make a purchase decision.
(A) that
(B) what
(C) whenever
(D) whichever

13. Our annual summer sale is next week, ------- every item in our clothing department is offered at greatly reduced prices.
(A) whose
(B) what
(C) which
(D) when

14. In the interview, Kevin White described ------- his encounter with entrepreneur Yuko Sunagawa had influenced his career.
(A) what
(B) whose
(C) when
(D) how

15. Omnexo Supply will grant a salary increase to ------- has obtained a forklift certification.
(A) wherever
(B) whoever
(C) whatever
(D) whenever

語注 〈問11〉□ credit 名 信用　□ analyst 名 アナリスト、分析家
〈問12〉□ state-of-the-art 形 最先端の　〈問13〉□ department 名 売り場
〈問14〉□ encounter 名 出会い　□ entrepreneur 名 起業家
〈問15〉□ grant 動 ～を認める　□ certification 名 資格の認定、証明書

正解：(B)

11. Scotla銀行は現在、財務分野での経験と専門的知識があるクレジットアナリストを探しています。

解説 関係詞節となる空所以降には、述語動詞has、その目的語としてexperience and expertise in the field of financeという目的語がありますが、主語がないため、空所には主格の関係代名詞が入ります。先行詞は直前のa credit analystなので、人を先行詞に取る主格の関係代名詞の(B) whoが正解です。▶(A)(C)関(関係代名詞の主格・目的格)、(D)関(関係副詞)
(難易度：)

正解：(A)

12. その店は、最先端のセキュリティーカメラについて、Flemingsさんが購入の決断をする助けとなるであろう詳細を提供しました。

解説 関係詞節となる空所以降には主語がないため、空所には主格の関係代名詞が入ります。主節はdetailsが目的語でabout以下がその修飾語句なので、先行詞は空所の直前のtheir state-of-the-art security camerasではなくdetailsだと考えられます。よって、先行詞を取る(A) thatが正解です。▶(B)関(関係代名詞の主格・目的格)、(C)関(複合関係副詞)、(D)関(複合関係代名詞)
(難易度：)

正解：(D)

13. 私たちの毎年恒例の夏のセールは来週行われ、衣服売り場の全ての商品が大幅に割引された値段で提供されます。

解説 空所以降には主語と述語動詞があり完全な文なので、空所には関係副詞が入ります。next weekが先行詞なので、時を表す語句を先行詞に取る(D) whenが正解です。▶(A)関(関係代名詞の所有格)、(B)(C)関(関係代名詞の主格・目的格)
(難易度：)

正解：(D)

14. Kevin Whiteは面接で、起業家のYuko Sunagawaとの出会いがどのようにキャリアに影響してきたのかを述べました。

解説 空所の後ろは完全な文なので、空所には関係副詞が入ります。よって関係代名詞の(A)と(B)は除外できます。述語動詞にはhad influenced「影響を与えてきた」という過去完了形が用いられているので、時を表す(C) whenではなく、方法を表す(D) how「どのように」が正解です。howにはthe way「方法」という先行詞の要素も含まれており、名詞節を作ります。▶(A)関(関係代名詞の主格・目的格)、(B)関(関係代名詞の所有格)、(C)関(関係副詞)
(難易度：)

正解：(B)

15. Omnexo Supply社は、フォークリフトの資格を取得した者全員に昇給を約束します。

解説 空所の後ろには主語がないため、空所には主格の関係詞代名詞が入ります。また、空所以下は前置詞toの後ろにあるため、その目的語として名詞節になります。「フォークリフトの資格を取得」という文意から、空所以下は「人」について述べていることが分かります。複合関係代名詞の(B) whoever「～する人は誰でも」を入れると、「フォークリフトの資格を取得した人なら誰でも」という名詞節になり、文意が通ります。▶(A)関～するところならどこでも、(C)関～するものなら何でも、(D)関～するときならいつでも
(難易度：)

関係詞
実力試しテスト

16. Mr. Weaver consulted a marketing firm ------- staff possess a great deal of knowledge about emerging markets.
(A) what
(B) when
(C) which
(D) whose

17. Quaramal Enterprises, based in Cape Town, is a growing pharmaceutical company ------- specializes in medical biotechnology.
(A) that
(B) what
(C) whose
(D) whatever

18. Each staff member must compile a report on ------- needs to be done to meet sales goals.
(A) whoever
(B) whose
(C) which
(D) what

19. The salary of the new financial analyst will be determined based on the experience of the individual ------- we hire.
(A) where
(B) whose
(C) when
(D) whom

20. Customer feedback helps businesses find out ------- customers really want and the way to improve their service.
(A) which
(B) who
(C) what
(D) whoever

語注 〈問16〉□ **consult** 動 ～に相談する □ **possess** 動 ～を所有する
□ **emerging** 形 新興の 〈問17〉□ **(*be*) based in ～** ～に拠点を置く
□ **pharmaceutical** 形 製薬の □ **specialize in ～** ～を専門とする
〈問18〉□ **compile** 動 ～をまとめる 〈問19〉□ **individual** 名 個人

正解：(D)

16. Weaverさんは、新興市場について多くの知識を持つスタッフを抱えたマーケティング会社に相談をしました。

解説 空所の後ろには文の要素が揃っているため、関係副詞の(B)か、関係代名詞の所有格の(D)が入ると考えます。この場合、先行詞はa marketing firm「マーケティング会社」なので、「時」を表す語句を先行詞に取る(B)は不適切です。節の中で名詞と結び付いて主語になることができ、文意も通る関係代名詞の所有格の(D)が正解です。▶(A)関(関係代名詞の主格・目的格)、(B)関(関係副詞)、(C)関(関係代名詞の主格・目的格)　(難易度：2/3)

正解：(A)

17. Quaramalエンタープライズは、ケープタウンに拠点があり、医療バイオテクノロジーを専門とする成長中の製薬会社です。

解説 空所の後ろには主語がないので、空所には主格の関係代名詞が入ります。よって(A) thatが正解です。先行詞が不要な関係代名詞の(B)と(D)は不適切です。▶(B)関(関係代名詞の主格・目的格)、(C)関(関係代名詞の所有格)、(D)関(複合関係代名詞)　(難易度：1/3)

正解：(D)

18. スタッフはそれぞれ、販売目標に達するためになされるべきことについて、報告書をまとめなくてはなりません。

解説 空所の直前には前置詞onがあるので、その目的語に当たる名詞(のかたまり)が必要です。what needs to be doneが「なされるべきこと」という名詞節になり、onの目的語として働く関係代名詞の(D) what「～すること」が正解です。複合関係代名詞の(A)も用法はwhatと同じで先行詞を含み、名詞節となることができますが、文意から不適切です。▶(A)関(複合関係代名詞)、(B)関(関係代名詞の所有格)、(C)関(関係代名詞の主格・目的格)
(難易度：2/3)

正解：(D)

19. 新しい財務アナリストの給与は、私たちが雇用する個人の経験に基づいて決定されます。

解説 関係詞節となる空所の後ろには主語のwe、他動詞の述語動詞hireがありますが、その目的語がないため、空所には目的格の関係代名詞が入ります。hire「～を雇う」の目的語には通常「人」が入り、先行詞はthe individualという「人」を表す名詞であることからも(D) whomが正解と分かります。所有格の(B)は、後ろに名詞が続くので不適切です。▶(A)関(関係副詞)、(B)関(関係代名詞の所有格)、(C)関(関係副詞)　(難易度：2/3)

正解：(C)

20. 顧客からのフィードバックは、顧客が本当に望むものや、サービスを良くする方法を企業が知る助けになります。

解説 関係詞節となる空所の後ろにはcustomersという主語、wantという他動詞の述語動詞がありますが、その目的語がありません。よって、空所には目的格の関係代名詞が入ります。空所の前には先行詞となる名詞がないため、先行詞の要素を含む関係代名詞の(C) whatを入れると、what customers really want「顧客が本当に望むもの」となり意味も通ります。▶(A)(B)関(関係代名詞の主格・目的格)、(D)関(複合関係代名詞)　(難易度：1/3)

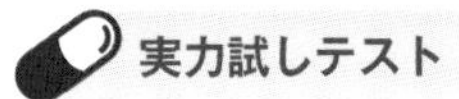

278~282

21. Polystyrene is ------- has long been used for packaging in the food service industry and other sectors.
(A) when
(B) that
(C) what
(D) whose

22. In case of injury or illness, please be sure to check the conditions under ------- your insurance will cover you.
(A) what
(B) who
(C) which
(D) whom

23. The keynote speaker for the conference, ------- also spoke during last year's event, will take to the stage at ten o'clock.
(A) who
(B) when
(C) where
(D) which

24. The pipe for the fountain in Monterey Park has deteriorated to the point ------- it needs to be immediately replaced.
(A) why
(B) where
(C) whose
(D) who

25. According to the parking lot attendant, Wayne Nelson was the one ------- locked up the shop on Sunday evening.
(A) who
(B) when
(C) where
(D) whoever

語注 〈問21〉 □ **packaging** 名 梱包材料 □ **sector** 名 部
〈問23〉 □ **keynote speaker** 基調演説者 □ **conference** 名 会議
〈問24〉 □ **fountain** 名 噴水 □ **deteriorate** 動 劣化する □ **immediately** 副 直ちに
〈問25〉 □ **according to ～** ～によると □ **attendant** 名 係員
□ **lock up ～** ～の戸締まりをする

正解：(C)

21. ポリスチレンは、食品業界や他の部門で梱包材料として長く使われてきたものです。

解説 関係詞節となる空所の後ろには主語がないため、空所には主格の関係代名詞が入ります。さらに、空所の前には主節の補語Cに当たる名詞がないため、先行詞を取らない関係代名詞の(C) whatが正解です。▶(A)関(関係副詞)、(B)関(関係代名詞の主格・目的格)、(D)関(関係代名詞の所有格)
(難易度：●○○)

正解：(C)

22. 傷病の場合に備えて、あなたの保険が適用される条件を必ずご確認ください。

解説 空所は前置詞underの直後にあるので、目的格の関係代名詞が入ります。the conditions「条件」が先行詞なので、ものを先行詞に取る(C) whichが正解です。(A)は先行詞を取らず、(B)と(D)は人を先行詞に取るので不正解です。本問では、先行詞と関係代名詞の間に前置詞underが挟まっています。関係詞節の元の形はyour insurance will cover you under the conditions「その条件の下であなたの保険が適用される」で、under the conditionsがunder whichとなり、関係代名詞節の主語であるyour insurance「あなたの保険」よりも前に出てきたと考えましょう。▶(A)(B)関(関係代名詞の主格・目的格)、(D)関(関係代名詞の目的格)
(難易度：●●●)

正解：(A)

23. 昨年のイベントでも演説した会議の基調演説者は、10時にステージに上がります。

解説 関係詞節となる空所の後ろには主語がないため、空所には主格の関係代名詞が入ります。speak「(人が)～を話す」という動詞の意味から、先行詞は直前のconferenceではなくThe keynote speakerだと考えられるため、人を先行詞とする(A) whoが正解です。▶(B)(C)関(関係副詞)、(D)関(関係代名詞の主格・目的格)
(難易度：●●○)

正解：(B)

24. Monterey公園の噴水のパイプは、直ちに取り替えられなくてはならないところまで劣化しています。

解説 空所の後ろには完全な文が続いているので、空所には関係副詞が入ると考えます。先行詞はthe pointと考えられ、これは「状況」や「程度」、「局面」を意味します。the point whereで「～する程度」という表現になるので、(B) whereが正解です。▶(A)関(関係副詞)、(C)関(関係代名詞の所有格)、(D)関(関係代名詞の主格・目的格)
(難易度：●●●)

正解：(A)

25. 駐車場の係員によると、Wayne Nelsonが日曜日の夕方に店の戸締まりをしました。

解説 関係詞節となる空所の後ろには主語がないため、空所には主格の関係代名詞が入ると考えます。先行詞のthe oneは、主語のWayne Nelsonのことなので、「人」を表しています。よって、人を先行詞とする関係代名詞の主格の(A) whoが正解です。▶(B)(C)関(関係副詞)、(D)関(複合関係代名詞)
(難易度：●●○)

実力試しテスト

283~287

26. Wistobal Designs, ------- specializes in landscape architecture, employs just eight people on a full-time basis.
(A) where
(B) how
(C) which
(D) when

27. Sprucemont National Park visitors should carry a phone battery charger in case they find themselves in a situation ------- they require assistance.
(A) whom
(B) why
(C) what
(D) where

28. The CEO praised the employees of the Edinburgh branch, ------- outstanding efforts have led to a substantial increase in profits.
(A) which
(B) whose
(C) what
(D) how

29. During the teleconference, the only thing ------- Ms. Lawrence forgot to mention was the location of next month's product launch.
(A) what
(B) that
(C) when
(D) why

30. The owner of Rosteria Bistro, ------- has long been an authority on Croatian cuisine, announced his retirement just a month ago.
(A) when
(B) whose
(C) where
(D) who

語注 〈問26〉 □ **landscape** 名 景観　□ **architecture** 名 設計、建築
□ **on a ~ basis** ~ベースで　〈問28〉 □ **outstanding** 形 際立った
□ **substantial** 形 かなりの　□ **profit** 名 利益　〈問29〉 □ **mention** 動 ~に言及する
□ **launch** 名 (新製品などの) 売り出し　〈問30〉 □ **authority** 名 権威

正解:(C)

26. 景観設計を専門にしているWistobalデザイン会社は、わずか8人を正規職員として雇用しています。

解説 関係詞節となる空所の後ろには、specializeという述語動詞はありますが、主語がありません。よって、主格の関係代名詞の(C) whichが正解です。先行詞はWistobal Designsという会社ですが、会社などの組織は一般的に人ではなく、ものとして扱われます。▶(A)(B)(D) 関(関係副詞)
(難易度：●●○)

正解:(D)

27. Sprucemont国立公園の来園者は、助けを必要とする状況に備えて、電話の充電器を携帯すべきです。

解説 空所の後ろには、主語のthey、述語動詞のrequire、その目的語のassistanceがあります。完全な文なので、空所には関係副詞が入ります。先行詞はa situationで、「状況」は場所として捉えられるため、場所を先行詞に取る(D) whereが正解です。▶(A) 関(関係代名詞の目的格)、(B) 関(関係副詞)、(C) 関(関係代名詞の主格・目的格)
(難易度：●○○)

正解:(B)

28. 最高経営責任者は、際立った努力をかなりの利益に繋げたエディンバラ支店の従業員たちを称賛しました。

解説 カンマ以前の部分との繋がりを考えると、outstanding effortsは「エディンバラ支店の従業員」の努力だと分かります。名詞を後ろに伴うことができる所有格の関係代名詞(B) whoseを入れると、「その彼らの際立った努力が」となり意味が通ります。▶(A)(C) 関(関係代名詞の主格・目的格)、(D) 関(関係副詞)
(難易度：●○○)

正解:(B)

29. テレビ会議の間、Lawrenceさんが言及するのを忘れていた唯一のことは、来月の製品発表の場所でした。

解説 空所を含む関係詞節の中には他動詞mentionの目的語が欠けているため、空所には関係代名詞の目的格が入ることが分かります。正解候補は(A)と(B)に絞られますが、空所の直前にはthe only thingという語句があり、これが先行詞であることが分かるため、(A)は不適切です。よって、関係代名詞の目的格の(B) thatが正解です。▶(A) 関(関係代名詞の主格・目的格)、(C)(D) 関(関係副詞)
(難易度：●○○)

正解:(D)

30. 長くクロアチア料理の権威であり続けているRosteriaビストロのオーナーは、ほんの1カ月前に引退を発表したばかりです。

解説 空所の後ろには主語がないため、空所には主格の関係代名詞が入ります。よって(D) whoが正解です。先行詞はThe owner of Rosteria Bistroという「人」なので、その点でも適切です。関係副詞の(A)と(C)の後ろには完全な文が続き、所有格の関係代名詞の(B)の後ろには名詞が続くので、それぞれ不適切です。▶(A) 関(関係副詞)、(B) 関(関係代名詞の所有格)、(C) 関(関係副詞)
(難易度：●●○)

31. The Thornbury Hotel in Cambridge, ------- is under new management, has been refurbished to look like an old-fashioned inn.
(A) what
(B) when
(C) where
(D) which

32. There are many subscribers to *Techwiz Magazine* ------- would rather pay for their subscription on an annual rather than monthly basis.
(A) whom
(B) which
(C) who
(D) when

33. Our innovative and unique marketing software is one of the reasons ------- so many of our clients have become successful.
(A) which
(B) when
(C) why
(D) how

34. For the company's anniversary, we created a montage of photographs from those ------- the staff had taken over the years.
(A) that
(B) when
(C) how
(D) what

35. The instructions are for ------- taking part in the beach cleanup and whose responsibilities include providing supplies to other volunteers.
(A) which
(B) whose
(C) those
(D) who

語注 〈問31〉 □ refurbish 動 ～を改装する □ old-fashioned 形 古風な
□ inn 名 宿 〈問32〉 □ would rather *do* むしろ～したい
〈問33〉 □ innovative 形 革新的な 〈問34〉 □ anniversary 名 周年祭、記念行事
□ montage 名 モンタージュ（複数の写真を組み合わせて１つの作品にしたもの）
〈問35〉 □ take part in ～ ～に参加する □ responsibility 名 義務

正解：(D)

31. 新しい経営管理下にあるケンブリッジのThornburyホテルは、改装されて古風な宿のように見えます。

解説 空所の後ろには主語がないため、空所には主格の関係代名詞が入ります。The Thornbury Hotel in Cambridgeという先行詞があることから関係代名詞の(A) whatは不適切なので、(D) whichが正解です。関係副詞の(B)と(C)は後ろに完全な文が続くので不適切です。▶(A)関（関係代名詞の主格・目的格）、(B)(C)関（関係副詞） （難易度：）

正解：(C)

32. *Techwiz*誌には、月単位よりも年単位で購読費を支払いたいと考えている多くの定期購読者がいます。

解説 空所の後ろには主語がないため、空所には主格の関係代名詞が入ります。pay「支払う」のは購読者なので、先行詞は直前の*Techwiz Magazine*ではなくmany subscribersです。よって「人」を先行詞に取る(C) whoが正解です。▶(A)関（関係代名詞の目的格）、(B)関（関係代名詞の主格・目的格）、(D)関（関係副詞） （難易度：）

正解：(C)

33. 私たちの革新的で独特なマーケティングソフトこそが、非常に多くの顧客が成功してきた理由の1つです。

解説 空所の後ろは完全な文なので、関係代名詞の(A)は除外できます。先行詞はone of the reasonsなので、reason「理由」を先行詞に取り、組み合わさってthe reason(s) why ～「～な理由」となる関係副詞の(C) whyが正解です。▶(A)関（関係代名詞の主格・目的格）、(B)(D)関（関係副詞） （難易度：）

正解：(A)

34. 私たちは会社の周年祭のために、スタッフが長年にわたり撮ってきた写真からモンタージュを作りました。

解説 空所の後ろには目的語がないので、目的格の関係代名詞が入ると考えられます。thoseという先行詞があることから関係代名詞の(D)は不適切なので、(A) thatが正解です。なおthoseはthe photosを指しています。(B)と(C)は関係副詞なので、後ろには完全な文が続く必要があり不適切です。▶(B)(C)関（関係副詞）、(D)関（関係代名詞の主格・目的格）
（難易度：）

正解：(C)

35. その指示は、ビーチ清掃への参加の他、他のボランティアに対して物資を提供する役割もお持ちの方に向けたものです。

解説 空所の前のforは、the instructions for ～「～への指示」を表す前置詞のforです。よって、空所以降は人を表す名詞句や名詞節になるので、「人々」を表す代名詞の(C) thoseを入れると、those taking part in ～となり、those who are taking part in ～「～に参加する人たち」からwho areが省略されたものと考えられ意味が通ります。(A)(B)(D)の関係代名詞はどれもforの後ろに先行詞が必要なので不適切です。▶(A)関（関係代名詞の主格・目的格）、(B)関（関係代名詞の所有格）、(D)関（関係代名詞の主格・目的格）（難易度：）

応用！ Part 5の復習法

問題を解いたら、正解・不正解を確認し、解説を読む。この王道の流れで学習している方は多いはずです。ここでは、この流れに加えてさらに力の付く復習法をご紹介します。

1. 正解箇所以外の単語や表現、文法にも目を向ける

頻出の単語や文法項目は、空所以外にも散りばめられています。正解を理解したら、文全体に目を通して、「ここに分詞構文が使われている」「この単語はこんな意味があるんだ」と、空所以外の箇所からも、なるべく多くの情報を吸収するようにしましょう。

2. 誤答の理由を考える

「なぜこの選択肢が正解なのか」を考えるだけでなく、「なぜこの選択肢が誤答なのか」を考えることも、力が付く復習法の1つ。3つの選択肢がなぜ間違いなのかを考え、誰かに説明するように声に出してみましょう。

3. もう一度、時間を短くして解く

問題は、一度解いて終わりにしてはもったいないもの。一度解き終え解説を理解したら、その後に時間を短くして解いてみましょう。最初に1問30秒で解いていたところを、次は1問20秒で解いてみるなど、1問にかける時間を少しずつ減らすことがおすすめです。

いかがでしたか？　たった1問から得られる情報はたくさんあります。「一文まるまる覚えてしまった」と言い切れるぐらい、きっちりと復習をする習慣をつけましょう。

他の語とセットになるタイプ

- セットになって意味を成す表現を完成させよう
- 定番のセット表現は暗記が肝心
- 語法の知識が正答率に差をつける

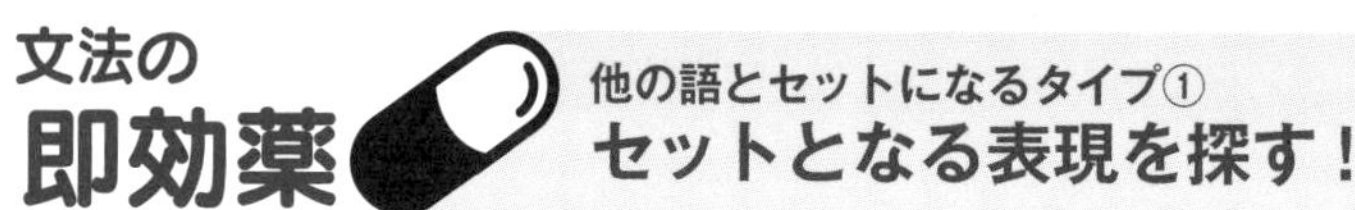

文法の即効薬 他の語とセットになるタイプ① セットとなる表現を探す！

例題１を解いてみて、解き方の基本STEPに沿って解けたかを確認しましょう。

例題１　　難易度：

Seugon Law Office provides ------- comprehensive legal support to companies but also free consultations for first-time clients.

(A) not only
(B) so that
(C) both
(D) such

▶解き方の基本STEP

STEP 0

選択肢をチェック！

他の語とセットになるタイプでは、複数の語が組み合わさって意味を成す表現のうち一部分が空所になっています。主に副詞（句）や代名詞、形容詞などが選択肢に並んでおり、本文のどこかに含まれる一方の表現をヒントにして正解を導いていきます。

セットとなる表現を探す！

本文全体を確認し、選択肢に並ぶ語（句）とセットで意味を作る表現を探しましょう。

セット表現は数が限られているので、頻出表現と意味を覚えるだけで確実に得点に繋がります。（セット表現の一覧→p. 208）

▶例題 1 の解説

293

Seugon Law Office (S) provides (V) -------

comprehensive legal support (O1) to companies but also

free consultations (O2) for first-time clients.

not only とセットになる but (also)!

(A) ～だけでなく　(B) 接 ～するために
(C) 副 どちらも　(D) 形 ～のような

訳 Seugon法律事務所では、企業に対する総合的な法律サポートだけでなく、新規顧客からの無料相談も承っています。

語注 □ **comprehensive** 形 総合的な、包括的な　□ **legal** 形 法律の
□ **consultation** 名 相談

STEP 0

選択肢をチェック！

副詞（句）や形容詞などが選択肢に並んでいます。選択肢をよく見ると、not only *A* but also *B* やboth *A* and *B* といった、セット表現になる語句の一部分が並んでいることが分かります。他の語とセットになるタイプだと推測しましょう。

STEP 1

セットとなる表現を探す！

本文全体を確認すると、but also「（しかし）～も」というセット表現の一部が見つかります。空所に(A) not onlyを入れると、not only *A* but also *B*「AだけでなくBも」という表現を作ることができ、「企業に対する総合的な法律サポートだけでなく、新規顧客からの無料相談も承っている」という自然な文脈になります。

(B)(C)(D)はそれぞれso that *A* can *do*「Aが～できるように」、both *A* and *B*「AとB両方とも」、such ～ that ...「とても～なので…」というセット表現を作るということも覚えておきましょう。

➡ **正解：(A)**

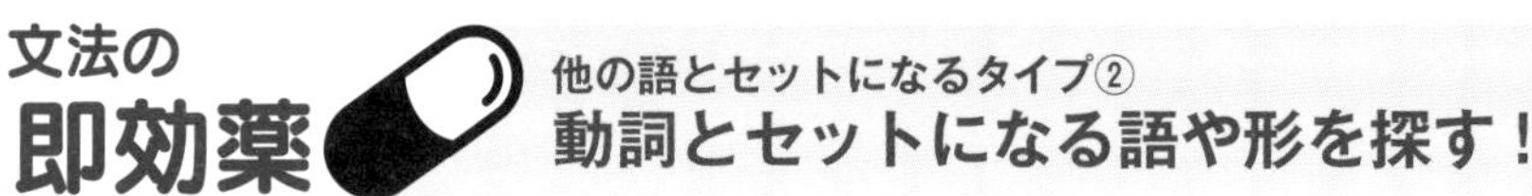

例題２を解いてみて、解き方の基本STEPに沿って解けたかを確認しましょう。

例題2 難易度：

The manager ------- the workers of changes in factory operation, effective as of May 9.

(A) replaced
(B) said
(C) put
(D) notified

▶解き方の基本STEP

STEP 0 選択肢をチェック！

他の語とセットになるタイプでは、動詞の熟語表現のうち、動詞の部分が空所になっていることがあります。選択肢に動詞が４つ並んでいる場合、このタイプではないかと推測しましょう。特に単語の意味のみからでは正解が絞り切れない場合、他の語とどう組み合わさって使われるかという語法の知識が正解を導くカギになります。

STEP 1 動詞とセットになる語や形を探す！

本文全体を確認し、選択肢に並ぶ動詞とセットになる語や形を探しましょう。具体的には、動詞とセットになる副詞や前置詞を探す、動詞の後ろに続くのがto不定詞か動名詞かをチェックするなどです。これらを確認した上で、最終的に正しい動詞を選びます。

▶例題２の解説

294

notifyとセットになる前置詞of!

The manager -------- the workers of changes in factory operation, effective as of May 9.

(S: The manager / V: ------- / O: the workers)

(A) 動 ～を交換した　(B) 動 ～と言った
(C) 動 ～を置いた　(D) 動 ～に知らせた

訳 マネージャーは、労働者たちに5月9日付で工場の運営を変更することを知らせました。

語注 □ **effective as of ～** ～以降有効になる

STEP 0 選択肢をチェック！

選択肢には動詞が並んでいます。それぞれ、replace「～を交換する」、say「～と言う」、put「～を置く」、notify「～に知らせる」の過去形です。

STEP 1 動詞とセットになる語や形を探す！

単語の意味から正解を考えると、「(マネージャーは変更すると) 言った」という意味になる(B) said、「(マネージャーは変更することを) 知らせた」という意味になる(D) notifiedの２つが正解候補です。

ここで目的語the workersの直後にある前置詞のofに注目しましょう。この前置詞は動詞notifyとセットで、notify *A* of *B*「AにBを知らせる」という熟語になります。空所に(D)を入れると「マネージャーは運営の変更を労働者たちに知らせた」となり、正しい文が成立するので(D) notifiedが正解です。(B) saidは目的語に「人」を取らず、前置詞のofとセットでも用いられないため語法の観点から不正解です。sayは主に、say *A* to *B*「AということをBに言う」の形で使われます。

(A)はreplace *A* with *B*「AをBと交換する」、(C)はput *A* in *B*「AをBに入れる」という熟語で使われます。

➡ **正解：(D)**

セット 例題

さらに分解！

他の語とセットになるタイプは、本文のどこかに含まれる語（句）をヒントに、対になって意味を表す語（句）の一方を選ぶ問題でした。本文全体を見渡して、正答と関連する表現がないかを必ず確認しましょう。

定番のセット表現

「not onlyとくればbut alsoが続くはずだ」というように、語句同士が結び付き1つの表現になるものを、本書ではセット表現と呼びます。よく出題されるのが、相関接続詞と呼ばれるセット表現です。どのようなものがあるかを、以下の表で押さえておきましょう。

■相関接続詞の一覧

	相関接続詞	意味
□	both *A* and *B*	「AとB両方とも」
□	not only *A* but also *B*	「AだけでなくBも」
□	*B* as well as *A*	「AだけでなくBも」
□	not *A* but *B*	「AではなくB」
□	either *A* or *B*	「AかBのどちらか」
□	neither *A* nor *B*	「AもBも～ない」
□	so ～ that ...	「とても～なので…」 （※～には形容詞・副詞が入る）
□	such ～ that ...	「とても～なので…」 （※～には〈形容詞＋名詞〉が入る）
□	whether *A* or *B*	「AかBか」 「AであろうとBであろうと」
□	no matter *A* or *B*	「AであろうとBであろうと」
□	between *A* and *B*	「AとBの間」

〈動詞＋前置詞・副詞〉のセット表現

例題2のように、〈動詞＋前置詞・副詞〉の熟語を知っているかが試される動詞の語法の問題が出題されることもあります。セットで使える前置詞や副詞が決まっている動詞が並んでいた場合に瞬時に正解を選べるようにしましょう。

■ 自動詞を用いた熟語の例

	熟語	意味
□	adhere to ～	「～に忠実に従う」
□	agree with ～	「～に賛成する」
□	apply to ～	「～に適用される」
□	cooperate with ～	「～と協力する」
□	deal with ～	「～に対処する」
□	depend on ～	「～に頼る、～次第である」
□	disagree with ～	「～に反対する」
□	head toward ～	「～に向かって進む」
□	lead to ～	「～に繋がる」
□	look over ～	「～にざっと目を通す」
□	merge with ～	「～と合併する」
□	negotiate with ～	「～と交渉する」
□	object to ～	「～に反対する」
□	proceed to ～	「～に進む」
□	refer to ～	「～を参照する」
□	reflect on ～	「～を熟考する」
□	rely on ～	「～に頼る」
□	respond to ～	「～に返答する」
□	specialize in ～	「～を専門にする」

さらに分解！

■ 他動詞を用いた熟語の例

	熟語	意味
□	address *A* to *B*	「AをBに向ける」
□	allow *A* for *B*	「A（費用・時間など）をBに見込む」
□	apply *A* to *B*	「AをBに適用する」
□	assign *A* to *B*	「AをBに割り当てる」
□	attribute *A* to *B*	「AをB（原因など）に帰する」
□	connect *A* with *B*	「AをBと結び付ける」
□	credit *A* to *B*	「A（手柄・名誉など）をBに帰する」
□	inform *A* of *B*	「AにBを知らせる」
□	inform *A* that ～	「Aに～だと知らせる」
□	notify *A* of *B*	「AにBを知らせる」
□	provide *A* with *B*	「AにBを提供する」
□	recommend *A* to *B*	「AをBに薦める」
□	refer *A* to *B*	「AをBに紹介する」
□	replace *A* with *B*	「AをBと交換する」
□	schedule *A* for *B*	「AをBに予定する」
□	send *A* to *B*	「AをBに送る」
□	substitute *A* for *B*	「AをBの代わりに用いる」
□	supply *A* with *B*	「AにBを供給する」
□	transform *A* into *B*	「AをBに変える」
□	translate *A* into *B*	「AをBに翻訳する」
□	withdraw *A* from *B*	「AをBから引き出す」

動名詞とto不定詞

wish to *do*「～したいと思う」やpostpone *doing*「～を延期する」といった、to不定詞（to *do*）か動名詞（*doing*）どちらかとセットになる動詞が出題されることもあります。

to不定詞と動名詞の判別は、動詞の異なる形が並んだタイプ（→ p.61）でも出題される可能性があります。その動詞が直後にどちらの形を続けることができるのかを押さえておきましょう。

■to不定詞（to *do*）とセットになる動詞の例

	熟語	意味
□	wish to *do*	「～したいと思う」
□	resolve to *do*	「～しようと決意する」
□	intend to *do*	「～するつもりである」
□	agree to *do*	「～することに同意する」
□	pretend to *do*	「～するふりをする」
□	fail to *do*	「～できない」
□	hesitate to *do*	「～することをためらう」

■動名詞（*doing*）とセットになる動詞の例

	熟語	意味
□	finish[complete] *doing*	「～することを終える」
□	postpone *doing*	「～することを延期する」
□	acknowledge *doing*	「～したことを認める」
□	avoid *doing*	「～することを避ける」
□	involve *doing*	「～することを伴う」
□	consider *doing*	「～することをよく検討する」
□	mind *doing*	「～することを嫌がる」
□	miss *doing*	「～し損なう」

トレーニング

空所に入る最も適切な語句を、(A)～(D)の中から選びましょう。

1. Bigando firm's dress code allows its employees to wear ------- casual clothes and business suits.

(A) for
(B) both
(C) neither
(D) to

2. Mr. Brown has greatly ------- himself to improving the transportation system in the area of Carleton.

(A) devoted
(B) approved
(C) hesitated
(D) recognized

解答・解説

295　**正解：(B)**

1. Bigando firm's dress code (S) allows (V) its employees (O) to wear ------- casual clothes and business suits.

bothとセットになるand！

訳 Bigando社の服装規定により、従業員はカジュアルな服とビジネススーツの両方を着用することができます。

(A) 前 ～のために
(B) 副 どちらも
(C) 副 どちらも～ない
(D) 前 ～へ

解説 選択肢にはboth *A* and *B*やneither *A* nor *B*といった、セットで意味を成す表現の一部分が並んでいます。casual clothesとbusiness suitsという名詞句を繋ぐandに注目。空所に(B) bothを入れるとboth *A* and *B*「AとB両方とも」という意味のセット表現が成り立ち、「カジュアルな服とビジネススーツの両方を着用することができる」という自然な文脈になります。

語注 □ **dress code** 服装規定

296　**正解：(A)**

2. Mr. Brown (S) has greatly ------- (V) himself (O) to improving the transportation system in the area of Carleton.

devoteとセットになるhimself to！

訳 BrownさんはCarleton地域の輸送システムの改善に大いに専念しました。

(A) 動 ～を捧げた　(B) 動 ～を承認した
(C) 動 ためらった　(D) 動 ～を識別した

解説 選択肢にはそれぞれdevote「～を捧げる」、approve「～を承認する」、hesitate「ためらう」、recognize「～を識別する」の過去形が並んでいます。空所の直後にhimself toという表現が続いていることに注目。空所に(A) devoted「～を捧げた」を入れると、devote *oneself* to ～「～に捧げる、～に専念する」というセット表現になり、文意が通ります。(C) hesitatedもtoとセットになりますが、その場合はhesitate to *do*「～することをためらう」というto不定詞とのセット表現を作ります。空所の直後にhimselfが続き、toは前置詞として使われている本問では不正解です。

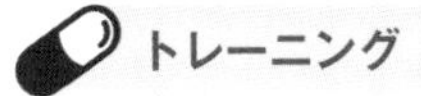

トレーニング

空所に入る最も適切な語句を、(A)～(D)の中から選びましょう。

3. It has been announced that Hosaka Japanese Confectionery will ------- with its competitor next year.

(A) visit
(B) merge
(C) oppose
(D) linger

4. ------- you have experience in the industry or not, Fuerous Corporation will accept your application for its vacant position.

(A) Since
(B) As well as
(C) Neither
(D) Whether

解答・解説

297　正解：(B)

3. It has been announced that Hosaka Japanese Confectionery will ------- with its competitor next year.

(It = S, has been announced = V, that Hosaka Japanese Confectionery will ------- with its competitor next year = O; Hosaka Japanese Confectionery = S′, will ------- = V′, its competitor = O′)

mergeとセットになる前置詞with！

訳 Hosaka和菓子店が来年、競合他社と合併することが公表されました。

(A) 動 ～を訪問する
(B) 動 合併する
(C) 動 ～に反対する
(D) 動 居残る

解説 空所の直後には動詞の目的語となる語句がなく、すぐに前置詞のwithが続いています。よって、空所には他動詞ではなく自動詞が入ります。自動詞である(B)と(D)のうち、前置詞withとセットになって文意が通るのは、(B) mergeです。merge with ～で「～と合併する」という意味になります。

語注 □ **confectionery** 名 菓子店　□ **competitor** 名 競合他社

298　正解：(D)

whetherとセットになるor not！

4. ------- you have experience in the industry or not, Fuerous Corporation will accept your application for its vacant position.

(you = S′, have = V′, experience = O′; Fuerous Corporation = S, will accept = V, your application = O)

訳 その業界での経験有無にかかわらず、Fuerous社は空いたポストへの応募を受け付けています。

(A) 接 ～なので
(B) ～も同様に
(C) 副 どちらも～ない
(D) 接 ～であろうと

解説 選択肢を見ると*A* as well as *B*やneither *A* nor *B*など、セット表現を作る語句が並んでいるので、片割れになっている語句を本文中から探します。カンマの直前にあるor notはwhetherと結び付き、whether *A* or not「Aであろうとなかろうと」というセット表現になります。(D) Whetherを空所に入れると「業界での経験有無にかかわらず」という意味になり全体の文意も通るので、(D)が正解です。

語注 □ **industry** 名 業界　□ **vacant** 形 空いている

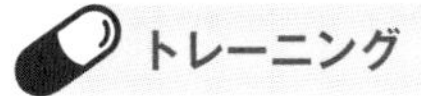

空所に入る最も適切な語句を、(A)～(D)の中から選びましょう。

5. Madhur Aradhana ------- college students that using library property without permission was prohibited.

(A) requested
(B) explained
(C) informed
(D) guided

6. Customers who make an online purchase will be offered ------- a ten percent discount or free shipping for their next purchase.

(A) whether
(B) such
(C) either
(D) as to

解答・解説

299　正解：(C)

inform とセットになる〈人＋that 節〉！

5. Madhur Aradhana ------- college students that using library property without permission was prohibited.

S / V / O_1 / S′ / O_2 / V′

難易度 ●●●

訳 Madhur Aradhanaは大学の学生に、図書館の備品を許可なしに使用することは禁止されているということを知らせました。

(A) 動 ～を頼んだ　(B) 動 ～を説明した
(C) 動 ～に知らせた　(D) 動 ～を案内した

解説 選択肢にはrequest「～を頼む」、explain「～を説明する」、inform「～に知らせる」、guide「～を案内する」の過去形が並んでいます。空所の後ろにはcollege studentsという目的語とthat節が続いています。空所に(C) informed「～に知らせた」を入れるとinform *A* that ～「Aに～ということを知らせる」というセット表現となり、文意が通ります。他の動詞はどれも、〈動詞＋人＋that節〉の形を取ることはできません。(B) explainedはexplain *A* to *B*「AをBに説明する」、あるいはexplain to *A* that ～「Aに～ということを説明する」の形で用いられます。

語注 □ **property** 名 所有物　□ **permission** 名 許可

300　正解：(C)

6. Customers [who make an online purchase] will be offered ------- a ten percent discount or free shipping for their next purchase.

S / V / O

either とセットになる or！

難易度 ●○○

訳 オンラインでご購入されたお客さまには、次回のお買い物で使える10パーセント割引か無料配送のどちらかが提供されます。

(A) 接 ～であろうと　(B) 形 ～のような
(C) 副 どちらか　(D) ～について

解説 選択肢にはwhether *A* or *B*やeither *A* or *B*といったセット表現に含まれる語句が並んでいます。空所の後ろにa ten percent discountとfree shippingという2つの名詞句を繋ぐ接続詞のorがあることに注目。orとセットになる(A) whetherは接続詞なので、後ろが名詞句である本問には当てはまりません。よってこのorはeitherとセットになり、either *A* or *B*「AかBのどちらか」という表現を作ります。「10パーセント割引か無料配送のどちらか」となり文意も通るので、(C) eitherが正解です。

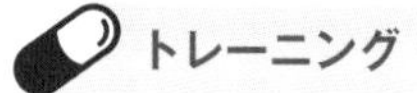

空所に入る最も適切な語句を、(A)～(D)の中から選びましょう。

7. The head of the public relations department ------- running a new advertising campaign from August 23.

(A) considered
(B) decided
(C) expected
(D) continued

8. The staff of the tourist information center ------- to a significant number of brochures published by sightseeing spots.

(A) mention
(B) refer
(C) accompany
(D) cooperate

解答・解説

301 **正解：(A)**

7. The head of the public relations department -------
S V

considerとセットになる動名詞の形！

running a new advertising campaign from
O

August 23.

訳 広報部の部長は、8月23日から新しい広告キャンペーンを行うことを検討しました。

(A) 動 ～を検討した　(B) 動 ～を決めた
(C) 動 ～を予期した　(D) 動 ～を続けた

解説 選択肢には動詞の過去形が並んでいます。空所の直後が動名詞の形なので、空所には動名詞とセットになる動詞が入るということが分かります。正解候補は(A)と(D)ですが、「新しい広告キャンペーンを運営する」という内容に自然に繋がるのは(A) consideredです。consider *doing*「～することをよく検討する」は登場頻度が高いので覚えておきましょう。(B)はdecide to *do*「～することを決める」、(C)はexpect *A* to *do*「Aが～することを期待する」の形を取ります。

語注 □ **public relations** 広報活動

302 **正解：(B)**

referとセットになる前置詞to！

8. The staff of the tourist information center ------- to
S V

a significant number of brochures published
O

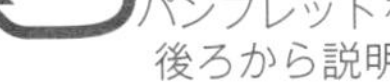
パンフレットを後ろから説明

by sightseeing spots.

訳 観光案内所のスタッフは、観光スポットによって発行される非常に多くのパンフレットを参照します。

(A) 動 ～に言及する　(B) 動 参照する
(C) 動 ～と一緒に行く　(D) 動 協力する

解説 選択肢には動詞の現在形が並んでいます。空所の直後には前置詞toが続いているので、空所にはtoとセットで文意の通る自動詞が入ることが分かります。(B) referはrefer to ～で「～を参照する」という意味を表します。空所に入れると「パンフレットを参照する」となり文意が通るので、(B) referが正解です。意味から(A) mention「～に言及する」も正解に思えるかもしれませんが、mentionは他動詞なので直後に前置詞を伴いません。

語注 □ **a number of ～** いくつかの～　□ **significant** 形 かなりの

実力試しテスト

303~307

1. While speaking with Brian Alcott at PWR Systems, Ms. Noguchi ------- up a meeting for next Wednesday at two o'clock.
(A) led
(B) set
(C) reserved
(D) met

2. At tomorrow's luncheon, the president will ------- the department managers in congratulating Teresa Parker on her promotion.
(A) call
(B) join
(C) participate
(D) reply

3. Ms. Sakamoto presented ------- her international driver's license and passport to the agent at Allstate Car Rental.
(A) so that
(B) both
(C) any
(D) either

4. Make sure to turn off and unplug your pool pump before you ------- the old filter with a new one.
(A) detach
(B) install
(C) clean
(D) replace

5. The branch staff were asked to ------- from discussing the possible merger until after headquarters provided more details.
(A) decline
(B) observe
(C) refrain
(D) avoid

語注 〈問1〉□ while *doing* ～している間に　〈問2〉□ luncheon 名 昼食会
〈問4〉□ make sure to *do* 必ず～するようにする　□ turn off ～ ～のスイッチを切る
□ unplug 動 ～のプラグを抜く　□ pump 名 ポンプ

正解：(B)

1. Noguchiさんは、PWRシステム社のBrian Alcottと話をしている間に、次の水曜日の2時に会議を設定しました。

解説 a meetingを目的語としてupとセットで用いたときに意味が通る、set「～を設定する」の過去形の(B) setが正解です。set *A* upで「Aを手配する」という意味です。目的語の位置が入れ替わったset up a meeting「会議を手配する」という表現とあわせて覚えておきましょう。(D)もupとセットでmeet up with ～「～と会う」という熟語になりますが、本問の文脈には合いません。▶(A)動lead「～を導く」(過去形)、(C)動reserve「～を予約する」(過去形)、(D)動meet「～と会う」(過去形)　(難易度：●●○)

正解：(B)

2. 明日の昼食会では、社長が部長たちに加わり、Teresa Parkerの昇進を祝う予定です。

解説 空所の後ろには目的語があるため、空所には他動詞が入ります。後ろにあるin *doing*とあわせて意味が通る(B) joinが正解です。join *A* in *doing*で「～するためにAに加わる」という意味です。(C)は「参加する」という意味ですが、自動詞なのでparticipate in ～の形になるうえ、「活動」や「行事」を目的語に取るので、不適切です。▶(A)動～を呼ぶ、(C)動参加する、(D)動返信する　(難易度：●○○)

正解：(B)

3. Sakamotoさんは国際免許証とパスポートの両方をAllstateカーレンタルの係に提示しました。

解説 空所からher international driver's licenseとpassportがpresent「～を提示する」の目的語だと考えられます。2つがandで繋がれていることに着目し、副詞の(B) bothを入れるとboth *A* and *B*「AとB両方とも」という表現になり文意が通ります。▶(A)接～するために、(C)形どんな～でも、(D)副どちらか　(難易度：●○○)

正解：(D)

4. 古いフィルターを新しいものと交換する前に、必ずプールのポンプのスイッチを切りプラグを抜くようにしてください。

解説 the old filterを目的語に取り、その後ろの前置詞withとセットで繋がる他動詞(D) replace「～を交換する」が正解です。replace *A* with *B*の形で「AをBと交換する」という意味になります。(A)はwithではなくdetach from ～「～から切り離す」の形で用いられます。また(B)(C)は、自動詞として用いる場合にwithを続けることができ、その場合はinstall with ～「～を使ってインストールする」、clean with ～「～で掃除をする」のように、「道具・手段」を表す前置詞のwithとセットで用いられます。▶(A)動～を切り離す、(B)動～をインストールする、(C)動～を掃除する　(難易度：●○○)

正解：(C)

5. 支店のスタッフは、本社がさらなる詳細を提供するまでは、起こりうる合併について話をすることを控えるよう求められました。

解説 空所の後ろのfrom *doing*とセットで意味を成す、(C) refrain「控える」が正解です。refrain from *doing*で「～するのを控える」を意味します。(D)のavoidにも「～を避ける」という似た意味がありますが、avoid *doing*の形を取るので、fromが間に挟まった本問では不正解です。(A)はdecline to *do*「～することを断る」というto不定詞とセットの形で用いられ、(B)は通常前置詞は続きません。▶(A)動～を断る、(B)動～を観察する、(D)動～を避ける
(難易度：●●○)

6. Samantha Arden was hired ------- to take pictures of the summer dresses but also to photograph models wearing them.
(A) so that
(B) not only
(C) because
(D) as a result

7. Kovacs Corp., a leading provider of automation solutions, has announced that it plans to ------- more in robotics.
(A) devote
(B) appoint
(C) commit
(D) invest

8. In the next phase of the flight training program, the instructor will ------- students on how to handle medical situations.
(A) take
(B) advise
(C) explain
(D) suggest

9. Colorful banners have been ------- from utility poles in downtown Arleston to generate excitement ahead of the city's centennial celebrations.
(A) hung
(B) saved
(C) banned
(D) stuck

10. ------- had Timothy come back from delivering one catering order than he was told to take another to a customer.
(A) As long as
(B) Although
(C) No sooner
(D) Otherwise

語注 〈問7〉□ **leading** 形 主要な　□ **provider** 名 供給業者
□ **solutions** 名（顧客の問題を解決するために作られる）システム、製品
〈問8〉□ **phase** 名 段階　〈問9〉□ **banner** 名 垂れ幕　□ **utility pole** 電柱
□ **ahead of ～** ～の前に　□ **centennial** 形 100年の

正解：(B)

6. Samantha Ardenは、サマードレスの写真だけでなく、そのドレスを着ているモデルを撮るためにも雇われました。

解説 問題文後半のbut alsoに注目しましょう。これとセットで意味を成す(B) not onlyが正解です。not only *A* but also *B*で「AだけでなくBも」という意味を表します。本問では、2つのto不定詞to take picturesとto photograph modelsが並列されています。▶(A)接～するために、(C)接～なので、(D)結果として　（難易度：●○○）

正解：(D)

7. 自動化システムの大手供給業者であるKovacs社は、ロボット工学にさらに投資することを計画していると発表しました。

解説 前置詞inと結び付いて意味が通る(D) invest「～を投資する」が正解です。invest *A* in *B*の形で「AをBに投資する」という意味になり、ここでの*A*は代名詞のmoreです。(A)はdevote *oneself* to ～「～に捧げる」、(B)はapppoint *A B*「A（人）をB（役職）に任命する」、(C)はcommit *oneself* to ～「～に専念する」といった形で用いられ、通常inとセットになりません。▶(A)動～を捧げる、(B)動～を任命する、(C)動専念する　（難易度：●●○）

正解：(B)

8. 飛行トレーニングプログラムの次の段階で、講師は生徒に、治療を要する状況をどのように取り扱うかについて伝えます。

解説 前置詞on以下と結び付いて意味が通る(B) advise「～に専門的助言をする」が正解です。adviseはadvise *A* on *B*の形で「AにBに関して専門的助言をする」という意味になります。onは「接触」という基本的な意味から、「関連」を意味します。(C)と(D)も意味だけで考えるとふさわしいように思えますが、どちらも動詞の直後に「人」を取らず、explain *A* to *B*「AをBに説明する」、suggest *A* to *B*「AをBに提案する」などの形で用いられるので不正解です。▶(A)動～を取る、(C)動～を説明する、(D)動～を提案する　（難易度：●●●）

正解：(A)

9. 市の100年祭に先立ち、熱狂を引き起こそうと色とりどりの垂れ幕がArleston市中心部の電柱から吊り下げられています。

解説 空所の後ろの前置詞fromとセットで意味が通る(A) hungが正解です。hungはhang「～を吊り下げる」の過去分詞で、どこから吊り下げるのかという「起点」を表すためにfromが用いられます。▶(B)動save「～を救う」（過去分詞）、(C)動ban「～を禁止する」（過去分詞）、(D)動stick「～を貼り付ける」（過去分詞）　（難易度：●●○）

正解：(C)

10. Timothyは、ケータリングの注文の配達から帰るとすぐに、また別の注文を客に届けるように言われました。

解説 本文後半のthanに注目。セットで用いられる(C) No soonerが正解です。no sooner *A* than *B*の形で「AするやいなやB」という意味になります。No soonerなどの否定語が文頭にくると、その後ろは疑問文の語順になることもヒントです。そのため、Timothy had come backがhad Timothy come back ...となっています。▶(A)接～する限り、(B)接～だけれども、(D)副さもないと　（難易度：●●●）

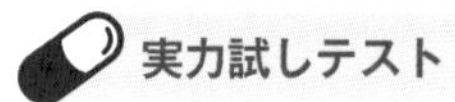

11. An architect hired by the city will ------- the public park's design with the planning committee tomorrow.
(A) discuss
(B) insist
(C) work
(D) agree

12. Until they saw the industrial robot in action, ------- the plant manager nor the engineering director was convinced of its efficacy.
(A) neither
(B) anyone
(C) whereas
(D) those

13. The Chamber of Commerce will ------- a plaque to Mayor Kowalski for her distinguished service to Langfeld City.
(A) design
(B) receive
(C) hang
(D) present

14. Since she had editorial experience at a publishing company, Mr. Tanaka ------ Ms. Harashima for a job as a writer.
(A) taught
(B) completed
(C) recommended
(D) made

15. The Plontana Company will continue to ------- to its strategy of putting the customer first while offering exceptional service.
(A) implement
(B) follow
(C) comply
(D) adhere

語注 〈問11〉 □ **architect** 名 建築家 〈問12〉 □ **in action** 作動中で
□ **convinced** 形 確信して □ **efficacy** 名 有効性
〈問13〉 □ **the Chamber of Commerce** 商工会議所 □ **plaque** 名 飾り額
□ **distinguished** 形 際立った □ **service** 名 貢献 〈問14〉 □ **editorial** 形 編集の
〈問15〉 □ **strategy** 名 戦略 □ **put *A* first** Aを最優先する
□ **exceptional** 形 非常に優れた

正解：(A)

11. 市によって雇われた建築家は明日、公園のデザインについて計画委員会と話し合います。

解説 空所の後ろにはthe public park's designという目的語、さらに前置詞のwithが続いています。withとセットでdiscuss *A* with *B*「AについてBと話し合う」という意味になる、(A) discuss「～について話し合う」が正解です。workはwork on ～で「～に取り組む」という熟語になり、文全体をなんとなくで捉えると当てはまりそうですが、本問では〈目的語＋with〉が続いているので不正解です。▶(B)動～を主張する、(C)動働く、(D)動同意する
（難易度：●○○）

正解：(A)

12. 産業用ロボットが作動しているのを目にするまでは、工場長もエンジニアリングディレクターもその有効性を確信していませんでした。

解説 norとセットでneither *A* nor *B*「AもBも～ない」という意味になる(A) neitherが正解です。*A*と*B*には文法的に同じ働きをするものが入り、ここでは名詞句のthe plant managerとthe engineering directorが並列されています。▶(B)代誰でも、(C)接～であるのに対して、(D)代あれら
（難易度：●○○）

正解：(D)

13. 商工会議所は、Langfeld市への際立った貢献を称えKowalski市長に表彰盾を贈呈します。

解説 空所の後ろのa plaque「表彰盾」を目的語に取り、〈to＋人〉を続けられる動詞は(D) present「～を贈呈する」です。present *A* to *B*「AをBに与える」という熟語を覚えておきましょう。▶(A)動～を設計する、(B)動～を受け取る、(C)動～を吊るす（難易度：●●○）

正解：(C)

14. 出版社での編集経験があったため、TanakaさんはHarashimaさんをライターの仕事に適任だと推薦しました。

解説 空所の少し後ろにある前置詞のforに注目。forとセットでrecommend *A* for *B*「AをBに（適していると）推薦する」という熟語になる、(C) recommendedが正解です。▶(A)動teach「～を教える」（過去形）、(B)動complete「～を完成させる」（過去形）、(D)動make「～を作る」（過去形）
（難易度：●○○）

正解：(D)

15. Plontana社は、非常に優れたサービスを提供しながら、顧客を第一に考える戦略に忠実に従っていきます。

解説 前置詞toとセットでadhere to ～「～に忠実に従う」という意味を表す自動詞の(D) adhere「忠実に従う」が正解です。(A)は他動詞なのでtoのような前置詞は不要です。(B)は自動詞にもなりますが、その場合1語で使われることが多く、toとセットにはなりません。また(C)は、目的語を示すときはtoではなくwithとセットでcomply with ～「（規則などに）従う」という意味になる自動詞です。▶(A)動～を実施する、(B)動ついて行く、(C)動従う
（難易度：●●●）

実力試しテスト

318~322

16. ------- the bakery will make quiche regularly or only occasionally depends on how well the item sells this week.
(A) Both
(B) Whether
(C) Even
(D) Whereas

17. After Mr. MacNeil sands down the coffee table, he plans to ------- a coat of varnish to its surface.
(A) apply
(B) have
(C) put
(D) remove

18. Ikenga Contractors will revise the construction schedule to ------- with the dates on which building materials will arrive.
(A) accommodate
(B) reflect
(C) adjust
(D) correspond

19. If you have any queries, ------- send us a message through the contact form below or just call us.
(A) either
(B) nor
(C) that
(D) both

20. Until Ms. Bartlett returns from her overseas assignment, her assistant will ------- after the potted plants in her office.
(A) look
(B) attend
(C) care
(D) keep

語注 〈問16〉 □ **quiche** 名 キッシュ
〈問17〉 □ **sand down ~** ~にやすりがけをする □ **coat** 名 (ニスなどの) 一塗り
□ **varnish** 名 ニス □ **surface** 名 表面 〈問18〉 □ **contractor** 名 請負業者
□ **revise** 動 ~を見直す □ **material** 名 資材 〈問19〉 □ **query** 名 質問
〈問20〉 □ **overseas** 形 海外の □ **assignment** 名 業務 □ **potted plant** 鉢植えの植物

正解:(B)

16. そのパン屋のキッシュ作りが定期的なものになるのか時々になるのかは、その商品が今週どれだけ良く売れるか次第です。

解説 空所からoccasionallyまでの名詞句が文全体の主語です。空所の少し後のorとセットで用いられ、名詞句となることができる(B) Whetherが正解です。whetherはwhether *A* or *B*の形で「AかBか」という名詞節になります。(A) Bothはandとセットで用いられboth *A* and *B*「AとB両方とも」という表現になるので不正解です。▶(A) 副 どちらも、(C) 副 ~さえ、(D) 接 ~であるのに対して (難易度:🖉🖉🖉)

正解:(A)

17. MacNeilさんは、コーヒーテーブルをやすりで磨いた後に、表面にニスを一塗りする予定です。

解説 空所の後ろの名詞句a coat of varnishを目的語に取り、さらにその後ろの前置詞toとセットで用いられる(A) applyが正解です。apply *A* to *B*で「AをBに塗る、AをBに適用する」という意味を表します。(C)も一見空所に入りそうですが、toではなくonと結び付き、on its surfaceであれば正解になります。(D)は「ニス(の層)をはがそうとしている」という意味で正解になるように思えますが、Afterの節とうまく噛み合わず、全体の文意は通りません。removeはremove *A* from *B*「AをBから取り除く」という形で表すことからも不正解です。▶(B) 動 ~を持つ、(C) 動 ~を置く、(D) 動 ~を取り除く (難易度:🖉🖉🖉)

正解:(D)

18. Ikenga建設会社は、建築資材が到着する日に合わせて建設日程を見直します。

解説 空所の後ろの前置詞withとセットで用いられる自動詞の(D) correspondが正解です。correspondはcorrespond with ~の形で「~に合わせる」という意味になります。▶(A) 動 適応する、(B) 動 熟考する、(C) 動 慣れる (難易度:🖉🖉🖉)

正解:(A)

19. もしご質問があれば、下のお問い合わせフォームを通じてメッセージをお送りいただくか、お気軽にお電話ください。

解説 文の後半にあるorに注目。either *A* or *B*の形で「AかBのどちらか」という意味になる(A) eitherが正解です。ここでは、sendとcallという動詞の原形から始まる句が並列されています。▶(B) 接 どちらも~ない、(C) 接 ~ということ、(D) 副 どちらも
(難易度:🖉🖉🖉)

正解:(A)

20. Bartlettさんが海外の業務から戻ってくるまでは、彼女のアシスタントがオフィスの鉢植えの植物を世話します。

解説 空所の後ろにある前置詞afterとセットで用いられlook after「~の世話をする」という意味になる動詞(A) lookが正解です。他の選択肢から似た意味も作れますが、(B)はtoと共に用いてattend to ~「面倒を見る」という意味になります。(C)はaboutと共に用いてcare about ~「~について気にかける」とするか、take care of ~「~の面倒を見る」とする必要があり、本問での前置詞afterとはセットになりません。▶(B) 動 ~に出席する、(C) 動 気づかう、(D) 動 保つ (難易度:🖉🖉🖉)

実力試しテスト

323~327

21. Since many common household cleaners contain hazardous chemicals, precautions must be taken when you ------- of them.
(A) dispose
(B) handle
(C) produce
(D) supply

22. According to a press release from the streaming service, it plans to ------- more time and resources to retaining existing customers.
(A) take
(B) devote
(C) spend
(D) approve

23. At this year's annual Agricultural Fair, four large pavilions hosting dozens of exhibitors will ------- again to visitors.
(A) accept
(B) show
(C) open
(D) raise

24. Petrochemical pumps are not only expensive to operate ------- costly to maintain, especially when used in low temperatures.
(A) as for
(B) just as
(C) but also
(D) even if

25. The fastest way to get from the stadium to Leviston Airport is to take Highway 62 and ------- at Burlsville Road.
(A) exit
(B) shift
(C) pull
(D) come

語注 〈問21〉 □ **hazardous** 形 有害な □ **chemical** 名 化学物質
□ **precaution** 名 用心、予防策 〈問22〉 □ **resources** 名（金銭・人などの）資源
□ **retain** 動 ～を保持する □ **existing** 形 既存の 〈問23〉 □ **annual** 形 年次の
〈問24〉 □ **petrochemical** 形 石油化学の □ **costly** 形 費用がかかる
〈問25〉 □ **highway** 名 幹線道路

正解：(A)

21. 一般的な家庭用洗剤の多くは有害な化学物質を含んでいるので、処分する際は用心する必要があります。

解説 空所の後ろに続くofとセットで用いられる動詞の(A) disposeが正解です。disposeは前置詞ofと共に用いられdispose of ～「～を処分する」という意味になります。(B)は「～を取り扱う」という意味から考えると空所に入りそうですが、他動詞なので前置詞が不要です。▶(B)動～を取り扱う、(C)動～を生む、(D)動～を提供する （難易度：●○○）

正解：(B)

22. そのストリーミングサービス事業者からのプレスリリースによると、より多くの時間とリソースを既存の顧客を維持することに割く予定だそうです。

解説 空所の直後にはmore time and resources「より多くの時間とリソース」という目的語があります。空所の少し後ろの前置詞toとセットになり、devote *A* to *B*「A（時間など）をBに割く」という熟語を作る(B) devoteを入れると、全体の文意が通ります。目的語がmore timeなので(C)を選びたくなりますが、spendは〈spend＋時間＋in (on) doing〉「～して時間を過ごす」の形で用いられるため、toを使っている本問では不適切です。▶(A)動～を取る、(C)動～を過ごす、(D)動～を認める （難易度：●●○）

正解：(C)

23. 今年の年次農業フェアでも、4つの大きなパビリオンに多数の会社が出展し、再び来場者をお出迎えします。

解説 空所の後ろには目的語がないため自動詞が入ります。前置詞toとセットで意味が通る(C) open「公開する」が正解です。openは前置詞toと共に用いられopen to ～「～に公開される」という意味になります。▶(A)動承認する、(B)動現れる、(D)動～を上げる
（難易度：●○○）

正解：(C)

24. 石油化学ポンプは、特に低温で使用される場合は、稼働させるのに高額なだけでなく維持するのにも費用がかかります。

解説 not onlyとセットで用いられる(C) but alsoが正解です。not only *A* but also *B*で「AだけでなくBも」という意味です。ここでは、expensive to operate「稼働させるのに高額な」とcostly to maintain「維持するのに費用がかかる」が並列されています。▶(A)前～に関して、(B)～と全く同じように、(D)接たとえ～だとしても （難易度：●○○）

正解：(A)

25. スタジアムからLeviston空港へ行く最も速い方法は、幹線道路62号を使いBurlsville道路で出ることです。

解説 前置詞atとセットで意味を成す(A) exit「出る」が正解です。exit at ～「～（出口）で出る」という意味になります。(C)もatとセットにはなりますが、pull at ～「～を引っぱる」という意味になるので道路の名前が続く本問では文意が通りません。▶(B)動移動する、(C)動引っぱる、(D)動来る （難易度：●●○）

26. Mr. Henley's many years of experience as a supervisor ------- him an ideal candidate for the general manager position.
(A) qualify
(B) place
(C) make
(D) support

27. Setting itself apart from other brands is how Athletix Shoes continues to ------- ahead of the competition.
(A) carry
(B) stay
(C) bring
(D) take

28. Mr. Alonzo will ------- directly with the manufacturer instead of the store where he purchased the faulty dishwasher.
(A) declare
(B) report
(C) complain
(D) deal

29. The monument outside the courthouse not only symbolizes the pursuit of justice ------- the importance of fairness.
(A) just as
(B) but also
(C) though
(D) both

30. The city council anticipates that some locals will ------- strongly to the proposed construction of a mall in their area.
(A) object
(B) approve
(C) refuse
(D) welcome

語注 〈問26〉 □ **supervisor** 名 管理者、監督者　□ **ideal** 形 理想的な
〈問27〉 □ **set *A* apart from *B*** AをBから際立たせる　□ **competition** 名 競争相手
〈問28〉 □ **directly** 副 直接　□ **manufacturer** 名 製造業者　□ **faulty** 形 欠陥のある
〈問29〉 □ **courthouse** 名 裁判所　□ **pursuit** 名 追求　□ **justice** 名 正義
〈問30〉 □ **city council** 市議会　□ **anticipate** 動 ～を予想する

正解：(C)

26. Henleyさんの管理者としての長年の経験によって、彼は本部長職の理想的な候補者となっています。

解説 空所の後ろにhimという代名詞とan ideal candidate for the general manager position「本部長職の理想的な候補者」という名詞句が並んでいます。この2つはイコールで結べることから、空所にはSVOC（第5文型）を取る述語動詞が入ると考えられます。(C) make「（状態に）する」を空所に入れると、make O C「（主語が）OをCにする」という使役の表現が完成し、意味が通ります。(A)はqualify *A* for *B*「AにBの資格を与える」という形で用いられます。▶(A)動～に資格を与える、(B)動～を置く、(D)動～を支持する
（難易度：🖉🖉🖉）

正解：(B)

27. 他のブランドと差別化することが、Athletix靴屋が競合よりも一歩先に立ち続ける方法です。

解説 空所の後ろに続くahead ofと共に用いられる(B) stay「とどまる」が正解です。stay ahead of ～で「～より優位に立ち続ける」という意味になり、何よりも先にいるのかをof以下で表します。▶(A)動～を運ぶ、(C)動～を持ってくる、(D)動～を持って行く
（難易度：🖉🖉🖉）

正解：(D)

28. Alonzoさんは欠陥のある食洗機を購入した店ではなく、製造業者と直接やり取りします。

解説 空所の後ろに続くwithと共に用いられる(D) deal「対処する」が正解です。deal with ～で「～に対応する、～を処理する」という意味を表します。副詞directlyが間に挟まっているので、空所とwithの繋がりを見落とさないように注意しましょう。(B)や(C)も意味の観点から正解になりそうですが、それぞれreport *A* to *B*「AをBに報告する」、complain to *A* about *B*「AにBのことについて文句を言う」の形で用いられます。▶(A)動～を宣言する、(B)動～を報告する、(C)動文句を言う
（難易度：🖉🖉🖉）

正解：(B)

29. 裁判所の外にある記念碑は、正義の追求だけでなく公正さの重要性も象徴しています。

解説 not onlyとセットで用いられる(B) but alsoが正解です。not only *A* but also *B*で「AだけでなくBも」という意味です。ここでは2つの名詞句the pursuit of justiceとthe importance of fairnessが並列されています。▶(A)～と全く同じように、(C)接～だけれども、(D)副どちらも
（難易度：🖉🖉🖉）

正解：(A)

30. 市議会は、自分たちの地域でのモールの建設案に強く反対する地元民が出てくるだろうと予想しています。

解説 空所の後ろに続くtoとセットで用いられる(A) object「反対する」が正解です。object to ～で「～に反対する」という意味を表します。(B)はofとセットでapprove of ～「～に賛成する」となるので、toとは結び付きません。(C)はtoとセットで用いられる動詞ですが、その場合refuse to *do*「～することを拒む」となりto不定詞が後ろに続くので不正解です。▶(B)動賛成する、(C)動～を断る、(D)動～を歓迎する
（難易度：🖉🖉🖉）

31. The head of the infrastructure committee remarked that transportation and traffic management systems ------- greatly from city to city.
(A) prevent
(B) differ
(C) contact
(D) deviate

32. The next round of negotiations has been cancelled now that an agreement has been reached ------- Abzone and Beacon Corp.
(A) between
(B) nor
(C) so
(D) such

33. When the inspectors arrive at the manufacturing plant, they will be required to ------- on protective eyewear.
(A) get
(B) put
(C) bring
(D) pick

34. The future of our nonprofit organization will ------- entirely on how many donations we receive from the public.
(A) require
(B) change
(C) impact
(D) depend

35. At Lyons Travel, our agents make every effort to ------- passengers in advance of any changes to their flight schedule.
(A) inform
(B) convey
(C) communicate
(D) explain

語注 〈問31〉 □ **infrastructure** 名 インフラ、社会基盤　□ **remark** 動 ～を述べる
□ **transportation** 名 運輸　〈問32〉 □ **the ～ round of ...** ～回目の…
□ **negotiation** 名 交渉　〈問33〉 □ **inspector** 名 検査員　□ **manufacturing** 名 製造
□ **protective** 形 保護用の　〈問34〉 □ **nonprofit** 形 非営利の　□ **donation** 名 寄付
〈問35〉 □ **agent** 名 係員

正解：(B)

31. インフラ委員会長は、運輸交通管理システムは市ごとに大きく異なっていると述べました。

解説 空所の後ろに続くfromと共に用いられる、(B) differ「異なる」が正解です。differ from ～で「～と異なる」という意味です。(A)もfromとセットで用いられますが、prevent *A* from *doing*の形を取り「Aが～するのを妨げる」という意味になるので文意が通らない上、目的語も必要です。fromだけを見て(A)に飛びつかないよう注意しましょう。▶(A)動～を妨げる、(C)動～と連絡をとる、(D)動逸脱する　(難易度：🖉)

正解：(A)

32. Abzone社とBeacon社間の合意が得られたので、次回の交渉はキャンセルされました。

解説 AbzoneとBeacon Corpの間にあるandに注目。(A) between「～の間」を空所に入れると、between *A* and *B*「AとBの間で」という表現が完成し、文意が通ります。▶(B)接どちらも～ない、(C)副非常に、(D)形～のような　(難易度：🖉)

正解：(B)

33. 製造工場に到着したら、検査員は保護メガネを着用するよう求められます。

解説 空所の後ろに続くonとセットで用いられ意味が通る(B) put「～を置く」が正解です。put on ～で「～を着用する」という意味です。onは「接触」を表し、体に置いて(put)身に付ける(on)というイメージです。(A)(C)(D)もそれぞれonとセットの表現がありますが、get on ～「(乗り物)に乗る」、bring on ～「～を引き起こす」、pick on ～「～の粗探しをする」という意味になり文意に合わないので不適切です。▶(A)動～を得る、(C)動～を持ってくる、(D)動～を選ぶ　(難易度：🖉🖉)

正解：(D)

34. 私たちの非営利団体の未来は、完全にどれだけの寄付を一般の人々から得られるかに左右されるでしょう。

解説 後ろに続くonと共に用いられ意味が通る(D) depend「頼る」が正解です。depend on ～で「～に頼る、～によって決まる」という意味です。文頭から空所までの意味を考えると「非営利団体の未来が変わる」となる(B)も正解に思えるかもしれませんが、空所以降の内容と噛み合わず、さらにchangeは前置詞onを伴わないので不正解です。(C)はonとセットにはなりますがimpact on ～「～に影響を与える」という意味になり、文意が通りません。▶(A)動～を必要とする、(B)動変わる、(C)動影響を与える　(難易度：🖉)

正解：(A)

35. 私たちLyons旅行会社では、フライトスケジュールへの変更を事前に乗客の皆さまにお知らせするため、スタッフがあらゆる努力を行っています。

解説 空所の後ろに「人」を表すpassengersという目的語、その少し後ろに前置詞のofがあります。空所に(A) inform「～に伝える」を入れると、ofとセットでinform *A* of *B*「AにBを知らせる」という熟語が完成し、文意が通ります。熟語の間にin advance「前もって」という副詞句が挿入され文構造が複雑になっているので注意しましょう。(C)も「～を伝える」という意味を持ちますが、直後に人ではなく伝える内容を続けるので不正解です。▶(B)動～を運ぶ、(C)動～を伝える、(D)動～を説明する　(難易度：🖉🖉)

338~342

36. Daxon Consulting's mission is to ------- businesses in the Chicago metropolitan area with customized and innovative solutions.
(A) prepare
(B) improve
(C) provide
(D) develop

37. Hanostar Airline offers flights between Tokyo ------- Hong Kong twice a day.
(A) and
(B) or
(C) by
(D) from

38. Avros Steel will have to upgrade its filtration system so it can ------- with the new air quality regulation.
(A) fulfill
(B) comply
(C) maintain
(D) purchase

39. Morston Electric implemented new measures that ------- its employees to balance their work and childcare responsibilities.
(A) enable
(B) graduate
(C) facilitate
(D) consider

40. At Nansen Camera and Prints, customers can choose from two printing options, either full-color printing ------- black and white.
(A) and
(B) that
(C) or
(D) to

語注 〈問36〉 □ **mission** 名 使命 □ **metropolitan** 形 大都市の
□ **customized** 形 要望に応じた、カスタマイズされた □ **innovative** 形 革新的な
□ **solution** 名 解決策 〈問38〉 □ **upgrade** 動 ～を改良する □ **filtration** 名 ろ過
〈問39〉 □ **implement** 動 ～を実施する □ **measures** 名 対策
□ **balance *A* and *B*** AとBの両立を図る □ **childcare** 名 育児
〈問40〉 □ **option** 名 選択肢

正解：(C)

36. Daxonコンサルティングの使命は、シカゴの大都市圏の企業に、要望に応じた革新的な解決策を提供することです。

解説 後ろの名詞句businesses in the Chicago metropolitan areaが目的語で、その少し後ろに前置詞のwithがあります。空所に(C) provide「～に提供する」を入れると、withとセットでprovide *A* with *B*「AにBを与える」という熟語が完成し、文意が通ります。(A)(B)(D)もそれぞれ他動詞として用いられますが、withとセットの熟語にはなりません。(A)はprepare *A* for *B*「AにBへの準備をさせる」という形で頻出です。▶(A) 動 ～を用意する、(B) 動 ～を改良する、(D) 動 ～を開発する (難易度：●○○)

正解：(A)

37. Hanostar航空は東京と香港間のフライトを1日に2便提供しています。

解説 betweenとセットで用いられる(A) andが正解です。betweenはbetween *A* and *B*の形で「AとBの間で」という意味になります。between *A* and *B*はfrom *A* to *B*と書き換えられる場合もありますが、between *A* from *B*という表現はないため、(D)は不適切です。▶(B) 接 ～か…、(C) 前 ～によって、(D) 前 ～から (難易度：●○○)

正解：(B)

38. Avros鉄鋼社は、新しい大気質規制に従うために、空気清浄システムを改良しなくてはならないでしょう。

解説 空所の後ろの前置詞withとセットで意味を成す(B) complyが正解です。comply with ～「～に従う」という熟語を覚えておきましょう。withの目的語には規則や命令などの内容が入ります。▶(A) 動 ～を実現させる、(C) 動 ～を維持する、(D) 動 ～を購入する
(難易度：●●○)

正解：(A)

39. Morston電力会社は、従業員が仕事と育児の役割の両立を図れるようになる新しい対策を実施しました。

解説 空所の後ろのits employeesが目的語で、その後ろにto不定詞が続いているので、〈動詞＋目的語＋to *do*〉の形を取ることのできる(A) enableが正解です。enableはenable *A* to *do*の形で「(主語が) Aが～するのを可能にする」という意味を表します。その他の選択肢はこの形を取りません。(D)はconsider *doing*の形で「～することをよく検討する」を意味します。▶(B) 動 卒業する、(C) 動 ～を促進する、(D) 動 ～をよく検討する (難易度：●○○)

正解：(C)

40. Nansenカメラ印刷店では、顧客はフルカラー印刷と白黒印刷の2つの印刷の選択肢から選べます。

解説 本文後半のカンマの直後にある副詞のeitherは(C) orとセットで用いられ、either *A* or *B*「AかBのどちらか」という意味になります。本問では、印刷のオプションとして「フルカラー」と「白黒」の2択が提示されています。よって、(C)を空所に入れると文意も通ります。▶(A) 接 ～と…、(B) 接 ～ということ、(D) 前 ～へ (難易度：●○○)

実力試しテスト

343~347

41. In Ms. Reed's reference letter, Mr. Bentley wrote that her employer could always ------- on her to be professional.
(A) expect
(B) regard
(C) count
(D) assure

42. Sappet Apparel ------- up its flagship store in Sydney right after it opened one in New York City.
(A) rose
(B) fought
(C) set
(D) improved

43. TAFT Mechanics will hold a seminar for its employees on how they can ------- to preserving the global environment.
(A) contribute
(B) strengthen
(C) participate
(D) facilitate

44. Sonam Automotive was forced to ------- its factory down until it could procure the raw materials it needed.
(A) cease
(B) halt
(C) delay
(D) shut

45. Only those who ------- for the Canada Wetlands Conference by August 31 will receive a discount on the fee.
(A) join
(B) purchase
(C) register
(D) sign

語注 〈問41〉 □ reference letter 推薦状 〈問42〉 □ apparel 名 衣服
□ flagship store 旗艦店 〈問43〉 □ preserve 動 ～を保護する
〈問44〉 □ automotive 名 自動車 □ procure 動 ～を調達する、～を入手する
□ raw material 原材料 〈問45〉 □ wetland 名 湿地 □ conference 名 会議

正解：(C)

41. Bentleyさんは、Reedさんの推薦状に、プロフェッショナルな振る舞いを常に期待できたと書きました。

解説 onと共に用いられる動詞の(C) count「頼る」が正解です。count on *A*の形で「Aに頼る」という意味になります。さらに、本問のようにto不定詞を伴いcount on *A* to *do*「Aが～することを期待する」という形で用いられることもあります。(A)も「期待する」という意味を持ちますが、expect *A* to *do*「Aが～することを期待する」の形を取りonが不要なので、不適切です。▶(A)動～を期待する、(B)動～を見なす、(D)動～に保証する

（難易度：●●○）

正解：(C)

42. Sappet衣料品店はニューヨーク市にオープンしたすぐ後に、シドニーに旗艦店をオープンしました。

解説 空所の後ろのupとセットで用いられて意味が通る(C) setが正解です。このupは副詞で、set up ～で「～を開店する」という意味になります。▶(A)動rise「上る」(過去形)、(B)動fight「戦う」(過去形)、(D)動improve「好転する」(過去形)

（難易度：●○○）

正解：(A)

43. TAFTメカニクスは、地球環境保護への貢献に関する従業員向けセミナーを開きます。

解説 空所の後ろのtoは、その後ろに動詞の-ing形が続いているため、不定詞のtoではなく前置詞です。後ろに前置詞のtoを伴って意味が通る(A) contributeが正解です。contribute to ～で「～に貢献する」という意味になります。(C)はparticipate in ～の形で用いられ、toとセットにはなりません。▶(B)動強くなる、(C)動参加する、(D)動～を促進する

（難易度：●○○）

正解：(D)

44. Sonam自動車会社は、必要とする原材料を調達することができるまで、工場を閉鎖せざるをえませんでした。

解説 空所の後ろのits factoryを目的語に取り、その後ろに続く副詞のdownとあわせて意味が通る(D) shutが正解です。shutはshut *A* downの形で「Aを閉鎖する」という意味の熟語になります。その他の選択肢も他動詞として用いることができますが、目的語のすぐ後ろにdownは続きません。▶(A)動～をやめる、(B)動～を停止させる、(C)動～を遅らせる

（難易度：●●○）

正解：(C)

45. 8月31日までにカナダ湿地協議会に登録した人だけが、料金の割引を受けることができます。

解説 空所の後ろのforとあわせて意味が通る(C) registerが正解です。register for ～で「～に登録する」という意味の熟語になります。(D)はsign up for ～「～に申し込む」という熟語になれば正解でした。本問にはupがないので不適切です。▶(A)動参加する、(B)動～を購入する、(D)動署名する

（難易度：●●●）

46. The public relations officer confirmed she will ------- the press conference forward due to the urgency of the matter.
(A) hold
(B) move
(C) take
(D) change

47. Having been to the studio before, the advertising director will ------- the hair stylist to the photoshoot on Monday.
(A) accompany
(B) travel
(C) encourage
(D) receive

48. When the new policy ------- into effect, safety inspections will be conducted more frequently than they have been in the past.
(A) comes
(B) influences
(C) keeps
(D) affords

49. Ms. Garcia ------- in winning a $1.2 million contract for RET Electric, the largest ever obtained by the company.
(A) awarded
(B) bonded
(C) succeeded
(D) acquired

50. The venue had ------- a large space that Mr. Green decided to reserve it for the trade show.
(A) such
(B) so
(C) enough
(D) but

語注 〈問46〉 □ public relations 広報、PR □ officer 名 責任者、役員
□ confirm 動 ～を示す □ press conference 記者会見 □ urgency 名 緊急性
□ matter 名 事柄、事件 〈問48〉 □ conduct 動 ～を行う
〈問49〉 □ win 動 ～を獲得する □ contract 名 契約 □ obtain 動 ～を獲得する
〈問50〉 □ trade show 展示会

正解：(B)

46. 事柄の緊急性が理由で、広報担当者は記者会見を繰り上げることを発表しました。

解説 空所の後ろのthe press conferenceを目的語に取り、forwardとセットで意味が通る(B) moveが正解です。move *A* forwardで「Aの日程を早める」という意味の熟語になります。関連して、「日程を遅らせる、日程を延期する」はpush *A* backで表すことができます。あわせて覚えておきましょう。▶(A)動～を持つ、(C)動～を取る、(D)動～を変更する

（難易度：🧪🧪🧪）

正解：(A)

47. 広告ディレクターは以前スタジオに行ったことがあるので、月曜日にヘアスタイリストと撮影現場まで一緒に行く予定です。

解説 空所の後ろのthe hair stylistを目的語に取り、その後ろにある前置詞のtoとセットで意味が通る(A) accompanyが正解です。accompany *A* to *B*の形で「AとBまで一緒に行く」という意味の熟語です。▶(B)動～を旅行する、(C)動～を励ます、(D)動～を受け取る

（難易度：🧪🧪🧪）

正解：(A)

48. 新しい方針が発効した際は、安全点検は過去に行われてきたよりも頻繁に行われることになります。

解説 空所の後ろのinto effectに注目。これは動詞comeとセットになり、come into effect「効力を生じる」という意味の熟語になります。よって、(A) comesが正解です。(C)も自動詞ですが後ろにinto effectを続けることができません。また、(B)(D)は他動詞なので前置詞は続きません。▶(B)動influence「～に影響を与える」(三人称単数現在形)、(C)動keep「保つ」(三人称単数現在形)、(D)動afford「～を与える」(三人称単数現在形)　（難易度：🧪🧪🧪）

正解：(C)

49. Garciaさんは RET電力会社との120万ドルの契約を獲得することに成功し、それは会社がこれまでに獲得した中で最大の契約でした。

解説 後ろにin *doing*を伴い意味が通るのは(C) succeededのみです。succeed in *doing*で「～することに成功する」という意味になります。▶(A)動award「～を授与する」(過去形)、(B)動bond「くっつく」(過去形)、(D)動acquire「～を獲得する」(過去形)

（難易度：🧪🧪🧪）

正解：(A)

50. 空間が非常に広々としていたので、Greenさんは展示会のためにその会場を予約することに決めました。

解説 that節とセットで用いられる(A)と(B)が正解候補ですが、語順から(A) suchが正解です。such a large space that ～で「非常に大きな空間なので～」という意味になります。soを用いる場合も同様の意味を表すことができますが、その場合はso large a spaceの語順になります。〈such a＋形容詞＋名詞＋that ～〉と〈so＋形容詞＋a＋名詞＋that ～〉が共に「非常に(形容詞)な(名詞)なので～」という意味であることをおさらいしておきましょう。▶(B)副非常に、(C)形十分な、(D)接～だが　（難易度：🧪🧪🧪）

51. Banna Financial had very little profit in the last quarter, so they ------- to hire a new business consultant to improve their business.
(A) postponed
(B) decided
(C) appreciated
(D) practiced

52. The supervisor believes that his team will reach their sales target only if they ------- closely with each other.
(A) encourage
(B) generate
(C) collaborate
(D) step

53. Out of the dozen or so hiking trails that ------- to Fontaine Falls, the Evergreen Path is the most challenging.
(A) result
(B) lead
(C) alleviate
(D) travel

54. Many customers complained that the instructions were ------- complicated that they could not assemble the components appropriately.
(A) so
(B) less
(C) or
(D) such

55. No sooner had Ms. O'Connell's presentation ended ------- several attendees raised their hands to ask questions.
(A) what
(B) so
(C) than
(D) around

語注 〈問51〉 □ **quarter** 名 四半期　〈問52〉 □ **supervisor** 名 監督者
□ **target** 名 目標　□ **only if ～** ～の場合に限り　□ **closely** 副 密接に
〈問53〉 □ **dozen** 名 ダース（12個）　□ **trail** 名 小道　□ **fall** 名 滝
〈問54〉 □ **complain that ～** ～であると不満を言う　□ **component** 名 部品
□ **appropriately** 副 適切に

正解：(B)

51. Banna金融会社は第4四半期にほとんど利益がなかったので、事業を改善するために新しいコンサルタントを雇うことを決めました。

解説 to不定詞を後ろに続けることができる(B) decidedが正解です。decide to *do*で「～することを決める」という意味を表します。その他の選択肢は全てto不定詞ではなく-ing形（動名詞）が続きます。▶(A)動postpone「～を延期する」(過去形)、(C)動appreciate「～に感謝する」(過去形)、(D)動practice「～を練習する」(過去形)　(難易度：●○○)

正解：(C)

52. 監督者は、チームが互いに密接に協力しあう状況でのみ、売上目標に到達できると信じています。

解説 closelyの後ろのwithとセットで意味が通る(C) collaborate「協力する」が正解です。collaborate with ～で「～と協力する」という意味です。(A)は意味から考えると入りそうですが、他動詞なのでwithがある本問では不適切です。▶(A)動～を励ます、(B)動～を生み出す、(D)動一歩進む　(難易度：●●○)

正解：(B)

53. Fontaine滝に通じる十数のハイキングコースのうち、Evergreen山道が最も大変です。

解説 空所の後ろのto以下と結び付いて意味が通る(B) lead「通じる」が正解です。lead to ～で「(道などが) ～に通じる」という意味になります。▶(A)動生じる、(C)動～を軽減する、(D)動旅行する　(難易度：●●○)

正解：(A)

54. 多くの顧客は、説明書があまりに複雑なので適切に部品を組み立てられなかったと不満を述べました。

解説 complicatedの後ろのthatが正解のカギです。〈so＋形容詞・副詞＋that ...〉あるいは〈such a＋形容詞＋名詞＋that ...〉「非常に～なので…」となる、(A)と(D)が正解候補ですが、空所とthatの間には形容詞complicated「複雑な」のみがあるので、(A) soが正解です。▶(B)形より少ない、(C)接～か…、(D)形～のような　(難易度：●○○)

正解：(C)

55. O'Connellさんのプレゼンテーションが終わるとすぐに、出席者の数名が質問するために手を挙げました。

解説 No soonerとセットで用いられる(C) thanが正解です。no soonerはno sooner *A* than *B*の形で「AするやいなやB」という意味になります。本問では、No soonerが文頭にあります。否定を表す語句が前に出ることで直後が疑問文の語順になるというルールから、本来のMs. O'Connell's presentation had endedという語順がhad Ms. O'Connell's presentation endedとなっています。▶(A)副何の、(B)接～なので、(D)副周りに
(難易度：●●●)

セット
実力試しテスト

学習モチベーションUPの秘訣

「TOEICの勉強をしなければならないのは分かっているけど、勉強のやる気が続かない……」「ずっと勉強をしていると、だんだんモチベーションが下がってしまう……」そんな悩みを持っている方は、少なくないはずです。勉強の量や質をアップさせるには、モチベーションの維持が肝心です。ここでは、もっと学習のやる気を高めるための秘訣を3つご紹介します。

1. 夢や目標を具体的にイメージする

TOEIC学習が必要なあなたには、必ず夢や目標があるはず。「TOEIC 800点を取って、来年昇進したい！」「TOEIC満点を取って、もっと英語が話せるようになりたい！」など、TOEICのスコアを取った先にある夢や目標をイメージしましょう。“なりたい自分”をイメージすると、日々の学習がもっと捗るはずです。

2. 学習記録をつける

その日に何をどれくらい勉強したのか、学習記録をつけてみるのもおすすめです。新しく覚えた単語や表現をメモしたり、その日の学習の感想を日記のように書いたりしてもいいですね。振り返りながら、自分の学習が日々着実に進んでいることが実感できます。

3. 一緒に勉強する仲間を見つける

モチベーションUPに欠かせないのが、仲間の存在です。周りの友人やSNSのコミュニティーなどで、自分と同じように英語を学習している人を探してみましょう。目標をお互いに共有し、宣言することもモチベーションUPには効果的です。お互いに切磋琢磨して英語力を伸ばしていくことができるだけでなく、英語学習に挫折しそうなときも、勉強仲間の存在がきっと励みになるはずです。

数や比較の表現が並んだタイプ

- 文中のヒントから、数や比較を表す適切な語句を選ぼう
- 「数」を決めるカギは名詞にあり
- 比較のルールを覚えよう

文法の
即効薬

数や比較の表現が並んだタイプ①
空所の後ろの名詞に注目する！

例題1を解いてみて、解き方の基本STEPに沿って解けたかを確認しましょう。

例題1　　難易度：

Although ------- candidates had applied for a position, only two people made it to the final interview.

(A) much
(B) many
(C) little
(D) every

▶解き方の基本STEP

STEP 0
選択肢をチェック！

数や比較の表現が並んだタイプでは、①数の表現が並んだ問題と、②比較の表現が並んだ問題の2つに分けて解き方を学習します。

many「多くの」、little「ほとんどない」などの数を表す形容詞が選択肢に並び、空所の直後に名詞が続いている場合、①数の表現が並んだ問題が出題されていると判断しましょう。

空所の後ろの名詞に着目する！

空所の直後の名詞が可算名詞（数えられる名詞）・不可算名詞（数えられない名詞）のどちらなのか、また可算名詞であれば単数形・複数形どちらなのかをチェックします。それに応じて、正解となる形容詞が決まります。

名詞との繋がりと文意から正しい形容詞を選ぶ！

空所の直後の名詞に応じて、正しい形容詞を選びます。例えば名詞が可算名詞の複数形であれば、その形を修飾できる形容詞を選びます。

文法上空所に入りうる選択肢が複数あり、文意から正解を判断しなければならない場合もあります。空所に形容詞を当てはめ、選んだ答えで文意が通るかどうかも必ず確認しましょう。

▶例題 1 の解説

🔊 358

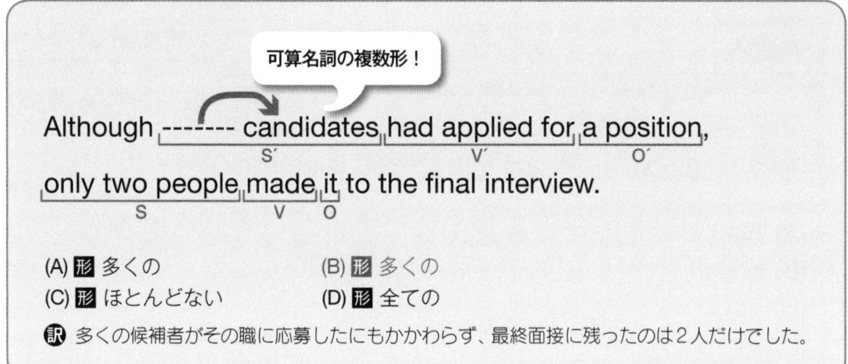

語注 □ **candidate** 名 候補者　□ **apply for ～** ～に申し込む　□ **position** 名 職、勤め口

STEP 0

選択肢をチェック！

選択肢には数に関連する形容詞が並んでいます。数や比較の表現が並んだタイプの、①数の表現が並んだ問題だと判断しましょう。

空所の後ろの名詞に着目する！

空所の後ろには、candidates「候補者（たち）」という名詞があります。これは可算名詞candidate「候補者」の複数形です。空所には、この名詞を修飾することができる形容詞を選びます。

名詞との繋がりと文意から正しい形容詞を選ぶ！

可算名詞の複数形を修飾することができるのは、(B) many「多くの」です。空所に(B)を入れると、「多くの候補者が応募したのに、最終面接に残ったのは２人だけだった」という自然な文脈になります。

(A) muchや(C) littleは不可算名詞を、(D) everyは可算名詞の単数形を修飾するため、文法上不正解です。

➡ **正解：(B)**

文法の
即効薬

数や比較の表現が並んだタイプ②
比較のキーワードを見つけ出す！

例題２を解いてみて、解き方の基本STEPに沿って解けたかを確認しましょう。

例題2

難易度：

After much trial and error for a year, the Pawapp-D2 monitor became much ------- than the previous prototype.

(A) best
(B) good
(C) better
(D) well

▶解き方の基本STEP

STEP 0

選択肢をチェック！

選択肢に形容詞や副詞の原級・比較級・最上級、あるいは比較級や最上級を修飾する表現が並んでいたら、②比較の表現が並んだ問題だと判断しましょう。

STEP 1

比較のキーワードを見つけ出す！

本文には、比較を表す表現が隠れています。比較級と一緒に使うthan「～より」や、最上級と使われる冠詞のtheなどを見つけたら、それぞれペアになる形を正解に選びましょう。キーワードは主に空所の前後に見つかりやすいです。

▶例題２の解説

359

After much trial and error for a year, the Pawapp-D2 monitor (S)

比較級のキーワード！

became (V) much ------- (C) than the previous prototype. (比べる対象)

(A) 形 最も良い（最上級）、副 最もうまく（最上級）　(B) 形 良い
(C) 形 より良い（比較級）　(D) 副 良く

訳 1年間の試行錯誤の末、Pawapp-D2モニターは以前のプロトタイプよりはるかに良いものになりました。

語注 □ trial and error 試行錯誤　□ much 副 はるかに
□ prototype 名 プロトタイプ、試作品

STEP 0 選択肢をチェック！

選択肢には、形容詞のgood「良い」と副詞のwell「良く」の原級や比較級、最上級が並んでいます。②比較の表現が並んだ問題だと判断しましょう。

STEP 1 比較のキーワードを見つけ出す！

空所の直後に、比較級と一緒に使うキーワードのthan「～より」があります。thanの後ろにはthe previous prototype「以前のプロトタイプ」とあり、主語のthe Pawapp-D2 monitor「Pawapp-D2モニター」とthe previous prototype「以前のプロトタイプ」の2つが比較されていることが分かります。よって、2つのものや人を比べる比較級の(C) better「より良い」が正解です。

➡ 正解：(C)

さらに分解！

数や比較の表現が並んだタイプでは、数や量に関する形容詞の使い分けと、比較の表現に関する知識が正解のカギになります。使い分けと知識をインプットし、確実に正解できるようにしましょう。

数や量を表す形容詞

many「多くの」やall「全ての」、little「ほとんどない」などの数や量を表す形容詞が問われる問題を攻略するには、それぞれの意味と直後に続く名詞の種類を押さえるのが必要不可欠。以下の表をまるごと覚えておきましょう。

■数を表す語と修飾できる名詞のタイプ

	数や量を表す形容詞	意味	可算名詞の単数形	可算名詞の複数形	不可算名詞
□	all	「全ての」	×	○	○
□	every	「全ての」	○	×	×
□	many	「多くの」	×	○	×
□	much	「多くの」	×	×	○
□	most	「ほとんどの」	×	○	○
□	some	「いくらかの」	○	○	○
□	any	「いくらかの、何か、どんな」	○	○	○
□	several	「いくつかの」	×	○	×
□	(a) few	「ほとんどない、いくつかの」	×	○	×
□	(a) little	「ほとんどない、少しの」	×	×	○
□	each	「それぞれの」	○	×	×
□	another	「もう１つの」	○	×	×
□	the other	「もう一方の、その他全ての」	○	○	○
□	other	「他の」	×	○	○

不可算名詞

この問題タイプでは、形容詞の直後に続く名詞が可算名詞なのか不可算名詞なのかを判別することが重要です。特に不可算名詞は可算名詞に比べて数が限られているので、頻出の語をまとめて覚えておくと便利です。ものの形が決まっていないものや、概念的なものが不可算名詞になりやすいです。

■よく出題される不可算名詞

	不可算名詞	意味
□	advice	「助言」
□	merchandise	「商品」
□	information	「情報」
□	research	「研究」
□	clothing	「衣類、衣料品」
□	weather	「天気」
□	equipment	「機器」
□	input	「意見」
□	feedback	「フィードバック」
□	transportation	「輸送、運送」
□	cooperation	「協力」

語尾にsが付かない可算名詞の複数形

可算名詞の複数形は単数形の語尾にsが付くことがほとんどですが、単語の形が大きく変わるものや、単数形と複数形でスペルが変わらないもの（単複同形）もあります。すぐに判断できるよう、このタイプに当てはまる頻出の名詞を覚えておきましょう。単複同形の名詞に対する形容詞は、可算名詞に対して使うものと同じです。不可算名詞と混同しないようにしましょう。

■語尾にsが付かない可算名詞の複数形

	可算名詞の複数形	意味
□	people	「人々」
□	men	「男性」
□	women	「女性」
□	children	「子ども」
□	staff	「職員、スタッフ」
□	criteria	「基準」
□	aircraft	「航空機」
□	percent	「パーセント」

さらに分解！

比較の表現が並んだ問題では、形容詞や副詞が変化した形（比較級・最上級）を覚えておくことが基本です。またそれらを修飾する語も出題されるので、本コーナーでまとめて覚えておきましょう。

比較の形① (-er, -est)

形容詞や副詞の多くは、原級（元の形）から、比較級「より～」(2つ・2人を比較)、最上級「最も～」(3つ・3人以上を比較）と変化します。基本的に、比較級のときには原級の語尾に-er、最上級のときは-estを付けるということを覚えておきましょう。

■-erや-estが付くパターン

原級（元の形）

This year's sales are high.

訳 今年の売り上げは高いです。

thanと用いる比較級(-er)

This year's sales are higher than that of last year.

訳 今年の売り上げは昨年の売り上げより高いです。(2つを比較)

theと用いる最上級(-est)

This year's sales are the highest in the past several years.

訳 今年の売り上げは過去数年の中で最も高いです。(3つ以上を比較)

比較の形② (more, most)

形容詞や副詞の中には、原級の語尾に-erや-estを付ける代わりに直前にmoreやmostを置いて比較級や最上級を表す語もあります。細かなルールはあるものの、少し長いスペルの語や語尾が-lyで終わる副詞はこのパターンに当てはまることが多いです。

■moreやmostが付くパターン

原級（元の形）

Staying healthy is important.

訳 健康を維持することは重要です。

thanと用いる比較級(more＋原級)

Staying healthy is more important than money.

訳 健康を維持することはお金より重要です。(2つを比較)

theと用いる最上級(most＋原級)

Staying healthy is one of the most important things in life.

訳 健康を維持することは人生で最も重要なことの1つです。(3つ以上を比較)

特別な比較の形

形容詞や副詞は、比較級のときは語尾に-erを付けるか直前にmoreを置く、最上級のときは語尾に-estを付けるか直前にmostを置くのが基本的なルールでした。その一方で、不規則変化する語も存在します。該当する語の変化形を、以下で覚えておきましょう。

■不規則変化する形容詞・副詞

	原級	比較級	最上級
□	good「良い」	better	best
□	well「良く、上手に」	better	best
□	bad「悪い」	worse	worst
□	many「(数が) 多くの」	more	most
□	much「(量が) 多くの」	more	most
□	little「少しの」	less	least

比較表現を修飾する語(句)

bigger「より大きい」ではなくeven bigger「さらにいっそう大きい」のように、比較級や最上級の前に置き程度を強調する語(句)もよく出題されます。基本的なものを以下で覚えておきましょう。

■比較級を修飾する語(句)

	修飾語(句)	意味
□	much	「ずっと」
□	far	「はるかに」
□	even	「さらにいっそう」
□	still	「さらにいっそう」
□	a bit	「少しだけ」
□	a little	「少しだけ」
□	by far	「飛び抜けて」

■最上級を修飾する語(句)

	修飾語(句)	意味
□	much	「ずっと」
□	by far	「飛び抜けて」
□	very	「まさに」

空所に入る最も適切な語句を、(A)～(D)の中から選びましょう。

1. ------- room at Sentrow Hotel has various amenities including free internet access and a small refrigerator with complimentary beverages.

(A) Most
(B) Each
(C) Little
(D) Many

2. Since Ms. Danvers will move out of town next month, she will be transferred to ------- branch.

(A) several
(B) those
(C) another
(D) most

解答・解説

360　正解：(B)

可算名詞の単数形！

1. ------- room at Sentrow Hotel has various amenities including free internet access and a small refrigerator with complimentary beverages.

(S: ------- room at Sentrow Hotel / V: has / O: various amenities)
アメニティの内容

訳 Sentrowホテルのそれぞれの部屋には、無料のインターネットや、無料の飲み物が入った小さな冷蔵庫を含むさまざまなアメニティがあります。

(A) 形 ほとんどの
(B) 形 それぞれの
(C) 形 ほとんどない
(D) 形 多くの

解説 空所の後ろの名詞に注目しましょう。room「部屋」は可算名詞の単数形です。可算名詞の単数形を修飾する(B) Each「それぞれの」を空所に入れると、Each room at Sentrow Hotel「Sentrowホテルのそれぞれの部屋」という意味になり、文意も通ります。(A) Mostは可算名詞の複数形と不可算名詞、(C) Littleは不可算名詞、(D) Manyは可算名詞の複数形をそれぞれ修飾するため、ここでは不適切です。

語注 □ **amenity** 名 特典、アメニティ　□ **complimentary** 形 無料の
□ **beverage** 名 飲み物

361　正解：(C)

2. Since Ms. Danvers will move out of town next month, she will be transferred to ------- branch.

(S′: Ms. Danvers / V′: will move out of / O′: town / S: she / V: will be transferred)
可算名詞の単数形！

訳 Danversさんは来月町の外に引っ越すので、別の支店へ転勤になります。

(A) 形 いくつかの
(B) 形 あれらの
(C) 形 別の
(D) 形 ほとんどの

解説 空所の後ろの名詞に注目します。branchは「支店」という意味の可算名詞で、ここでは単数形で用いられています。選択肢の中で、可算名詞の単数形を修飾することができるのは(C) another「別の」のみです。(C)を空所に入れると「別の支店へ転勤になる」となり文意も通ります。他の選択肢はいずれも、可算名詞の複数形を修飾します。

語注 □ **move out of ~** ～の外に引っ越す　□ **transfer** 動 転勤する

数・比較
トレーニング問題

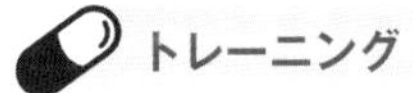

空所に入る最も適切な語句を、(A)～(D)の中から選びましょう。

3. At a construction site, providing safety to the workers is one of the ------- things.

(A) most important
(B) more importantly
(C) more important
(D) much important

4. ------- items from Wanell Clothing are made from sustainable materials that are environmentally friendly and can be recycled.

(A) Most
(B) Each
(C) More
(D) Every

解答・解説

362　正解：(A)

3. At a construction site, providing safety to the workers (S) is (V) one of the ------- things (C).

最上級が使われる形！

訳 建設現場では、作業員に安全を提供することが最も重要なことの1つです。

(A) 形 最も重要な（最上級）
(B) 副 より重大に（比較級）
(C) 形 より重要な（比較級）
(D) 形 とても重要な

解説 選択肢には、形容詞のimportant「重要な」と副詞のimportantly「重大に」の比較級や最上級が並んでいます。空所を含む名詞句の形を見ると、空所の前にはone of the、空所の後ろにはthingsという語句があります。〈one of the＋最上級＋可算名詞の複数形〉で、「最も～な…の1つ」という意味になります。よって、形容詞の最上級の形である(A) most importantが正解です。冠詞のtheは、最上級とセットで使われることが多いのでヒントになりやすいです。

語注 □ **site** 名 現場　□ **safety** 名 安全

363　正解：(A)

可算名詞の複数形！

4. ------- items from Wanell Clothing (S) are made (V) from sustainable materials [that (S′) are (V′1) environmentally friendly (C′) and can be recycled (V′2)].

訳 Wanell衣料品店のほとんどの商品は、環境にやさしく、かつリサイクルのできる、持続可能な素材で作られています。

(A) 形 ほとんどの　(B) 形 それぞれの
(C) 形 より多くの　(D) 形 全ての

解説 選択肢にはmostやeveryなど、数や量を表す形容詞が並んでいるので、空所の直後の名詞に注目しましょう。itemsは可算名詞item「商品」の複数形です。選択肢のうち、可算名詞の複数形を修飾できるのは(A)と(C)の2つですが、(A) Most「ほとんどの」を入れるとMost items from Wanell Clothing「Wanell衣料品店のほとんどの商品は」となり、文意が通ります。(C) Moreは、通常何かを比較するときに使われるので、比較対象が登場しない本問では不正解です。

語注 □ **sustainable** 形 持続可能な　□ **environmentally** 副 環境的に

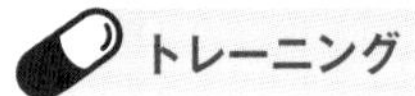

トレーニング

空所に入る最も適切な語句を、(A)～(D)の中から選びましょう。

5. The results of our experiment are significant inasmuch as they show how bacteria may develop resistance to ------- medicines.

(A) the other
(B) some
(C) a little
(D) another

6. Ms. Evans reminded her team of printing out documents at their ------- convenience before the meeting scheduled for next week.

(A) earlier
(B) early
(C) earliest
(D) earliness

解答・解説

364 **正解：(B)**

5. The results of our experiment are significant inasmuch as they show how bacteria may develop resistance to ------- medicines.

(S: The results of our experiment / V: are / C: significant / S′: they / V′: show / O′: how bacteria may develop resistance to ------- medicines)

可算名詞の複数形！

訳 私たちの実験の結果は、細菌がどのように一部の薬に対する耐性をつけるのかを示しているため、重要です。

(A) 形 もう一方の (B) 形 いくらかの
(C) 形 少しの (D) 形 もう1つの

解説 選択肢には全てsomeやa littleなどの数に関連する形容詞が並んでいるので、空所の直後の名詞に注目します。medicinesは可算名詞medicine「薬」の複数形です。可算名詞の複数形を修飾できるのは、選択肢のうち(A)と(B)の2つです。(A) the otherは「(2つのうちで) もう一方の、(3つ以上のうちで) その他全ての」という意味を表しますが、ここでは比較対象が出てこず文脈上不適切です。よって、some medicines「一部の薬」という意味になる(B) someが正解です。

語注 □ **significant** 形 重要な □ **inasmuch as ～** ～なので □ **bacteria** 名 細菌 □ **resistance** 名 耐性

365 **正解：(C)**

6. Ms. Evans reminded her team of printing out documents at their ------- convenience before the meeting scheduled for next week.

(S: Ms. Evans / V: reminded / O: her team)

最上級を使う表現！

訳 Evansさんは彼女のチームに、来週予定されている会議の前に、都合がつき次第書類を印刷するよう念を押しました。

(A) 形 より早い (比較級) (B) 形 早い
(C) 形 最も早い (最上級) (D) 名 早期

解説 選択肢には形容詞early「早い」の原級・比較級・最上級と、派生語である名詞earlinessが並んでいるので、比較の表現が並んだ問題であると判断します。空所の前にはat their、後ろにはconvenience「好都合」があることに注目。これらは、最上級の形であるearliestと共に用い、at *one's* earliest convenience「なるべく早いときに、～の都合がつき次第すぐに」という熟語になります。よって、(C) earliest「最も早い」が正解です。

語注 □ **remind *A* of *B*** AにBを思い出させる □ **document** 名 書類

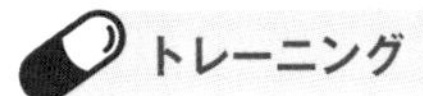

トレーニング

空所に入る最も適切な語句を、(A)～(D)の中から選びましょう。

7. The workshop intended for those who have ------- experience in drawing and painting is getting popular these days.

(A) few
(B) several
(C) many
(D) little

8. As every computer of the payroll department was finally upgraded, it is working ------- faster than before.

(A) many
(B) more
(C) most
(D) much

解答・解説

366 正解：(D)

7. The workshop intended for those [who have ------- experience in drawing and painting] is getting popular these days.

（The workshop: S / who: S´ / have: V´ / experience: O´ / is getting: V / popular: C）

不可算名詞！

難易度

訳 絵画の経験がほとんどない人々に向けたそのワークショップは、最近人気になってきています。

(A) 形 ほとんどない
(B) 形 いくつかの
(C) 形 多くの
(D) 形 ほとんどない

解説 選択肢は全てfewやseveralなど、数に関連する形容詞なので、空所の後ろに続く名詞に注目しましょう。experience「経験」には可算名詞と不可算名詞の両方の用法がありますが、ここでは複数形のsがなく冠詞もないことから、不可算名詞として用いられていると判断します。不可算名詞を修飾することができるのは(D) littleのみなので、これが正解です。他の選択肢は全て可算名詞の複数形を修飾するということも覚えておきましょう。

語注 □ **(*be*) intended for ～** ～に向けられている

367 正解：(D)

8. As every computer of the payroll department was finally upgraded, it is working ------- faster than before.

（every computer of the payroll department: S´ / was finally upgraded: V´ / it: S / is working: V）

比較級！

難易度

訳 給与部門の全てのコンピューターがついにアップグレードされたので、以前よりもずっと速く作動しています。

(A) 形 多くの
(B) 副 もっと（比較級）
(C) 副 最も（最上級）
(D) 副 ずっと

解説 選択肢にはmanyやmoreなどの比較に関する語が並んでいます。空所の直後に副詞fast「速く」の比較級fasterがあることに注目。空所に副詞の(D) much「ずっと、はるかに」を入れると、much faster than beforeで「以前よりもずっと速く」という意味になり文意が通ります。muchには、形容詞や副詞の比較級・最上級を修飾して、程度を強める働きがあるということをおさらいしておきましょう。

語注 □ **payroll** 名 給与支払い業務　□ **upgrade** 動 ～をアップグレードする

実力試しテスト

368~372

1. In the opinion of the marketing director, ------- haircare products require new packaging this year.
(A) each
(B) enough
(C) little
(D) several

2. After Mr. Bailey replaced his velvet drapes with sheer curtains, his living room was ------- brighter throughout the daytime.
(A) most
(B) much
(C) too
(D) very

3. Among the ------- challenges facing Quelton City, implementing a new parking management system will remain a top priority.
(A) much
(B) many
(C) more
(D) most

4. ------- workers of the research and development department at Feltrax Systems are dedicated to agricultural technology for the cultivation of wheat crops.
(A) One
(B) Every
(C) Another
(D) Most

5. Novaina restaurant serves a morning special, which is not as ------- as the other menu items.
(A) expensive
(B) more expensive
(C) most expensive
(D) the most expensive

語注 〈問1〉□ opinion 名 意見 〈問2〉□ drapes 名（厚手の）カーテン
□ sheer 形 薄い 〈問3〉□ face 動 ～の前に現れる □ implement 動 ～を実施する
□ priority 名 優先事項 〈問4〉□ research and development 研究開発
□ *be* dedicated to ～ ～に打ち込んでいる □ agricultural 形 農業の
□ cultivation 名 栽培 □ wheat 名 小麦 □ crop 名 作物
〈問5〉□ special 名 特別料理

正解：(D)

1. マーケティング部長の意見では、今年いくつかのヘアケア製品のパッケージを新しくする必要があるとのことです。

解説 空所には後ろにある可算名詞の複数形productsを修飾する形容詞が入ると考えられます。よって、可算名詞の単数形の前に置かれる(A)、不可算名詞の前に置かれる(C)は不適切です。(B)と(D)はどちらも文法上は問題ありませんが、(B)は何をするために十分なのかが読み取れず不自然なため、(D) several「いくつかの」が正解です。▶(A)形それぞれの、(B)形十分な、(C)形ほとんどない （難易度：🖉🖉🖉）

正解：(B)

2. Baileyさんがベルベットのカーテンを薄いカーテンに交換した後、リビングルームは昼の間中いっそう明るくなりました。

解説 空所の後ろには比較級brighterがあるので、比較級を強調する(B) much「いっそう、ずっと」が正解です。(A)は形容詞の原級の前に置かれて最上級の表現になるので、比較級と一緒には使えません。(C)は原級を、(D)は原級または最上級を強調するので不正解です。▶(A)副最も（最上級）、(C)副～すぎる、(D)副非常に （難易度：🖉🖉🖉）

正解：(B)

3. Quelton市が直面している多くの課題の中で、新しい駐車場管理システムを実施することは依然として最優先事項のままでしょう。

解説 空所の後ろにはchallengesという可算名詞の複数形があるので、不可算名詞の前に置かれる(A)は不適切です。Quelton市を他の市と比べていることは読み取れないので、比較級や最上級ではなく、原級の(B) many「多くの」が正解です。▶(A)形多くの、(C)形より多くの、(D)形ほとんどの （難易度：🖉🖉🖉）

正解：(D)

4. Feltraxシステム社の研究開発部で働いている人の大半は、小麦栽培向けの農業テクノロジーに専念しています。

解説 空所の後ろにはworkersという可算名詞の複数形があります。(A)(B)(C)はいずれも可算名詞の単数形を修飾するので不適切です。よって、(D) Most「ほとんどの」が正解です。▶(A)形1つの、(B)形全ての、(C)形もう1つの （難易度：🖉🖉🖉）

正解：(A)

5. Novainaレストランは他のメニューほど高くない朝の特別料理を提供しています。

解説 空所の前後のasがポイントです。not as ～ as ...で「…ほど～ではない」という表現になります。比較級や最上級を挟まないため、形容詞の原級(A) expensive「高価な」が正解です。▶(B)形より高価な（比較級）、(C)形最も高価な（最上級）、(D)形最も高価な（最上級） （難易度：🖉🖉🖉）

373~377

6. Ms. Shannon and ------- managing directors have yet to decide who will be taking over the sales manager position.
(A) one
(B) the other
(C) another
(D) one another

7. Although the Twombly Gallery houses a number of paintings by artist Charles O'Brien, ------- works are on display for the public.
(A) much
(B) few
(C) those
(D) anything

8. Professor Stieber and his team have been examining records of various beetle species dating back ------- a century.
(A) most
(B) anymore
(C) almost all
(D) more than

9. In accordance with our safety regulations, machine inspection must be performed ------- six months.
(A) many
(B) every
(C) several
(D) few

10. Taking the monorail is the ------- way to get to Harbor Plaza, especially when road traffic is slow on weekends.
(A) quickest
(B) quickly
(C) quicken
(D) quickness

語注 **〈問6〉** □ **managing director** (専務)取締役
□ **have yet to *do*** まだ～していない □ **take over ～** ～を引き継ぐ
〈問7〉 □ **house** 動 ～を収蔵する □ **the public** 一般の人
〈問8〉 □ **examine** 動 ～を調べる □ **record** 名 記録 □ **species** 名 種
□ **date back** さかのぼる **〈問9〉** □ **in accordance with ～** ～に従って
□ **regulation** 名 規定 □ **perform** 動 ～を実施する
〈問10〉 □ **monorail** 名 モノレール □ **traffic** 名 交通

正解:(B)

6. Shannonさんと他の取締役たちは、まだ誰が営業部長の地位を引き継ぐか決めていません。

解説 空所の後ろにはmanaging directorsという可算名詞の複数形があるので、単数名詞の前に置かれる(A)と(C)は不適切です。また、(D)はこれ自体を名詞句として扱うので、不適切です。よって(B) the other「その他全ての」が正解です。the other managing directorsは、Shannonさん以外の取締役全員を指します。▶(A)形1つの、(C)形もう1つの、(D)代お互い (難易度:🖉🖉🖉)

正解:(B)

7. TwomblyギャラリーはアーティストのCharles O'Brienによる多くの絵画を収蔵していますが、一般の人向けに展示されている作品はほとんどありません。

解説 空所には可算名詞の複数形であるworks「作品」を修飾する形容詞が入るので、不可算名詞を修飾する(A)は不適切です。さらに(D)は代名詞なので空所に当てはまりません。否定を表す形容詞の(B) few「ほとんどない」を空所に入れると、「多くの絵画を収蔵しているが一般の人向けにはほとんど(の作品が)展示されていない」という自然な文脈になります。(C)は文法上空所に入りますが、指示するものが不明なので意味の観点から不適切です。▶(A)形多くの、(C)形あれらの、(D)代何か (難易度:🖉🖉🖉)

正解:(D)

8. Stieber教授とチームは、1世紀以上前までさかのぼるさまざまなカブトムシの種の記録を調べています。

解説 空所の後ろにa century「1世紀」という「数」を表す表現があるため、(D) more than「～より多い」が正解です。(A)は可算名詞の複数形か不可算名詞を修飾するので不正解。(B)は通常否定文でnotと共に用いられ、「もはや～ない」という意味を表します。almost allはtheや、myなどの所有格の代名詞が付いた名詞の前に置かれるので、(C)も不適切です。▶(A)形ほとんどの、(B)副もはや、(C)ほとんど全ての (難易度:🖉🖉🖉)

正解:(B)

9. 私たちの安全規定に従って、機械の検査は6カ月ごとに行われる必要があります。

解説 (A)(C)(D)は数詞の前に置けません。形容詞の(B) everyは「～ごとに」という意味を持ち、その場合は名詞の複数形を修飾することができます。よって、(B)が正解です。every six monthsで「6カ月ごとに」を意味します。単数名詞を修飾するはずのeveryを置くことができるのは、six monthsを1つのかたまりとして見ているからです。▶(A)形多くの、(C)形いくつかの、(D)形ほとんどない (難易度:🖉🖉🖉)

正解:(A)

10. 交通の流れが遅い週末は特に、モノレールに乗るのがHarborプラザに行く最も速い方法です。

解説 空所は冠詞のtheと名詞のwayの間にあるので、wayを修飾する形容詞(A) quickestが正解です。theと共に用いられ、quick「速い」が最上級になっています。▶(B)副すぐに、(C)動速くなる、(D)名速さ (難易度:🖉🖉🖉)

実力試しテスト

378~382

11. With many visitors expected during the holiday season, Starmid Museum opened earlier ------- usual.
(A) than
(B) of
(C) more
(D) most

12. The latest report from the marketing department is primarily based on the interviews of ------- long-term customers.
(A) each
(B) another
(C) several
(D) everyone

13. ------- the information you need for our hiking tour is included in the itinerary, so do not forget to check it in advance.
(A) Many
(B) None
(C) Several
(D) All

14. After the chairperson rehearsed his speech a few times, he was able to deliver it ------- more smoothly than he had expected.
(A) right
(B) either
(C) far
(D) most

15. The analyst remarked that the reason for the company's stock price decline has ------- connection with the rise in interest rates.
(A) little
(B) many
(C) few
(D) anything

語注 〈問11〉 □ **visitor** 名 来館者、訪問者 〈問12〉 □ **latest** 形 最新の
□ ***be* based on ～** ～に基づいている □ **primarily** 副 主に
□ **long-term** 形 長期にわたる 〈問13〉 □ **include** 動 ～を含む
□ **itinerary** 名 旅程表 〈問14〉 □ **chairperson** 名 議長
□ **rehearse** 動 ～のリハーサルをする □ **deliver** 動 （スピーチなど）をする
〈問15〉 □ **remark** 動 ～を述べる □ **stock** 名 株式 □ **decline** 名 減少
□ **connection** 名 関連 □ **interest rates** 金利

正解：(A)

11. 休暇シーズンの間は多くの来館者が見込まれていたので、Starmid博物館は通常よりも早く開館しました。

解説 空所の前に副詞early「早く」の比較級earlierがあるので、比較対象を示す接続詞の(A) thanが正解です。通常接続詞の後には文の要素が揃った節が続きますが、本問中のthan usualは「いつもより」という意味で広く用いられる省略表現です。ここではthan it usually does(= opens)と言い換え可能です。▶(B) 前 ～の、(C) 副 もっと（比較級）、(D) 副 最も（最上級）
（難易度：●○○）

正解：(C)

12. マーケティング部の最新のレポートは主に、長期的な顧客複数名へのインタビューに基づいています。

解説 空所の後ろの可算名詞の複数形customersを修飾できる形容詞(C) severalが正解です。(A)と(B)は単数名詞の前に置かれます。(D)は代名詞なので空所に入りません。▶(A) 形 それぞれの、(B) 形 もう1つの、(D) 代 全員
（難易度：●○○）

正解：(D)

13. ハイキングツアーに必要な全ての情報が旅程表に含まれていますので、あらかじめ確認しておくことを忘れないでください。

解説 空所の後ろには冠詞のtheと不可算名詞のinformation「情報」があります。よって、不可算名詞を修飾する(D) All「全ての」が正解です。〈all the＋不可算名詞〉の形は頻出なので覚えておきましょう。(A)と(C)は可算名詞の複数形を修飾するので不適切です。▶(A) 形 多くの、(B) 副 少しも～ない、(C) 形 いくつかの
（難易度：●○○）

正解：(C)

14. 議長は、何度かリハーサルをした後、自身が予想していたよりもはるかに流暢にスピーチすることができました。

解説 空所の後ろに、副詞smoothly「流暢に」の比較級more smoothlyがあるため、〈far more＋形容詞・副詞〉で比較級の程度を強める働きを持つ副詞の(C) far「はるかに」が正解です。far moreはこの形のまま覚えてしまいましょう。▶(A) 形 正しい、(B) 形 どちらかの、(D) 副 最も（最上級）
（難易度：●●○）

正解：(A)

15. アナリストは、会社の株価が下がった理由は金利の上昇とはほとんど関係ないと述べました。

解説 空所には、後ろの名詞connection「関連」を修飾する形容詞が入ります。connectionの前には冠詞や所有格の代名詞がなく、語尾にsも付いていないことから不可算名詞として用いられていると判断します。よって、不可算名詞を修飾する(A) little「ほとんどない」が正解です。(C)も同じ意味を持ちますが、可算名詞を修飾するため不適切です。▶(B) 形 多くの、(C) 形 ほとんどない、(D) 代 何か
（難易度：●●○）

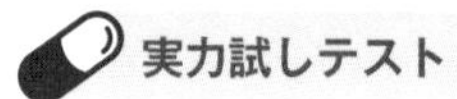

383~387

16. ------- employees in charge of training new recruits are obliged to attend the meeting held next Wednesday.
(A) Every
(B) Those
(C) Much
(D) Anything

17. Dubois Confectionery not only offers custom designed cakes but also the ------- assortment of chocolates in Montreal.
(A) broadly
(B) broadness
(C) broader
(D) broadest

18. Sampson Movers boasts that it offers more affordable rates than ------- other moving company in Orland City.
(A) any
(B) these
(C) none
(D) most

19. Although Tom Macmillan's latest film received ------- positive reviews, Jane Martin's performance was highly praised by critics.
(A) either
(B) each
(C) few
(D) little

20. Prices for home electronics at Wired Planet are significantly ------- than at other retail outlets in Wellington.
(A) low
(B) lowest
(C) lower
(D) lowly

語注 **〈問16〉** □ ***be* obliged to *do*** ～する義務がある
〈問17〉 □ **confectionery** 名 ケーキ店、菓子店　□ **custom designed** 特注の
□ **assortment** 名 詰め合わせ　**〈問18〉** □ **boast that ～** ～と豪語する
□ **moving company** 引っ越し業者　**〈問19〉** □ **positive** 形 肯定的な
□ **performance** 名 演技　□ **praise** 動 ～を称賛する
〈問20〉 □ **electronics** 名 電子機器　□ **retail outlet** 小売店

正解：(B)

16. 新入社員のトレーニングを担当している従業員は、次の水曜日に開かれる会議に参加する必要があります。

解説 空所には後ろの可算名詞の複数形employees「従業員」を修飾する形容詞が入ります。可算名詞の複数形を修飾するのは(B) Thoseのみです。このThoseは具体的に何かを指しているのではなく、後ろに人やものを修飾する語句が続くことを予告する標識として働いています。(A)は単数名詞を、(C)は不可算名詞を修飾するため不適切です。(D)はそもそも代名詞なので不適切です。▶(A)形全ての、(C)形多くの、(D)代何か　(難易度：●○○)

正解：(D)

17. Dubois店は、特注のケーキだけでなく、モントリオールで最も多種多様なチョコレートの詰め合わせも提供しています。

解説 空所には後ろの名詞assortmentを修飾する形容詞が入るため、副詞の(A)や名詞の(B)は不適切です。空所の前にはtheがあるので、形容詞の最上級である(D) broadest「最も多様な」が正解です。in Montreal「モントリオール（の中）で」の部分でどの範囲での最上級かを指しているので、意味も通ります。▶(A)副広く、(B)名広さ、(C)形より幅の広い（比較級）　(難易度：●○○)

正解：(A)

18. Sampson引っ越し会社はOrland市の他のどの引っ越し会社よりも手頃な料金を提供していると豪語しています。

解説 空所の前にはmore affordable rates than「～より手頃な価格」という比較の表現、後ろにはother moving company「他の引っ越し会社」という名詞の単数形があることに注目。〈比較級＋than any other＋単数名詞〉で「他のどの（名詞）よりも～だ」を表します。よって、この表現に当てはまる形容詞の(A) any「どんな」が正解です。▶(B)形これらの、(C)副少しも～ない、(D)形ほとんどの　(難易度：●●●)

正解：(C)

19. Tom Macmillanの最新の映画は肯定的な評価をほとんど受けませんでしたが、Jane Martinの演技は批評家たちに高く評価されました。

解説 空所には後ろにある可算名詞の複数形reviews「批評」を修飾できる形容詞が入るので、(C) few「ほとんどない」が正解です。(A)と(B)は単数名詞、(D)は不可算名詞を修飾します。▶(A)形どちらかの、(B)形それぞれの、(D)形ほとんどない　(難易度：●○○)

正解：(C)

20. Wired Planet社の家電製品の価格はウェリントンの他の小売店よりかなり低いです。

解説 空所の後ろには比較対象を示すthanがあるので、low「低い」の比較級の(C) lowerが正解です。副詞significantly「かなり」がlowerを修飾しています。▶(A)形低い、(B)形最も低い（最上級）、(D)形控え目な　(難易度：●○○)

数・比較

実力試しテスト

実力試しテスト

388~392

21. Memegon Corp. allows its employees to work ------- job on the side if they meet the special requirements.
(A) which
(B) a couple
(C) anyone
(D) another

22. During the museum tour, feel free to ask your guide ------- questions about the exhibits.
(A) that
(B) any
(C) ever
(D) this

23. The human resources director met with ------- employee individually and discussed their performance appraisals.
(A) each
(B) both
(C) much
(D) very

24. The moment Ms. Wilkinson started driving the electric vehicle, she realized it was ------- quieter than her previous car.
(A) more
(B) too
(C) very
(D) far

25. During his speech, Mr. Nichols acknowledged the ------- businesses that have made charitable donations to the Parks and Recreation Association.
(A) all
(B) each
(C) many
(D) plenty

語注 〈問21〉□ on the side 副業として □ meet 動（条件など）を満たす
□ requirement 名 必要条件 〈問22〉□ exhibit 名 展示品
〈問23〉□ performance 名 業績 □ appraisal 名 評価
〈問24〉□ electric vehicle 電気自動車 □ realize 動 ～と分かる
□ previous 形 以前の 〈問25〉□ acknowledge 動 ～に謝意を表す
□ recreation 名 気晴らし、娯楽 □ association 名 組合、協会

正解：(D)

21. Memegon社は、従業員が特別な必要条件を満たした場合に副業をすることを許可しています。

解説 空所には後ろの単数名詞job「仕事」を修飾する形容詞が入るので、(D) another「もう1つの」が正解です。「会社の仕事以外のもう1つ別の仕事」となり、意味も通ります。▶(A)代どちらの、(B)名1対、(C)代誰でも （難易度：●○○）

正解：(B)

22. 博物館ツアーの間、展示品についてどんな質問でもガイドにお気軽にお尋ねください。

解説 空所には後ろの複数名詞questions「質問」を修飾する形容詞が入ります。(A)と(D)は単数名詞を修飾する上、指しているものが不明瞭です。(C)は副詞なので本問には当てはまりません。よって、形容詞の(B) any「どんな」が正解です。▶(A)形あの、(C)副これまでに、(D)形この （難易度：●○○）

正解：(A)

23. 人事部長は従業員と個別に面談し、業績評価について話し合いました。

解説 空所には後ろの単数名詞employee「従業員」を修飾する形容詞が入ります。よって(A) each「それぞれの」が正解です。空所の少し後ろにあるindividually「個別に」とも合い、文意が通ります。(B)は名詞の複数形を、(C)は不可算名詞を修飾するので不正解です。▶(B)形両方の、(C)形多くの、(D)副非常に （難易度：●○○）

正解：(D)

24. Wilkinsonさんは、電気自動車を運転し始めた瞬間、前の自分の車よりもはるかに静かだと分かりました。

解説 空所の後ろには形容詞quiet「静かな」の比較級quieterがあるため、比較級を強調する働きのある(D) far「はるかに」が正解です。(B)は原級、(C)は原級と最上級しか強調できません。(A)は形容詞の原級と組み合わさって比較級を作ります。▶(A)副もっと（比較級）、(B)副～すぎる、(C)副非常に （難易度：●●○）

正解：(C)

25. スピーチの中でNicholsさんはParks and Recreation組合に慈善寄付を行った多くの企業に感謝しました。

解説 空所には後ろにある可算名詞の複数形businesses「企業」を修飾する形容詞が入ります。よって、(C) many「多くの」が正解です。〈the many＋複数名詞〉の形を覚えておきましょう。(A)も可算名詞の複数形を修飾できますが、all the businessesの語順にする必要があるので不正解です。(B)は可算名詞の単数形を修飾するため当てはまりません。(D)は名詞で「たくさん」という意味を表し、plenty of ～なら正解でした。▶(A)形全ての、(B)形それぞれの、(D)名たくさん （難易度：●●●）

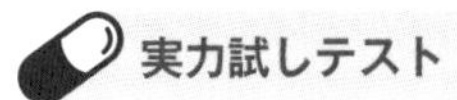

393~397

26. The sales associate suggested looking at sofas from the Sienas Series, as they are ------- for an office environment.
(A) suitability
(B) too suitable
(C) more suitable
(D) most suitably

27. ------- particularly important point to note is that the eyewash station is located next to the laboratory door.
(A) Those
(B) Each
(C) One
(D) Much

28. According to customer feedback, ------- shoppers seem to have had a great shopping experience at Lazoni Mall.
(A) most
(B) much
(C) another
(D) little

29. Many critics state that *Heart and Love* is the ------- best film of all released this year.
(A) good
(B) more
(C) by far
(D) very

30. The proposal to change the color of the waiters' uniforms has received ------- support from the franchise owners.
(A) many
(B) too
(C) little
(D) others

語注 〈問26〉 □ sales associate 店員 〈問27〉 □ particularly 副 特に
□ note 動 ～に注意を払う □ eyewash 名 洗眼液 □ station 名 場
□ located 形 位置して 〈問28〉 □ according to ～ ～によると
〈問29〉 □ critic 名 批評家 □ state 動 ～と述べる 〈問30〉 □ proposal 名 提案
□ franchise 名 フランチャイズ

正解：(C)

26. 店員は、オフィス環境にもっと適しているという理由でSienasシリーズのソファーを見てみることを提案しました。

解説 asの節の主語theyはsofas from the Sienas Seriesを指し、空所にはその補語となる形容詞が入ると考えられます。(B)はtooが否定的意味合いを持つため、「適しすぎている」という意味になり、店員が提案した理由として不適切です。そこで比較級の(C) more suitableを入れると、「(他のシリーズより)もっと適している」という意味になり、文意が通ります。▶(A)名適性、(B)形適しすぎている、(D)副最も安定して (難易度：2/3)

正解：(C)

27. 特に留意すべき事項の1つは、洗眼場は実験室のドアの横に位置しているということです。

解説 空所には、後ろにある可算名詞の単数形point「点」を修飾する形容詞が入ります。(B)は可算名詞の単数形を修飾しますが、何を指しているのか不明瞭なので不適切なため(C) One「1つの」が正解です。(A)は可算名詞の複数形を、(D)は不可算名詞を修飾するので不適切です。▶(A)形あれらの、(B)形それぞれの、(D)形多くの (難易度：2/3)

正解：(A)

28. 顧客のフィードバックによると、ほとんどの買い物客はLazoniモールで素晴らしい買い物体験をしたようです。

解説 空所には、後ろにある可算名詞の複数形shoppers「買い物客」を修飾する形容詞が入ります。よって、(A) most「ほとんどの」が正解です。(B)は不可算名詞、(C)は可算名詞の単数形、(D)は不可算名詞をそれぞれ修飾するので不適切です。▶(B)形多くの、(C)形もう1つの、(D)形ほとんどない (難易度：1/3)

正解：(D)

29. 多くの批評家は、*Heart and Love*は今年公開された全ての映画の中でまさに最高の映画だと述べています。

解説 空所の前後にthe bestという最上級があるので、空所にはこの最上級を強める副詞が入ると考えられます。条件に当てはまるのは(C)と(D)ですが、(C)はby far the bestの語順でなければならないので、(D) very「まさに」が正解です。the very bestという語順を覚えておきましょう。▶(A)形良い、(B)副もっと、(C)副はるかに (難易度：3/3)

正解：(C)

30. ウェイターの制服の色を変えるという提案は、フランチャイズのオーナーからほとんど支持を得られませんでした。

解説 空所には後ろにある名詞supportを修飾する形容詞が入ります。supportは可算名詞の用法もありますが、「支持」という意味では不可算名詞なので、(C) little「ほとんどない」が正解です。可算と不可算どちらで使われているかは意味から考えるほか、冠詞や複数形のsの有無からも判断できます。可算名詞の複数形を修飾する(A)は不正解です。▶(A)形多くの、(B)副～すぎる、(D)代他の人たち (難易度：1/3)

数・比較

実力試しテスト

実力試しテスト

🔊 398~402

31. The ------- multistory hotels that line Calmalla Beach have significantly transformed the view of the coast.
(A) another
(B) each
(C) many
(D) more

32. The customer service agent assured Ms. Fleming that Internet service would resume within ------- hours.
(A) a few
(B) any
(C) little
(D) each

33. The plant manager commented that the labor shortage situation is somewhat ------- than it was a year ago.
(A) better
(B) best
(C) good
(D) well

34. Cinego Rentals notified its members that ------- borrowed videos must be returned before it moves to its new location.
(A) every
(B) all
(C) anything
(D) much

35. Preparing for the camping trip, Melissa packed ------- extra battery in case she needs it for her flashlight.
(A) any
(B) each
(C) one
(D) some

語注 〈問31〉 □ multistory 形 高層の、多層の □ line 動 ～に沿って並ぶ
□ significantly 副 著しく □ transform 動 ～を変える □ coast 名 海岸
〈問32〉 □ agent 名 代理人、職員 □ assure 動 ～を安心させる
□ resume 動 再開する 〈問33〉 □ labor 名 労働力 □ shortage 名 不足
〈問34〉 □ notify 動 ～に知らせる 〈問35〉 □ pack 動 ～を鞄に詰める
□ extra 形 余分な □ flashlight 名 懐中電灯

正解：(C)

31. Calmallaビーチに沿って並ぶ多くの高層ホテルは、海岸の景色を大きく変えました。

解説 空所には後ろの複数名詞hotelsを修飾する形容詞が入ります。よって、(C) many「多くの」が正解です。単数名詞の前に置かれる(A)と(B)は不適切です。(D)は比較対象が不明なので不適切です。▶(A)形もう1つの、(B)形それぞれの、(D)形より多くの

（難易度：🖉🖉🖉）

正解：(A)

32. カスタマーサービスの職員はFlemingさんに、インターネットサービスは数時間以内に再開すると言って安心させました。

解説 空所の前には前置詞のwithin、後ろにはhoursがあることに注目。within a few hoursで「数時間以内で」という表現になります。よって、(A) a fewが正解です。(B)もhoursのような可算名詞の複数形を修飾することができ、「いくらかの」という意味では空所に当てはまりそうですが、この意味でのanyは通常疑問文やifの節の中で用いられるため不正解です。▶(B)形どんな、(C)形ほとんどない、(D)形それぞれの （難易度：🖉🖉🖉）

正解：(A)

33. 工場長は、労働力不足の状況は1年前よりもいくぶん良いとコメントしました。

解説 空所の後ろにthanがあるため、空所には比較級が入ると判断しましょう。good「良い」の比較級である(A) betterを入れるとbetter than ～「～よりも良い」となり文意が通ります。副詞のsomewhat「いくぶん」がbetterを修飾しています。▶(B)形最も良い（最上級）、(C)形良い、(D)副良く

（難易度：🖉🖉🖉）

正解：(B)

34. Cinegoレンタル店は、新しい場所へ移転する前に貸し出された全てのビデオを返却してもらう必要があると会員に告知しました。

解説 空所には後ろの複数名詞videos「ビデオ」を修飾する形容詞が入ります。単数名詞の前に置かれる(A)と不可算名詞の前に置かれる(D)は不適切です。よって(B) all「全ての」が正解です。▶(A)形全ての、(C)代何か、(D)形多くの （難易度：🖉🖉🖉）

正解：(C)

35. Melissaはキャンプ旅行の準備をしているときに、懐中電灯に必要になる場合に備えて1つ余分に鞄に電池を詰めました。

解説 空所には後ろにある可算名詞の単数形battery「電池」を修飾する形容詞が入ります。文法上どれも可算名詞の単数形を修飾しますが、文意から最も適切なのは(C) one「1つの」です。one extra batteryで「余分な電池1つ」を意味します。(A)は「いくらかの」という意味で考えると正解に思えますが、通常疑問文やifの節の中で用いられるので不適切です。(D)も同様に「いくらかの」という意味で考えると正解に思えますが、可算名詞の単数形を修飾する場合には「不特定の～、知らない～」という意味になるので文意が通りません。具体的には、some girl「（どこの誰だか分からない）ある女の子」のように用います。▶(A)形どんな、(B)形それぞれの、(D)形不特定の

（難易度：🖉🖉🖉）

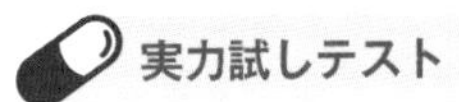

36. What most listeners like about Radio QRP is that it plays ------- commercials during the morning rush hour.
(A) none
(B) each
(C) few
(D) much

37. Ms. Lukowski felt that the second lecture on the importance of diversity in education was ------- compared to the other.
(A) too informatively
(B) much informative
(C) most informative
(D) more informative

38. Before her lunch break, Ms. Harwood checked if ------- e-mails had been sent by her supervisor.
(A) sometime
(B) another
(C) any
(D) one

39. As we prepare for departure, we ask that you put ------- carry-on baggage in the overhead storage compartments.
(A) very
(B) all
(C) many
(D) none

40. The press release stated that the contract between Savona Medical and Pasell Pharma will expire in ------- a month.
(A) a little
(B) little more
(C) least
(D) less than

語注 〈問36〉 □ **listener** 名 聴取者、リスナー 〈問37〉 □ **diversity** 名 多様性
〈問38〉 □ **break** 名 休憩 □ **supervisor** 名 上司
〈問39〉 □ **carry-on** 形 機内に持ち込める □ **overhead** 形 頭上の
□ **compartment** 名 物入れ、仕切られた区画 〈問40〉 □ **state** 動 ～と述べる
□ **contract** 名 契約 □ **expire** 動 終了する

正解:(C)

36. 多くのリスナーがラジオQRPについて気に入っていることは、朝のラッシュアワーの間、ほとんどコマーシャルを流さないことです。

解説 空所には後ろの複数名詞commercials「コマーシャル」を修飾する形容詞が入ります。よって、(C) few「ほとんどない」が正解です。広告の流れないラジオ番組はリスナーに好まれると考えられるので、文意も通ります。単数名詞を修飾する(B)や不可算名詞を修飾する(D)は不適切です。▶(A) 副 少しも～ない、(B) 形 それぞれの、(D) 形 多くの (難易度:●○○)

正解:(D)

37. Lukowskiさんは、教育における多様性の重要性に関する2番目の講義の方が、もう一方に比べてより有益だと感じました。

解説 空所の後ろを見るとcompared to the other「もう一方に比べて」とあるので、2つのものを比較している文だと判断できます。よって、形容詞informative「有益な」の比較級である(D) more informative「より有益な」が正解です。the otherはthe other lecture「もう一方の講義」のことを表しています。▶(A) 副 知識を提供しすぎて、(B) 形 とても有益な、(C) 形 最も有益な(最上級) (難易度:●○○)

正解:(C)

38. 昼休憩の前にHarwoodさんは、上司から何かしらのEメールが送られていないかを確認しました。

解説 空所には後ろにある複数名詞e-mails「Eメール」を修飾する形容詞が入ります。複数名詞を修飾するのは形容詞の(C) any「何か」のみです。(B)と(D)はどちらも名詞の単数形を修飾するので不適切です。▶(A) 副 いつか、(B) 形 もう1つの、(D) 形 1つの
(難易度:●○○)

正解:(B)

39. 出発の準備をいたしますので、全ての機内持ち込み荷物を頭上の物入れにお入れくださいますようお願いいたします。

解説 空所には、後ろの不可算名詞baggage「荷物」を修飾する形容詞が入ります。よって、選択肢の中で唯一不可算名詞を修飾することができる(B) all「全ての」が正解です。baggage「荷物」は、鞄やキャリーバッグなど具体的に形が想像できるものの「総称」なので、不可算名詞として扱われています。(C)は可算名詞の複数形を修飾するので不適切です。▶(A) 副 非常に、(C) 形 多くの、(D) 副 少しも～ない (難易度:●●○)

正解:(D)

40. Savonaメディカル社とPasell製薬会社の間の契約が1カ月以内に満了するとプレスリリースに記載がありました。

解説 後ろのa monthという「数」を表す表現の前に置かれ意味が通る(D) less than「～より少ない」が正解です。less自体は、不可算名詞と共に用いられ「(量が)ほとんどない」という意味になる形容詞littleの比較級ですが、less thanの形のときは「量」だけではなく「1カ月」のような具体的な「数」の前にも置かれます。▶(A) 形 少しの、(B)もう少し、(C) 形 最も少ない(最上級) (難易度:●●●)

408~412

41. Prior to our photography workshop, participants are instructed to familiarize themselves with ------- function of their camera.
(A) much
(B) everyone
(C) each
(D) those

42. Alphastar Graphics continuously strives to enhance employee satisfaction by offering a variety of monetary incentives and ------- benefits.
(A) other
(B) little
(C) much
(D) every

43. The survey revealed that consumers generally prefer the X-Slim laptop because it is ------- lighter in comparison to other models.
(A) more
(B) a lot
(C) most
(D) all

44. At the Food & Beverage Fair, there will be ------- opportunities to sample products and learn how they are made.
(A) plenty
(B) most
(C) many
(D) every

45. ------- files will be affected by the software update, but do not turn off your computer during the installation.
(A) Each
(B) No
(C) One
(D) Almost

語注 〈問41〉□ prior to ～ ～の前に □ *be* instructed to *do* ～するよう指示される □ familiarize *A* with *B* AにBを慣れさせる 〈問42〉□ continuously 副 継続的に □ satisfaction 名 満足 □ monetary 形 金銭的な □ benefits 名 手当 〈問44〉□ sample 動 ～を試食・試飲する 〈問45〉□ affect 動 ～に影響を与える

正解：(C)

41. 写真のワークショップに先立って、参加者はカメラの各機能に慣れておくことを指示されます。

解説 空所には、後ろにある可算名詞の単数形function「機能」を修飾する形容詞が入ります。よって、(C) each「それぞれの」が正解です。不可算名詞を修飾する(A)や可算名詞の複数形を修飾する(D)は不適切です。▶(A)形多くの、(B)代全員、(D)形あれらの

(難易度：●○○)

正解：(A)

42. Alphastarグラフィックスは、さまざまな金銭的なインセンティブやその他の手当を提供することで、従業員の満足度を高めるよう継続的に努力しています。

解説 空所には、後ろにある可算名詞の複数形benefits「手当」を修飾する形容詞が入ります。空所に(A) other「他の」を入れると、offering以下が「金銭的なインセンティブと他の手当」となり意味も通ります。不可算名詞を修飾する(B)や(C)、また可算名詞の単数形を修飾する(D)は不適切です。▶(B)形ほとんどない、(C)形多くの、(D)形全ての (難易度：●○○)

正解：(B)

43. その調査は、他のモデルに比べてはるかに軽いという理由で、消費者がおおむねX-Slimノートパソコンの方を好んでいることを示していました。

解説 空所の後ろにlighterという比較級があるため、比較級を強調する働きを持つ(B) a lot「はるかに」が正解です。lighterは形容詞light「軽い」の比較級なので、その前に比較級の(A) moreを重ねて置くことはできません。lighterの後ろのin comparison to「～と比べて」は、thanと同じく、比較対象を示す表現です。▶(A)副もっと（比較級）、(C)副最も（最上級）、(D)形全ての

(難易度：●●○)

正解：(C)

44. 食料・飲料フェアでは、製品を試食・試飲し、それらがどのように作られているかを知るための機会が多くあります。

解説 空所には後ろにある可算名詞の複数形opportunities「機会」を修飾する形容詞が入ります。正解候補は(B)と(C)ですが、(B)は「ほとんどの機会がある」となり文意が通りません。よって、(C) many「多くの」が正解です。(D)は可算名詞の単数形を修飾するので不正解です。(A)は、plenty of ～の形であれば正解になります。▶(A)名たくさん、(B)形ほとんどの、(D)形全ての

(難易度：●○○)

正解：(B)

45. ソフトウェアの更新によりファイルが影響を受けることはありませんが、インストール中はコンピューターの電源を切らないでください。

解説 空所には後ろにある可算名詞の複数形files「ファイル」を修飾する形容詞が入ります。よって、可算名詞の複数形を修飾する(B) No「何も～ない」が正解です。(A)と(C)はどちらも可算名詞の単数形を修飾するので不正解です。▶(A)形それぞれの、(C)形1つの、(D)副ほとんど

(難易度：●○○)

試験直前にやるべき3つのこと

本番ではPart 5の問題だけでなく、他のPartも解かなければなりません。Part 5をすらすら解けるかどうかは、特にリーディングの試験の得点を握るカギとなります。ここではPart 5の対策に絞って、試験直前（試験3日前～試験当日）にやるべき3つのことをお伝えします。

1. これまでに解いた模試をもう1周する

試験前に焦ってしまい、いろいろな問題を解こうとする学習者の方は非常に多いです。しかし、試験直前にはこれまでの知識が定着しているかの「おさらい」をすることが重要です。以前取り組んだ模試を、もう一度時間を計って本番同様の状態で解いてみましょう。覚えた「つもり」だった基本的な文法項目の抜け漏れが拾えます。

2. 問題タイプごとに、解き方の基本STEPをおさらいする

問題タイプごとに、解き方の基本STEPは異なりましたね。1章～8章の例題で学習したSTEPを、もう一度おさらいしておきましょう。「この問題タイプの場合、特に空所の後ろの名詞に注目するんだ」など、具体的な解き方の流れが頭に入っていると、本番でもすらすらと問題を解くことができます。

3. これまでに暗記してきた単語や表現を復習する

これまでに覚えてきた単語や表現の復習は、試験当日のスキマ時間に特に有効です。動詞や前置詞の熟語のリストや前置詞・接続詞の意味のリストなど、さらに分解！　で学習した表を中心に復習し、本番に備えましょう。

最後に……
メディアビーコンの英語コーチ梅田から
皆さんへの応援メッセージがあります。

模擬試験

最後に
模擬試験3回分を解いて、
理解度チェック＆腕試し！

同じ問題を何度も解き、
理解度を高めるのが
重要です。

模擬試験 TEST 1

（制限時間 10分）

101. The recently opened factory is part of a global ------- by Veltora Energy, which has been growing rapidly.
(A) expansive
(B) expansively
(C) expansion
(D) expands

102. Lapham Developers has purchased a piece of land along the Kleine River and plans ------- a hotel there.
(A) to build
(B) building
(C) have built
(D) will build

103. Please fill out the employee questionnaire and deposit it in the collection box ------- the administration office.
(A) without
(B) outside
(C) following
(D) between

104. ------- some maintenance work inside our building will be carried out, there will be a temporary power outage tomorrow.
(A) Among
(B) But
(C) Since
(D) Until

105. The president's memo stated that all employees in our division must change ------- computer passwords by Friday.
(A) them
(B) they
(C) their
(D) themselves

106. So that the branch offices can achieve their sales goals, they will need to better understand ------- our products work.
(A) how
(B) which
(C) who
(D) whose

107. A survey conducted by the Schofield Clinic ------- most of its patients are highly satisfied with its services and care.
(A) indicates
(B) indication
(C) indicating
(D) indicator

108. By the end of this month, Kleensol Chemical ------- its license for hazardous material collection and disposal.
(A) will be renewed
(B) has been renewed
(C) has renewed
(D) will have renewed

109. Your identification card should ------- be clipped to your uniform pocket or worn on a lanyard around your neck.
(A) as if
(B) both
(C) whether
(D) either

110. Yosmo Logistics has ------- branch offices around the world and will soon open a new one in Tokyo.
(A) each
(B) many
(C) little
(D) any

111. All the organization's staff members ------- their enthusiasm for the proposal to expand their tree-planting initiative.
(A) expressive
(B) expressively
(C) expressed
(D) expression

112. Any lost article turned in to the station ticket office is kept there ------- the owner can claim it.
(A) over
(B) rather
(C) through
(D) until

113. Our design team works ------- with customers to come up with solutions that will optimally meet all their needs.
(A) closely
(B) closed
(C) closing
(D) closeness

114. Members of the Charlotte and Stars baseball team greeted fans and signed autographs ------- of the playoff game.
(A) even
(B) aside
(C) nearly
(D) ahead

115. With the funds ------- in its bank account, the charity will cover costs associated with its next fundraising campaign.
(A) remained
(B) remaining
(C) remain
(D) remains

116. We regularly evaluate our sustainability practices in order to track progress and identify areas ------- improvement is needed.
(A) why
(B) what
(C) which
(D) where

117. ------- entering into an agreement with the service provider, Ms. Mitchell thoroughly researched its history and credentials.
(A) As long as
(B) Provided that
(C) Thanks to
(D) Before

118. Please remember to ------- all the recyclable bottles, cans, and paper to the collection site by 9:00 A.M. on Thursdays.
(A) take
(B) ensure
(C) place
(D) separate

119. The deadline for completing the project ------- because the coordinator had to take some time off from work.
(A) had extended
(B) is extending
(C) was extended
(D) extends

120. The personnel director will meet individually ------- each staff member at our branch to discuss the employee performance evaluation.
(A) with
(B) of
(C) upon
(D) from

121. At the Pinkerton Library, ------- assist patrons with finding books and answer their questions about our services.
(A) we
(B) our
(C) us
(D) ourselves

122. The latest smartphone made by Kerntech is ------- priced than its predecessor, which has a wider touchscreen.
(A) affordable
(B) affordably
(C) most affordably
(D) more affordably

123. Some manufacturers could have difficulty ------- with the new regulation if it is implemented too soon.
(A) compliantly
(B) compliance
(C) comply
(D) complying

124. The supervisors at Foster Steelworks devote a considerable amount of time to ------- on-the-job training.
(A) overseeing
(B) overseen
(C) have overseen
(D) be overseen

125. The attached brochure includes ------- of our new series of telescopes along with details on pricing and shipping.
(A) specify
(B) specific
(C) specifications
(D) specified

126. David Sutton's book, which is all ------- how to identify promising investment opportunities, will be released on October 4.
(A) through
(B) across
(C) about
(D) into

127. Food and beverage establishments in Rochester can now apply for a permit ------- them to serve food outdoors.
(A) allowable
(B) allowably
(C) allowance
(D) allowing

128. The vice president of operations, ------- assumed the post last month, will join the press conference following the shareholders meeting.
(A) who
(B) when
(C) which
(D) what

129. Owing to its proximity to Sao Paulo's main bus terminal, Ms. Vieira's gift shop is ------- busy with customers.
(A) consistently
(B) consisted
(C) consistent
(D) consisting

130. Ms. Garcia will be unavailable to teach her aerobics class, so the new instructor will teach it for -------.
(A) her own
(B) herself
(C) her
(D) hers

模擬試験 TEST 2

（制限時間 10分）

101. The selection of fresh produce at Ms. Schumer's grocery store ------- greatly from one season to the next.
(A) varying
(B) vary
(C) various
(D) varies

102. ------- the grand opening of Anita's Spa & Salon, we will hold a ribbon-cutting ceremony on April 16.
(A) To celebrate
(B) Celebrate
(C) Celebrated
(D) To be celebrated

103. Double the usual number of research papers has been submitted to the journal ------- the past three months.
(A) into
(B) along
(C) down
(D) over

104. During his lunch break, Mr. Mitchell had his picture taken for the purpose of ------- his passport.
(A) renewing
(B) renewal
(C) renewably
(D) renewable

105. The stonemason measured the width and length of the limestone block before ------- cut it in half.
(A) he
(B) his
(C) him
(D) himself

106. Hornek Industries acquired Alcott Manufacturing to expand its production capability and ------- more warehousing space.
(A) securing
(B) secure
(C) securely
(D) security

107. The final stop on our tour was once the home of a well-known politician ------- served as Waltham's first mayor.
(A) when
(B) where
(C) what
(D) who

108. Radio QTX serves the community of Corktown ------- providing in-depth local news, relaxing music, and interesting talk shows.
(A) of
(B) by
(C) on
(D) to

109. When it comes to running a busy retail store, it can be ------- for managers to keep track of inventory.
(A) difficulties
(B) difficulty
(C) as difficult as
(D) difficult

110. Determining which fertilizers are best for growing specific types of vegetables ------- help from a master gardener.
(A) have required
(B) are requiring
(C) to require
(D) may require

111. Everyone was so pleased with the performance that they ------- applauded and stood up as soon as it ended.
(A) both
(B) any
(C) once
(D) either

112. ------- parking is available in the underground garage of the Jefferson Building, it is often full of cars during the daytime.
(A) During
(B) While
(C) Concerning
(D) Whether

113. If you ------- this coupon with your membership card at the checkout counter, you will receive a discount.
(A) presentation
(B) presently
(C) presenting
(D) present

114. After Mr. Favreau had assumed the position of personnel director, he ------- the human resources strategy.
(A) reviewing
(B) is reviewing
(C) has reviewed
(D) reviewed

115. Sales of our summer apparel increased by more than forty percent ------- after we launched our advertising campaign.
(A) short
(B) shortest
(C) shortly
(D) shorten

116. Before the new tenant signed the rental agreement, Mr. White requested that the air conditioner be replaced ------- a modern unit.
(A) until
(B) despite
(C) with
(D) among

117. ------- packages delivered to the Presidia Building must be put through the X-ray scanning machine.
(A) Each
(B) Almost
(C) All
(D) One

118. The festival director will deliver a short speech at 10:00 A.M., ------- the event will be getting started.
(A) what
(B) which
(C) when
(D) whose

119. Many residents have welcomed the new resort, whereas others are unhappy about it ------- public access to Salmon Lake.
(A) obstructing
(B) obstructive
(C) obstructs
(D) obstruction

120. The supervisor bought some stationery online but forgot to make a record of the purchase ------- the accounting department.
(A) into
(B) after
(C) for
(D) about

121. Please refer to the diagram on page four, ------- outlines the process of developing the proposed communications system.
(A) what
(B) how
(C) when
(D) which

122. The contractor recommended porcelain tiles for the kitchen floor because they are ------- to clean.
(A) ease
(B) easily
(C) easing
(D) easy

123. The costume designers had barely finished making the dresses for the theater production ------- they were assigned a new project.
(A) when
(B) for
(C) apart
(D) whereas

124. Prior to ------- the medication, the nurse carefully read its label and the patient's medical record.
(A) administers
(B) administering
(C) administration
(D) administer

125. ------- the considerable efforts of our social media team, sales have nearly tripled since January of last year.
(A) Unless
(B) Because
(C) Owing to
(D) In order to

126. After trying on the sneakers, Mr. Turner told the clerk that ------- smaller would probably not fit.
(A) all
(B) every
(C) anything
(D) much

127. The newspaper article reported that the government will soon ------- camping to certain areas of Emswood Park.
(A) monitor
(B) restrict
(C) oversee
(D) inform

128. The gallery not only features numerous exhibitions but also ------- organizes cultural events for the public.
(A) regulars
(B) regular
(C) regularly
(D) regularity

129. Due to its vicinity to the center of the city, south Dublin is ------- than other parts of the city.
(A) expensive
(B) expensively
(C) most expensive
(D) more expensive

130. A large amount of the textiles we use is supplied by Clotho Mills, one of ------- partner companies.
(A) ours
(B) our
(C) us
(D) we

模擬試験 TEST 3

(制限時間 10分)

101. Lodestar has announced in a press release that it ------- in the Astoria Beach cleanup next Saturday.
(A) participating
(B) will participate
(C) participated
(D) has participated

102. After evaluating the shipping damages, the delivery company took measures to avoid ------- the same mistake.
(A) repetition
(B) repeating
(C) repeatedly
(D) repetitive

103. Sales of our heart rate monitor have been increasing steadily ------- fierce competition in the healthcare market.
(A) toward
(B) where
(C) despite
(D) although

104. Macroto, Inc., today announced its ------- of Apstar Corp., a leading software development company based in Canada.
(A) acquirer
(B) acquiring
(C) acquirable
(D) acquisition

105. ------- who reads Carlie Jordan's novel will be absorbed in his writing skill and the deep knowledge he has.
(A) Anyone
(B) Those
(C) Everything
(D) All

106. Tomorrow's concert at Hathor Stadium will be headlined by Jayden Bishop, ------- latest album is very popular.
(A) whose
(B) who
(C) what
(D) which

107. Installation of a sculpture in Central Park that was planned for yesterday ------- due to the stormy weather.
(A) was suspending
(B) to be suspended
(C) suspended
(D) was suspended

108. If you no longer wish to receive our newsletter, please contact us to unsubscribe ------- our mailing list.
(A) from
(B) with
(C) on
(D) among

109. With constant advances in industrial robots, these systems are proving ------- effective in the manufacturing industry.
(A) increasing
(B) increase
(C) increased
(D) increasingly

110. ------- harsh reviews of Enzo Romano's documentary were posted online soon after it was released.
(A) Some
(B) Much
(C) Little
(D) Each

111. The Pellston Institute is ------- several local organizations that are eligible for funding through a grant.
(A) among
(B) over
(C) until
(D) except

112. The community center offers various workshops as well as a professional development program for Bowen Island -------.
(A) residents
(B) residential
(C) residentially
(D) residence

113. Some executives were satisfied with the outcome of the negotiations, ------- others felt they could have reached a better deal.
(A) unlike
(B) whereas
(C) after all
(D) concerning

114. Lanza & Kapoor works with private collectors and art galleries ------- artworks to their original appearances.
(A) were restored
(B) will be restoring
(C) to restore
(D) restored

115. The developer of the ------- condominium project will need approval from the city council to move forward with its plan.
(A) proposal
(B) proposed
(C) proposing
(D) proposer

116. The new Phydro heating system is not only economical compared to others ------- better for the environment.
(A) so that
(B) but also
(C) such as
(D) as for

117. All the directors at Oceanpax Cruises expressed their sincere appreciation for the president's significant ------- to the company.
(A) contributive
(B) contributions
(C) contributing
(D) contributes

118. Dr. McCarthy's latest article, published in the Biosphere Journal, is mostly ------- the research he conducted last year.
(A) within
(B) upon
(C) about
(D) since

119. CornVeggies needs ------- feedback to enhance our service and better serve customers.
(A) you
(B) your
(C) yours
(D) yourself

120. When an error is spotted on the Web site, the marketing manager will make ------- right away.
(A) correctable
(B) correctly
(C) corrections
(D) correct

121. The Kingsal Ferry charges an extra transportation fee ------- any vehicle that is longer than six meters.
(A) for
(B) at
(C) as
(D) by

122. Please consult the employee handbook for details on protective gear ------- should be worn in the factory.
(A) when
(B) that
(C) what
(D) who

123. The painting in the lobby is so ------- that many visitors take a moment to appreciate it upon entering the building.
(A) impresses
(B) impression
(C) impressive
(D) impressively

124. The focus group preferred the ------- of the three types of potato chips created by our R&D department.
(A) thick
(B) thicker
(C) thickest
(D) thicken

125. The Hawthorne district of Portland will have a new music venue ------- its construction is completed in October.
(A) around
(B) yet
(C) so
(D) once

126. At some restaurants in the downtown area, ------- casual attire such as sportswear is not considered appropriate.
(A) will have worn
(B) are wearing
(C) had worn
(D) wearing

127. As soon as the new factory becomes operational, ------- plan to start hiring for both part-time and full-time positions.
(A) we
(B) our
(C) ours
(D) ourselves

128. Please make an appointment two weeks ------- advance so that we can meet your preferred time slot requests.
(A) in
(B) without
(C) for
(D) during

129. The travel agent estimated that Ms. Wilson's trip would cost ------- $1,200 more if she departed on the holiday.
(A) approximately
(B) approximating
(C) approximate
(D) approximation

130. The workshop organizers will ------- each of the participants with presentation handouts when they arrive.
(A) provide
(B) bring
(C) distribute
(D) assign

正解：(C)

101. 最近操業を始めた工場は、急速に成長し続けているVeltora Energy社によるグローバル展開の一部です。

解説 空所は形容詞globalと前置詞句by Veltora Energyの間に入り、それぞれによって修飾される位置にあります。形容詞が修飾するのは名詞なので、名詞の(C) expansion「拡大、展開」が正解です。▶(A)形 広々とした、(B)副 発展的に、(D)動 expand「～を拡大する」(三人称単数現在形)
品詞（難易度：●○○）

正解：(A)

102. Lapham宅地開発業者はKleine川沿いの土地を購入しており、そこにホテルを建設する計画を立てています。

解説 空所直前の動詞plansは、目的語に動詞を取る場合は-ing形ではなくto不定詞を伴うので、(A) to buildが正解です。andによってhas purchasedとplansという2つの述語動詞が並列されていることを押さえましょう。一見plansが名詞で主語の働きをしているように思えるかもしれませんが、その場合、述語動詞となりえる(C)や(D)を空所に入れても意味が通らないため、不適切です。▶(B)動 build「～を建てる」(-ing形)、(C)動(現在完了形)、(D)動(未来を表す形)
動詞（難易度：●○○）

正解：(B)

103. 従業員アンケートに記入し、管理事務所の外にある回収箱に入れてください。

解説 前置詞が持つイメージを理解できているかがカギになる問題です。「回収箱」は「管理事務所」から見てどこにあるのかを考えると、「位置関係」や「場所」を表す前置詞の(B) outside「～の外に」が正解と分かります。(C)「～の後に」は時間や順序について用います。(D)「～の間に」は、基本的に2つのものについて述べるため、不適切です。▶(A)前 ～なしに、(C)前 ～の後に、(D)前 ～の間に
前置詞（難易度：●●○）

正解：(C)

104. 建物内のメンテナンス作業が行われるので、明日一時的な停電があります。

解説 空所の後ろからカンマまでは主語と述語動詞がある完全な文＝節なので、空所には接続詞が入ります。メンテナンス作業が明日の停電の「理由」だと考えられるので、接続詞の(C) Since「～なので」が正解です。▶(A)前 ～の間で、(B)前 ～を除いて、接 しかし、(D)前 ～までずっと、接 ～するまでずっと
前置詞・接続詞（難易度：●●○）

正解：(C)

105. 社長の連絡メモには、私たちの部署の全ての従業員は金曜日までにコンピューターのパスワードを変更しなくてはならないと書いてありました。

解説 空所と後ろの名詞句のかたまりがchange「～を変える」の目的語です。名詞の前に置けるのは所有格の代名詞なので、(C) their「彼らの」が正解です。▶(A)代 彼らを［に］(目的格)、(B)代 彼らは(主格)、(D)代 彼ら自身(再帰代名詞)
代名詞（難易度：●○○）

語注 〈問101〉□ **rapidly** 副 急速に 〈問103〉□ **fill out ～** ～に記入する
□ **deposit** 動 ～を入れる、～を預ける □ **administration** 名 管理
〈問104〉□ **power outage** 停電 〈問105〉□ **state** 動 ～をはっきり述べる

正解：(A)

106. 売上目標を達成できるように、各支店は私たちの製品がどのように機能しているかをもっと理解する必要があるでしょう。

解説 空所の後ろはour productsという主語、workという自動詞がある、完全な文です。よって、空所には関係代名詞ではなく関係副詞が入るので、(A) howが正解です。▶(B)(C)関(関係代名詞の主格・目的格)、(D)関(関係代名詞の所有格)　関係詞(難易度：★★☆)

正解：(A)

107. Schofieldクリニックによって行われた調査は、クリニックの患者の大半がサービスと治療に非常に満足していることを示しています。

解説 文頭から空所までの間にconductedという単語があります。conductは「～を行う」という意味の他動詞ですが、後ろに目的語がないため、これはA surveyを修飾する過去分詞です。また、空所の後ろには完全な文が続いているため、文頭から空所前までが文全体の主語と考えられます。よって文全体の述語動詞となる動詞indicate「～を示す」の三人称単数現在形の(A) indicatesを空所に入れると、indicates (that) ...「…ということを示す」という表現が成り立ち、自然な文意になります。▶(B)名 指示、(C)動(-ing形)、(D)名 指標　品詞(難易度：★★★)

正解：(D)

108. 今月の終わりまでには、Kleensol化学会社は有害物質の回収と処分の免許を更新し終えているでしょう。

解説 renewは「～を更新する」という意味の他動詞です。空所の後ろにはrenewの目的語となる名詞licenseがあるので、受動態の(A)と(B)は不適切です。「今月の終わりまでには」とあることから、未来のことを述べていると分かるため、未来を表す形の完了形の(D) will have renewedが正解です。▶(A)動(未来を表す形の受動態)、(B)動(現在完了形の受動態)、(C)動(現在完了形)　動詞(難易度：★★☆)

正解：(D)

109. 身分証明書は制服のポケットにクリップで留めるか、ストラップで首に掛けておく必要があります。

解説 本文後半のorに注目。orとセットになる(D) eitherを空所に入れると、either *A* or *B*「AかBのどちらか」という表現が完成し、文意が通ります。(C) whetherもorとセットになりますが、whether ～ or notで「～であろうとなかろうと」という意味を表すので、ここでは不適切です。▶(A)接 まるで～のように、(B)副 どちらも、(C)接 ～かどうか　セット(難易度：★☆☆)

正解：(B)

110. Yosmo物流会社は世界中に多くの支店を持ち、まもなく東京に新しい支店を開設します。

解説 空所の後ろにはbranch officesという可算名詞の複数形が続いているので、可算名詞の単数形の前に置かれる(A)や、不可算名詞の前に置かれる(C)は不適切です。(D)は文法上空所に入りえますが、「どんな」という意味なので文意が通りません。よって、可算名詞の複数形を修飾する、形容詞の(B) many「多くの」が正解です。▶(A)形 それぞれの、(C)形 ほとんどない、(D)形 どんな　数・比較(難易度：★☆☆)

語注 〈問108〉□ **chemical** 名 化学製品　□ **hazardous** 形 有害な
□ **disposal** 名 処分　〈問109〉□ **clip** 動 ～をクリップで留める
□ **lanyard** 名 小物をつるす紐　〈問110〉□ **logistics** 名 物流

正解：(C)

111. 団体の全てのスタッフは、植樹計画を推し進める提案への熱意を示しました。

解説 文全体の述語動詞がないので、空所に動詞を入れれば、前後がそれぞれ主語と目的語として働く完全な文となります。文意も通るので、動詞express「～を示す」の過去形の(C) expressedが正解です。▶(A)形表情豊かな、(B)副表情豊かに、(D)名表現

品詞（難易度：2/3）

正解：(D)

112. 駅の券売所に引き渡された遺失物は、所有者が申し出てくるまでそこで保管されます。

解説 空所の後ろは完全な文なので、空所には接続詞が入ります。よって、接続詞の(D) until「～するまでずっと」が正解です。untilは接続詞と前置詞の両方の用法があります。▶(A)前～を越えて、(B)副いくぶん、(C)前～を通じて

前置詞・接続詞（難易度：1/3）

正解：(A)

113. 私たちのデザインチームは、顧客の全てのニーズに最善の形で応える解決策を思い付くことができるように、顧客と密接に協力します。

解説 空所部分がなくても文は成立しています。空所には直前にある述語動詞works「働く」に対して、「どのように」働くのかを補足する副詞が入ると考えられます。よって、(A) closely「密接に」が正解です。副詞は〈形容詞＋-ly〉の形になるということをおさらいしておきましょう。▶(B)動close「～を閉じる」(過去形・過去分詞)、形閉じた、(C)動(-ing形)、名閉鎖、(D)名近いこと

品詞（難易度：1/3）

正解：(D)

114. Charlotte and Stars野球チームのメンバーは、優勝決定戦の前にファンを歓迎してサインしました。

解説 後ろにofを伴って意味を成す副詞の(D) ahead「前方に」が正解です。ahead of ～「～の前に」という意味になります。その他の選択肢も全て副詞のため、文法だけを考えれば空所に入りえますが、ofとセットになるのはaheadだけです。他の語とセットになるタイプでは、本問のように、副詞と前置詞がセットになる問題も出題されます。▶(A)副～さえ、(B)副わきへ、(C)副ほとんど

セット（難易度：2/3）

正解：(B)

115. 銀行口座に残っている資金で、その慈善団体は次のチャリティーキャンペーンに関連するコストをまかなう予定です。

解説 文頭のWithは、with O C「OがCの状態で」という意味になる「付帯状況」のwithです。remainは「(物などが) 残っている、残されている」という意味を表す自動詞なので、修飾される名詞the fundsとは能動の意味関係になることが分かります。よって、現在分詞の(B) remainingが正解です。▶(A)動(過去形・過去分詞)、(C)動(原形・現在形)、(D)動(三人称単数現在形)、名残りもの

動詞（難易度：3/3）

語注 〈問111〉 □ **enthusiasm** 名 熱意 □ **initiative** 名 構想、主導権
〈問112〉 □ **lost article** 遺失物 □ **turn in ～** ～を引き渡す
□ **claim** 動 (紛失物など) の返還を要求する 〈問113〉 □ **optimally** 副 最適に
□ **meet** 動 (要求など) を満たす 〈問114〉 □ **autograph** 名 (有名人の) サイン
□ **playoff** 名 優勝決定戦 〈問115〉 □ **charity** 名 慈善団体 □ **associated** 形 関連した

正解：(D)

116. 私たちは、進捗を追跡し改善が必要な領域を特定するために、持続可能な活動を定期的に評価しています。

解説 空所の後ろには完全な文が続くので、空所には関係代名詞ではなく関係副詞が入ります。先行詞のareas「領域」(複数形) は「場所」として捉えられるため、(D) whereが正解です。▶(A)関(関係副詞)、(B)(C)関(関係代名詞の主格・目的格) 関係詞(難易度：🔑🔑)

正解：(D)

117. サービス提供者との契約を結ぶ前に、Mitchellさんはその歴史と実績を徹底的に調べました。

解説 空所の後ろには-ing形が続いており、完全な文にはなっていないため、空所には接続詞ではなく前置詞が入ります。カンマを挟んだ2つのかたまりは、調査は契約を結ぶ前に行われたと考えると、文脈上自然な繋がりとなります。よって、前置詞の(D) Before「～の前に」が正解です。▶(A)接～する限りは、(B)接～するという条件で、(C)前～のおかげで 前置詞・接続詞(難易度：🔑)

正解：(A)

118. 再利用可能な全てのボトルと缶と紙は、毎週木曜日の午前9時までに収集場所へ忘れずに持って行ってください。

解説 空所以降の前置詞toに注目。takeは、take *A* to *B*で「AをBへ持って行く」という意味になります。all the recyclable bottles, cans, and paperが*A*、the collection siteが*B*に当たり文意が通るので、動詞の(A) take「～を持って行く」が正解です。▶(B)動～を確実にする、(C)動～を置く、(D)動～を分ける セット(難易度：🔑🔑)

正解：(C)

119. コーディネーターが仕事からしばらく離れなくてはならなかったため、プロジェクトを完了する締め切りは延期されました。

解説 extendは「～を延期する」という意味の他動詞であるにもかかわらず、空所の後ろには目的語となる名詞がないため、受動態になっていると考えられます。よって、受動態の過去形の(C) was extendedが正解です。because以下の節にはhadという過去形が用いられているため、時制の点でも(C)は適切です。▶(A)動(過去完了形)、(B)動(現在進行形)、(D)動(三人称単数現在形) 動詞(難易度：🔑🔑)

正解：(A)

120. 人事部長は、従業員の業績評価について話し合うために、私たちの支店でスタッフ一人一人と個別に面談します。

解説 副詞のindividuallyが間に入っていますが、空所はmeetと繋がっていると考えられるため、meetと共に用いられて意味を成す前置詞(A) with「～と共に」が正解です。meet with ～で「～と(正式に)会う」という意味です。▶(B)前～の、(C)前～の上に、(D)前～から 前置詞(難易度：🔑)

語注 〈問116〉 □ sustainability 名 持続可能性
〈問117〉 □ enter into ～ (契約など) を結ぶ　□ thoroughly 副 徹底的に
□ credentials 名 実績、資質　〈問118〉 □ recyclable 形 再利用可能な
〈問120〉 □ individually 副 個別に　□ evaluation 名 評価

正解：(A)

121. Pinkerton図書館で私たちは、利用者が本を見つけるのを手伝い、サービスについての質問に答えます。

解説 空所の後ろには述語動詞と目的語があるので、空所には主語となる代名詞が入ります。よって、主格の代名詞の(A) we「私たちは」が正解です。▶(B)代私たちの（所有格）、(C)代私たちを［に］（目的格）、(D)代私たち自身（再帰代名詞） 代名詞（難易度：）

正解：(D)

122. Kerntech社によって作られた最新のスマートフォンは、より幅の広いタッチスクリーンを備えた前機種よりも、手頃に価格がつけられています。

解説 後ろにthanがあるため、副詞affordablyの比較級である(D) more affordably「より手頃に」が正解です。is priced「価格がつけられている」という動詞部分を修飾することになり、文意も通ります。▶(A)形手頃な、(B)副手頃に、(C)副最も手頃に（最上級）
数・比較（難易度：）

正解：(D)

123. 新しい規制があまりに早急に実施された場合、それに従うのが難しい製造業者もいるかもしれません。

解説 have difficulty (in) *doing*で「～するのに苦労する」という意味なので、動詞comply「従う」の-ing形である(D) complyingが正解です。ここではinが省略されています。comply with ～「～に従う」という表現も覚えておきましょう。▶(A)副従順に、(B)名従うこと、(C)動（原形・現在形） 品詞（難易度：）

正解：(A)

124. Foster製鋼所の監督者たちは、実地研修を監督することにかなりの時間を割いています。

解説 devoteはdevote *A* to *B*で「AをBに割く」という意味になります。このtoは前置詞で後ろに名詞（句）が必要なので、toに続く動詞は-ing形になります。よって、動詞oversee「～を監督する」の-ing形の(A) overseeingが正解です。▶(B)動（過去分詞）、(C)動（現在完了形）、(D)動（受動態の原形） 動詞（難易度：）

正解：(C)

125. 添付されているパンフレットには、価格と配送についての詳細に加えて、私たちの新しい望遠鏡シリーズの仕様書が含まれています。

解説 他動詞include「～を含む」の後ろにあるので、空所には目的語となる名詞が入ると考えられます。名詞の(C) specifications「仕様書」を入れると、of以下がspecificationsを修飾する形となり、文意も通ります。▶(A)動specify「～を明細に述べる」（原形・現在形）、(B)形特定の、(D)動（過去形・過去分詞） 品詞（難易度：）

語注 〈問121〉□ **patron** 名（施設の）利用者
〈問122〉□ **predecessor** 名 前のもの　〈問123〉□ **implement** 動 ～を実施する
〈問124〉□ **supervisor** 名 監督者　□ **considerable** 形 かなりの
□ **on-the-job** 形 実地の　〈問125〉□ **attached** 形 添付の　□ **telescope** 名 望遠鏡
□ **along with ～** ～に加えて

正解：(C)

126. David Suttonの本は、見込みのある投資機会をどのように見いだすべきかに関するもので、10月4日に出版されます。

解説 空所は主格の関係代名詞whichの節の中にあり、空所の前には「本」、後ろには「本の内容に関する説明」が述べられています。「関連」を表す前置詞の(C) about「～に関して」を入れると、all about ～「～に関する全て」という表現になり、文意が通ります。▶(A)前～を通じて、(B)前～を横切って、(D)前～の中に　前置詞(難易度：2/3)

正解：(D)

127. Rochesterの飲食施設は今や、屋外で食事を提供することへの許可証の申請ができるようになりました。

解説 空所の後ろにある目的格の代名詞themとto不定詞に注目。allowはallow *A* to *do*で「Aが～することを許可する」という意味を表します。動詞allow「～を許可する」の-ing形の(D) allowingを入れると、allowing以下がa permitを後ろから修飾する形になり、文意が通ります。▶(A)形許される、(B)副正当に、(C)名手当　品詞(難易度：3/3)

正解：(A)

128. 先月就任した事業部長は、株主総会に続く記者会見に同席します。

解説 空所の後ろにはassumedという動詞とthe postという目的語はありますが、主語がないため、主格の関係代名詞が入ります。先行詞が「事業部長」=「人」なので、関係代名詞の主格の(A) whoが正解です。▶(B)関(関係副詞)、(C)(D)関(関係代名詞の主格・目的格)
関係詞(難易度：1/3)

正解：(A)

129. サンパウロのメインのバスターミナルへ近いことが理由で、Vieiraさんの土産物店は絶えず客で賑わっています。

解説 Ms. Vieira's gift shopが文全体の主語で、be動詞のisが述語動詞です。空所はbe動詞の直後にありますが、その後ろにある形容詞busyが既に補語になっているので、補語の働きを持つ形容詞や分詞は入りません。よって、副詞の(A) consistently「絶えず」が正解です。▶(B)動consist「成る」(過去形・過去分詞)、(C)形一貫した、(D)動(-ing形)
品詞(難易度：1/3)

正解：(C)

130. Garciaさんはエアロビクスのクラスを教えることができなくなるので、新しいインストラクターが彼女の代わりに教えます。

解説 新しいインストラクターは「Garciaさんの代わり」に教えると考えられるため、目的格の(C) her「彼女を[に]」が正解です。forは「～の代わりに」という意味の前置詞で、herはMs. Garciaを指します。誤答選択肢は、(A)はownの後ろに名詞が必要な点、(B)は「新しいインストラクター自身の代わりに」という意味になってしまう点、(D)はhersがher aerobics classを指すことになり、意味が通らない点からそれぞれ不適切です。▶(A)代彼女自身の、(B)代彼女自身(再帰代名詞)、(D)代彼女のもの(所有代名詞)　代名詞(難易度：3/3)

語注 〈問126〉□ **identify** 動 ～を特定する　□ **promising** 形 見込みのある
〈問127〉□ **establishment** 名 施設　□ **permit** 名 許可証
〈問128〉□ **operation** 名 事業　□ **assume** 動 (任務・役目など)を引き受ける
□ **shareholder** 名 株主　〈問129〉□ **proximity** 名 近いこと

模試

TEST 1 解答・解説

正解：(D)

101. Schumerさんの食料雑貨店の生鮮食品の品揃えは、季節ごとに大きく異なります。

解説 述語動詞が見当たらないため、空所の前の名詞句が主語だと考え、欠けている述語動詞を空所に補いましょう。主語はThe selectionで単数なので、動詞vary「変わる」の三人称単数現在形の(D) variesが正解です。▶(A)動(-ing形)、(B)動(原形・現在形)、(C)形さまざまな　動詞(難易度：●●○)

正解：(A)

102. Anita's Spa & Salonのグランドオープニングを祝うために、私たちは4月16日にテープカットの式典を行います。

解説 カンマの後ろは主語、述語動詞、目的語の揃った完全な文となっているため、文頭の空所からカンマまでは副詞句だと考えられます。to不定詞の(A) To celebrateを入れて「目的」を表す副詞句を作ると意味が通ります。▶(B)動celebrate「～を祝う」(原形・現在形)、(C)動(過去形・過去分詞)、(D)動(to不定詞の受動態)　動詞(難易度：●●○)

正解：(D)

103. この3カ月間で、通常の2倍の数の研究論文が専門誌に提出されました。

解説 前置詞が並んでいるので、文の意味もあわせて考えます。空所の後ろには時を表す語が続いています。そこで、「期間」を表す前置詞の(D) over「～にわたって」を入れると、over the past three months「この3カ月間で」という意味になり、文意が通ります。(A)(B)(C)は「方向」や「位置」などを表す前置詞であり、いずれも「期間」を表すことはできません。▶(A)前～の中に、(B)前～に沿って、(C)前～の下に　前置詞(難易度：●○○)

正解：(A)

104. 昼休みの間に、Mitchellさんはパスポートを更新するために写真を撮ってもらいました。

解説 前置詞ofの後ろには、基本的に名詞か動詞の-ing形が入るので、正解候補は動名詞の(A)と名詞の(B)に絞られます。空所の後ろにはhis passportという語句があるため、これを目的語に取ることのできる、動詞renew「～を更新する」の-ing形の(A) renewingが正解です。▶(B)名更新、(C)副更新できて、(D)形更新できる　品詞(難易度：●●○)

正解：(A)

105. 石工は、石灰石のブロックを半分に切る前に、その幅と長さを測りました。

解説 空所の直前にはbefore、直後にはcutという単語があります。cutは動詞や名詞、形容詞として使われますが、cutの後ろに目的語があるのでここでは動詞であり、かつ過去形の述語動詞measuredがあることからcutも過去形だと分かります。このbeforeは接続詞だと判断できるので、空所には接続詞beforeの節の主語となる単語を補う必要があります。よって、主格の代名詞の(A) he「彼は」が正解です。▶(B)代彼の(所有格)、彼のもの(所有代名詞)、(C)代彼を[に](目的格)、(D)代彼自身(再帰代名詞)　代名詞(難易度：●○○)

語注 〈問101〉□ **selection** 名 品揃え、選択　〈問103〉□ **double** 形 2倍の
□ **research paper** 研究論文　□ **past** 形 過ぎたばかりの
〈問105〉□ **stonemason** 名 石工　□ **measure** 動 ～を測る　□ **width** 名 幅
□ **length** 名 長さ　□ **limestone** 名 石灰石

正解：(B)

106. Hornek工業は生産能力を拡大しさらに広い倉庫スペースを確保するために、Alcott製造を買収しました。

解説 空所の前のandは、空所とexpandを並列の関係で繋いでいると考えられます。expandは動詞の原形なので、同じく動詞secure「～を確保する」の原形である(B)を入れると、more warehousing spaceがsecureの目的語になり意味も通ります。▶(A)**動**(-ing形)、(C)**副**安全に、(D)**名**安全
品詞（難易度：●●○）

正解：(D)

107. 私たちのツアーの最後の立ち寄り先は、Walthamの最初の市長を務めた著名な政治家のかつての家でした。

解説 空所直後のservedは動詞serve「働く」の過去形です。空所以降には主語となる語句がないため、空所には主格の関係代名詞が入ります。a well-known politician「著名な政治家」が先行詞となるので、「人」を先行詞に取る主格の関係代名詞の(D) whoが正解です。▶(A)(B)**関**(関係副詞)、(C)**関**(関係代名詞の主格・目的格)
関係詞（難易度：●○○）

正解：(B)

108. QTXラジオは、詳細なローカルニュース、リラックスできる音楽、そして興味深いトーク番組を提供することでCorktownの地域社会の役に立っています。

解説 空所の後ろのproviding以下は、QTXラジオがどのようにして「Corktownの地域社会の役に立っている」のかを表しているので、「手段」を表す前置詞(B) by「～によって」が正解です。▶(A)**前**～の、(C)**前**～の上に、(D)**前**～へ
前置詞（難易度：●●○）

正解：(D)

109. 忙しい小売店を経営するとなると、マネージャーにとって在庫の把握に困難が生じることがあります。

解説 it can be *A* for 人 to *do*で「(人)にとって～するのはAの可能性がある」という意味です。主語のitはto *do*を指し、*A*には形容詞が入ります。本問ではitはto keep track of inventoryを指しており、形容詞の(D) difficult「難しい」を入れると文意が通るので、(D)が正解です。▶(A)**名**困難な点（複数形）、(B)**名**難しさ、(C)同じくらい難しい
品詞（難易度：●○○）

正解：(D)

110. どの肥料が特定の種の野菜を育てるのに最適かを見極めるには、園芸の専門家の助けを必要とするかもしれません。

解説 主語のDeterminingは単数扱いのため、空所の後ろのhelpは名詞だと分かります。helpの他に文全体の述語動詞となりえる語句は見当たらないため、Determiningから空所前までが文全体の主語です。空所には欠けている述語動詞を補います。正解候補は(C)以外の3つに絞られますが、主述の一致の視点から、(A)と(B)は不適切です。よって、助動詞may「～かもしれない」を用いた(D) may requireが正解です。▶(A)**動**require「～を必要とする」(現在完了形)、(B)**動**(現在進行形)、(C)**動**(to不定詞)
動詞（難易度：●●●）

語注 〈問106〉□ **warehousing 名** 倉庫 〈問108〉□ **in-depth 形** 詳細な
〈問109〉□ **when it comes to ～** ～となると □ **retail store** 小売店
□ **keep track of ～** ～の記録を取る、～を追跡する 〈問110〉□ **fertilizer 名** 肥料

正解：(A)

111. 演奏に非常に満足したので、演奏が終わるとすぐに全員が拍手して立ち上がりました。

解説 空所はthat節内にあります。空所の後ろにandがあることに注目。both *A* and *B*「AもBも両方」というセット表現になる副詞の(A) both「どちらも」を入れると、文意が通ります。▶(B)形 どれでも、(C)副 かつて、(D)副 どちらか
セット(難易度：●○○)

正解：(B)

112. Jeffersonビルの地下駐車場にある駐車スペースは利用可能ですが、日中は満車のことがほとんどです。

解説 文頭の空所からカンマまでは完全な文となっているので、空所には接続詞が入ります。「地下駐車場にある駐車スペースは利用可能である」ことと、「日中は満車のことがほとんどである」こととの関係を考えると、「対比」を表す接続詞の(B) While「～である一方」が正解です。▶(A)前 ～の間、(C)前 ～に関して、(D)接 ～かどうか
前置詞・接続詞(難易度：●●○)

正解：(D)

113. レジで会員カードと一緒にこのクーポンを提示すれば、割引を受けられます。

解説 Ifは接続詞なので、If節の中には述語動詞が必要です。空所に動詞present「～を提示する」の現在形の(D)を入れると、this couponがpresentの目的語になり意味も通ります。▶(A)名 提示、(B)副 現在、(C)動(-ing形)
品詞(難易度：●○○)

正解：(D)

114. Favreauさんは人事部長の地位に就いた後、人事戦略を見直しました。

解説 空所は主節の述語動詞に当たるので、正解候補は(B)(C)(D)の3つに絞られます。Afterで始まる節の動詞の時制が過去完了形になっていることから、接続詞after「～した後に」を用いて過去の出来事から順に述べていると考えられるため、(B)と(C)は不適切です。よって、動詞review「～を見直す」の過去形の(D) reviewedが正解です。▶(A)動(-ing形)、(B)動(現在進行形)、(C)動(現在完了形)
動詞(難易度：●●○)

正解：(C)

115. 広告キャンペーンを立ち上げてすぐに、私たちの夏服の売り上げは40パーセント以上増加しました。

解説 接続詞afterで結ばれた2つの節があり、空所がなくても文が完成しているため、空所には修飾語になる要素を入れます。修飾語になるのは形容詞か副詞ですが、空所の後ろに続いているのはafterで始まる副詞節なので、名詞を修飾する形容詞はここでは不適切です。副詞の(C) shortly「すぐに」を入れると、shortly after ～で「～したすぐ後に」となり意味が通ります。▶(A)形 短い、(B)形 最も短い(最上級)、(D)動 shorten「～を短くする」(原形・現在形)
品詞(難易度：●●○)

語注 〈問111〉□ ***be* pleased with ～** ～に満足する □ **performance** 名 演奏 □ **applaud** 動 拍手する 〈問112〉□ **underground** 形 地下の
〈問113〉□ **checkout counter** レジ 〈問114〉□ **personnel director** 人事部長 □ **human resources** 人材、人的資源 □ **strategy** 名 戦略
〈問115〉□ **apparel** 名 衣服 □ **launch** 動 ～を始める

正解：(C)

116. 新しい賃借人が賃貸契約にサインする前に、Whiteさんはエアコンを一式最新のものに交換するよう頼みました。

解説 空所直前にある動詞のreplaceは、replace *A* with *B*で「AをBと交換する」という意味になるので、前置詞の(C) with「～と共に」が正解です。*A*に相当するthe air conditionerが主語になった受動態の文です。▶(A)前～までずっと、(B)前～にもかかわらず、(D)前～の間で

前置詞（難易度：🖉）

正解：(C)

117. Presidiaビルに届けられる全ての小包は、X線スキャンの機械を通す必要があります。

解説 空所の後ろには可算名詞packageの複数形が続いているので、これを修飾する形容詞の(C) All「全ての」が正解です。可算名詞の単数形を修飾する形容詞の(A)と(D)は不適切です。(B)は副詞なので名詞を修飾することはできません。▶(A)形それぞれの、(B)副ほとんど、(D)形1つの

数・比較（難易度：🖉）

正解：(C)

118. フェスティバルの管理者が午前10時に短いスピーチを行い、そのときにイベントがスタートします。

解説 空所の後ろは主語と述語動詞を含む完全な文となっているので、関係代名詞は正解候補から外れます。よって、関係副詞の(C) whenが正解です。「午前10時」という「時」を表す語句を先行詞とすることになり、意味も通ります。▶(A)(B)関（関係代名詞の主格・目的格）、(D)関（関係代名詞の所有格）

関係詞（難易度：🖉🖉）

正解：(A)

119. 多くの住人が新しいリゾートを歓迎していますが、Salmon湖への一般の立ち入りを妨げるリゾートに不満がある人もいます。

解説 空所は代名詞itと名詞句public access to Salmon Lakeの間にあるので、名詞句を目的語に取る(A)と(C)に正解候補を絞ることができます。しかし、前置詞aboutの後ろに〈主語＋動詞〉を含む完全な文を続けることはできないため、述語動詞として働く(C)は不適切です。よって、動詞obstruct「～を妨げる」の-ing形の(A) obstructingが正解です。itはthe new resortを指し、it obstructing public access to Salmon Lakeで「新しいリゾートが、Salmon湖への一般の立ち入りを妨げる」という意味を表します。▶(B)形妨害的な、名妨害物、(C)動（三人称単数現在形）、(D)名妨害

品詞（難易度：🖉🖉🖉）

正解：(C)

120. 主任は文具をオンラインで購入しましたが、経理部のための購入記録をつけるのを忘れました。

解説 「購入記録」は「経理部」に提出するためのものだと考えられるので、「目的」や「用途」を表す前置詞(C) for「～のために」が正解です。▶(A)前～の中に、(B)前～の後に、(D)前～について

前置詞（難易度：🖉🖉）

語注 〈問116〉□ **tenant** 名 賃借人、テナント　□ **unit** 名 装置一式
〈問117〉□ **package** 名 小包　□ **X-ray** 形 X線の
〈問118〉□ **deliver** 動（スピーチなど）をする　〈問119〉□ **resident** 名 住人
□ **whereas** 接 ～である一方　□ **public** 形 一般の　〈問120〉□ **supervisor** 名 主任
□ **stationery** 名 文房具　□ **purchase** 名 購入

正解：(D)

121. 提案された通信システムの開発プロセスを概説する、4ページの図表をご覧ください。

解説 空所の後ろにはoutlinesという動詞とその目的語となる名詞句が続いていますが主語がないので、空所には主格の関係代名詞が入ります。正解候補は(A)と(D)の2つですが、the diagram on page fourを先行詞とし、意味も通る主格の関係代名詞の(D) whichが正解です。▶(A)関(関係代名詞の主格・目的格)、(B)(C)関(関係副詞)

関係詞(難易度：●●○)

正解：(D)

122. 建設業者は、掃除しやすいという理由で磁器タイルをキッチンの床用に推薦しました。

解説 空所の直前にはbe動詞のare、直後にはto cleanというto不定詞が続いていることに注目。補語になる形容詞の(D) easy「簡単な」を入れると、they are easy to cleanで「それら（磁器タイル）は掃除しやすい」という意味になり文意が通ります。ここでは主語のtheyが、to cleanの目的語になっています。▶(A)動ease「～を和らげる」(原形・現在形)、名たやすさ、(B)副たやすく、(C)動(-ing形)

品詞(難易度：●●●)

正解：(A)

123. 衣装デザイナーたちは、舞台作品のためのドレス作成が終わったかと思うと、新しいプロジェクトに任命されました。

解説 空所以降は完全な文になっているので、空所には接続詞が入ります。「衣装デザイナーたちは舞台作品のためのドレス作成が終わった」ときに、「新しいプロジェクトに任命された」と考えると自然な流れとなるので、「時」を表す接続詞の(A) whenが正解です。(B)や(D)も接続詞の働きを持ちますが、文意が通らないため不適切です。▶(B)前～のために、接～が理由で、(C)副離れて、(D)接～である一方

前置詞・接続詞(難易度：●●○)

正解：(B)

124. 薬物を投与する前に、看護師はラベルと患者の診察記録を注意深く読みました。

解説 prior to ～は「～より前に」という意味を表す前置詞句なので、それに続く空所には名詞か動詞の-ing形が入ります。(B)と(C)が正解候補となりますが、空所の後ろにはthe medicationという名詞があるので、これを目的語に取ることのできる、動詞administer「～を投与する」の-ing形の(B) administeringが正解です。▶(A)動(三人称単数現在形)、(C)名投与、(D)動(原形・現在形)

動詞(難易度：●○○)

正解：(C)

125. ソーシャルメディアチームの相当な努力により、売り上げは昨年の1月から3倍近くになりました。

解説 空所の後ろからカンマまでは名詞句となっているため、空所には前置詞が入ります。正解候補となる(A)(C)(D)のうち、文意が通るのは前置詞句の(C) Owing to「～が原因で」です。▶(A)前～を除いては、接～しない限り、(B)接～なので、(D)前～するために

前置詞・接続詞(難易度：●○○)

語注 〈問121〉□ refer to ～ ～を参照する　□ diagram 名 図表
□ outline 動 ～を概説する　〈問122〉□ contractor 名 建設業者
□ porcelain 名 磁器　〈問123〉□ barely 副 ほとんど～ない
〈問124〉□ medication 名 薬物　□ patient 名 患者　〈問125〉□ triple 動 3倍になる

正解：(C)

126. スニーカーを試着した後に、Turnerさんはそのスニーカーより小さいものはおそらくサイズが合わないと店員に伝えました。

解説 空所とsmallerがひとまとまりでthat節内の主語だと考えられるので、空所には後ろからsmallerに修飾される代名詞を入れます。(A)と(D)には代名詞の用法がありますが、ふつう形容詞1語で後ろから修飾しないため不適切です。よって代名詞(C) anything「どれでも」が正解です。▶(A) 代 全て、(B) 形 全ての、(D) 代 たくさん 代名詞（難易度：●●●）

正解：(B)

127. 政府はまもなくキャンプ行為をEmswood公園の特定のエリアに限定すると新聞記事が報じました。

解説 空所の後ろのtoという前置詞に注目。動詞(B) restrict「～を限定する」はtoと結び付き、restrict *A* to *B*で「AをBに限定する」という意味を表すことができます。ここではcampingが*A*、certain areas of Emswood Parkが*B*に当たることとなり、文意が通るので、(B)が正解です。▶(A) 動 ～を監視する、(C) 動 ～を監督する、(D) 動 ～に情報を与える

セット（難易度：●●○）

正解：(C)

128. その美術館は数多くの展覧会を特集しているだけでなく、一般向けの文化イベントを定期的に主催しています。

解説 not only *A* but also *B*「AだけでなくBも」の形で動詞のfeaturesとorganizesが並列されています。よって空所は直後の動詞organizesを修飾していると考え、副詞の(C) regularly「定期的に」を入れると文意が通ります。▶(A) 名 常連客（複数形）、(B) 形 通常の、(D) 名 規則正しさ

品詞（難易度：●●○）

正解：(D)

129. 市の中心地に近いせいで、南ダブリンは市の他の場所よりも高くつきます。

解説 空所の後ろにthanがあるため、形容詞expensiveの比較級の(D) more expensive「より高くつく」が正解です。空所はbe動詞の後ろにあり、補語として働いていると考えられるため、副詞ではなく形容詞が入るという点でも適切です。▶(A) 形 高くつく、(B) 副 費用をかけて、(C) 形 最も高くつく（最上級） 数・比較（難易度：●○○）

正解：(B)

130. 私たちが使う布地の多くは、提携企業の1つであるClotho製作所によって供給されています。

解説 空所の後ろにpartner companiesという名詞句が続いています。所有格の代名詞(B) our「私たちの」を入れると「私たちの提携企業」となり意味が通るので、(B)が正解です。one of our partner companiesはClotho Millsに補足説明を加えています。▶(A) 代 私たちのもの（所有代名詞）、(C) 代 私たちを［に］（目的格）、(D) 代 私たちは（主格）

代名詞（難易度：●○○）

語注 〈問126〉□ **clerk** 名 店員 〈問127〉□ **certain** 形 特定の
〈問128〉□ **feature** 動 ～を特集する □ **numerous** 形 数多くの
□ **exhibition** 名 展覧会 □ **organize** 動 ～を主催する、～を計画する
〈問129〉□ **vicinity** 名 近いこと 〈問130〉□ **textile** 名 布地

正解：(B)

101. Lodestarは次の土曜日にAstoriaビーチの清掃に参加するとプレスリリースで発表しました。

解説 空所があるthat節の中には述語動詞が見当たらないため、正解候補は(A)以外の3つです。next Saturday「次の土曜日」という未来を示す語があるので、時制の視点から動詞participate「参加する」の未来を表す形の(B) will participateが正解です。▶(A)動(-ing形)、(C)動(過去形・過去分詞)、(D)動(現在完了形)　動詞(難易度：🖊)

正解：(B)

102. 輸送中の損傷を評価した後、配送業者は再発を防ぐために対策を講じました。

解説 空所は他動詞のavoid「～を避ける」と名詞句のthe same mistakeの間にあるため、空所以降がひとまとまりでavoidの目的語になっていると考えられます。よって、the same mistakeを目的語に取ることのできる、動詞repeat「～を繰り返す」の-ing形の(B) repeatingが正解です。avoid repeating the same mistakeで「同じ失敗を繰り返さないようにする」という意味になり、文意も通ります。avoid *doing*「～しないようにする」という表現を覚えておきましょう。▶(A)名反復、(C)副繰り返して、(D)形繰り返しの　品詞(難易度：🖊🖊)

正解：(C)

103. ヘルスケア市場における厳しい競争にもかかわらず、私たちの心拍数モニターの売り上げは着実に増加し続けています。

解説 空所の後ろには名詞句が続いているため、接続詞ではなく前置詞が入ります。正解候補は(A)と(C)の2つですが、「売り上げが伸びている」ことと「競争が激しい」ことには「逆接」の関係があるので、「～にもかかわらず」という意味を表す前置詞の(C) despiteが正解です。▶(A)前～に向かって、(B)接～する場所、(D)接～だけれども

前置詞・接続詞(難易度：🖊)

正解：(D)

104. Macroto社は今日、カナダを拠点とする一流のソフトウェア開発会社であるApstar社の買収を発表しました。

解説 所有格の代名詞itsと前置詞ofの間にあるので、空所には名詞が入ると考えらます。文意から、名詞の(D) acquisition「買収」が正解です。(B)は他動詞acquire「～を獲得する」の-ing形なので、後ろに目的語となる名詞が必要となります。よって、(B)は不適切です。▶(A)名取得者、(B)動(-ing形)、(C)形取得できる　品詞(難易度：🖊)

正解：(A)

105. Carlie Jordanの小説を読む人は誰でも、彼の文章の巧みさと深い知識に夢中になるでしょう。

解説 空所は主格の関係代名詞whoの先行詞です。who節内の動詞readsが三人称単数現在形なので、複数扱いの(B)と、人を指す場合に複数扱いとなる(D)は不適切です。また、先行詞は「人」となるので(C)も不適切です。よって代名詞(A) Anyone「誰でも」が正解です。▶(B)代人々、(C)代全て、(D)代全員　代名詞(難易度：🖊🖊)

語注　〈問101〉□ **cleanup** 名 掃除　〈問102〉□ **evaluate** 動 ～を評価する
□ **measures** 名 対策　〈問103〉□ **heart rate** 心拍数　□ **steadily** 副 着実に
□ **fierce** 形 激しい　〈問104〉**leading** 形 一流の　□ **based in ～** ～に拠点を置く
〈問105〉***be* absorbed in ～** ～に夢中になる

正解：(A)

106. 明日のHathorスタジアムのコンサートは、最新のアルバムが非常に人気のJayden Bishopが主役を務めます。

解説 カンマ以降はisが動詞、very popularが補語なので、空所とlatest albumがひとまとまりで主語だと考えられます。このlatest album「最新のアルバム」は、先行詞のJayden Bishopのものであると分かるので、関係詞代名詞の所有格の(A) whoseが正解です。これはhis latest albumのhisがwhoseになったものです。▶(B)(C)(D) 関(関係代名詞の主格・目的格)

関係詞(難易度：●●○)

正解：(D)

107. 昨日予定されていたセントラル・パークの彫刻の設置は、荒天のため見合わせになりました。

解説 文全体の述語動詞がないため、空所には述語動詞を補う必要がある、つまり、文頭のInstallationから空所直前のyesterdayまでが文の主語だと分かります。suspendは「～を一時停止する」という他動詞ですが、空所の後ろには目的語がないため、受動態になっていると考えられます。よって受動態の過去形の(D) was suspendedが正解です。▶(A) 動(過去進行形)、(B) 動(to不定詞の受動態)、(C) 動(過去形・過去分詞)

動詞(難易度：●●○)

正解：(A)

108. ニュースレターをもうお受け取りになりたくない場合は、メーリングリストの登録を解除するため私たちにご連絡ください。

解説 空所直前にある動詞unsubscribeと結び付く前置詞を選びます。unsubscribe from ～で「～から登録を取り消す」という意味になり、文意も通るので、前置詞(A) from「～から」が正解です。▶(B) 前 ～と共に、(C) 前 ～の上に、(D) 前 ～の間で

前置詞(難易度：●●○)

正解：(D)

109. 産業用ロボットの絶え間ない進歩により、これらのシステムは製造業でますます効果的だと明らかになりつつあります。

解説 proveは補語を取り「～だと判明する」という意味になりますが、既に形容詞effective「効果的な」があるので、空所にはこれを修飾する副詞が入ります。副詞の(D) increasingly「ますます」を入れると意味も通るため、(D)が正解です。▶(A) 動 increase「増加する」(-ing形)、形 ますます増加する、(B) 動(原形・現在形)、(C) 動(過去形・過去分詞)

品詞(難易度：●●●)

正解：(A)

110. 公開された後すぐに、Enzo Romanoのドキュメンタリーの酷評がオンライン上にいくつか投稿されました。

解説 空所には、可算名詞reviewの複数形のreviewsを修飾する形容詞が入ります。不可算名詞に対して使う(B)と(C)、可算名詞の単数形に対して使う(D)は、いずれも不適切です。よって、形容詞(A) Some「いくつかの」が正解です。▶(B) 形 多くの、(C) 形 ほとんどない、(D) 形 それぞれの

数・比較(難易度：●○○)

語注 〈問106〉□ **headline** 動 ～の主役を務める 〈問107〉□ **installation** 名 設置 □ **sculpture** 名 彫刻 □ **stormy** 形 荒天の 〈問108〉□ **no longer** もはや～ない 〈問109〉□ **constant** 形 絶え間ない □ **advance** 名 進歩 □ **industrial** 形 産業の □ **manufacturing** 名 製造業 〈問110〉□ **harsh** 形 厳しい □ **post** 動 ～を投稿する

正解：(A)

111. Pellston協会は、交付金を通じた資金提供を受ける資格がある、いくつかの地方団体の1つです。

解説 第2文型のSVCの文なので、------- several local organizationsが補語として主語とイコールの関係になります。よって、「(同種のもののうちの) 1つ」という意味の前置詞(A) among「～の間で」を入れると文意が通ります。▶(B)前～を越えて、(C)前～まで、(D)前～を除いて
前置詞(難易度：●●○)

正解：(A)

112. コミュニティーセンターはBowen島の住人のために、職業訓練プログラムだけでなく、さまざまなワークショップを提供しています。

解説 offer「～を提供する」の目的語が*A* as well as *B*「BだけでなくAも」の形で並列されており、for以下は誰のためにそうしたワークショップやプログラムが提供されているのかを示しています。名詞の(A) residents「住人」(複数形)を入れると、「Bowen島の住人のために」となり意味が通ります。▶(B)形住宅の、(C)副居住に関して、(D)名住宅
品詞(難易度：●○○)

正解：(B)

113. 交渉の結果に満足している幹部もいましたが、より良い契約を結ぶことができたと感じる幹部もいました。

解説 空所の後ろは完全な文となっているので、空所に入るのは接続詞です。空所前後は対照的な内容なので、「対比」を表す接続詞の(B) whereas「～である一方」を入れると文意が通ります。空所の後ろのothersはother executivesを意味しています。▶(A)前～とは違って、(C)副結局、(D)前～に関して
前置詞・接続詞(難易度：●○○)

正解：(C)

114. Lanza & Kapoorは、芸術作品を元の見た目に修復するために、個人収集家や美術館と連携しています。

解説 空所前までの内容は「Lanza & Kapoorが個人収集家や美術館と連携している」というもの。「目的」を表すto不定詞の(C) to restoreを空所に入れることで、「芸術作品を元の見た目に修復するために」という内容になり、空所の前後が正しく繋がります。空所前までに主語と述語動詞があり文の要素が揃っていることからも、副詞句を作る(C)が適切です。▶(A)動restore「～を修復する」(受動態の過去形)、(B)動(未来を表す形の進行形)、(D)動(過去形・過去分詞)
動詞(難易度：●○○)

正解：(B)

115. 提案されたコンドミニアム計画の開発業者は、計画を進めるために市議会からの承認を得なくてはならないでしょう。

解説 空所は冠詞と名詞句の間にあるので、後ろの名詞句condominium projectを修飾できる語が入ると考えられます。名詞を修飾できるのは形容詞なので、形容詞の(B) proposed「提案された」が正解です。▶(A)名提案、(C)動propose「～を提案する」(-ing形)、(D)名提案者
品詞(難易度：●●●)

語注 〈問111〉 □ **institute** 名 協会　□ ***be* eligible for ～** ～を受ける資格がある
□ **funding** 名 資金提供　□ **grant** 名 助成金　〈問113〉 □ **executive** 名 幹部
□ **outcome** 名 結果　□ **deal** 名 契約　〈問114〉 □ **appearance** 名 外見
〈問115〉 □ **developer** 名 開発業者　□ **approval** 名 承認

正解：(B)

116. 新しいPhydro暖房システムは、他と比べて経済的なだけでなく、環境にも良いものです。

解説 空所の前にあるnot onlyという語句に注目。not only *A* but also *B*で「AだけでなくBも」という意味を表します。空所に(B) but alsoを入れると、2つの形容詞economicalとbetterが並列された形となり文意が通ります。▶(A)接～するために、(C)前～のような、(D)前～に関して

セット (難易度：●○○)

正解：(B)

117. Oceanpaxクルーズの全役員が、会長による会社への多大な寄付金に対して心からの感謝の意を表明しました。

解説 所有格のthe president'sと形容詞のsignificantが前にあるため、空所にはそれらに修飾される名詞が入ると考えます。名詞の(B) contributions「貢献」(複数形)を入れると、後ろに続くto the companyと繋がって「会社への貢献」となり意味が通ります。▶(A)形貢献的な、(C)動contribute「貢献する」(-ing形)、(D)動(三人称単数現在形)

品詞 (難易度：●●●)

正解：(C)

118. Biosphereジャーナルに発表されたMcCarthy博士の最新の論文は、大半は博士が昨年行った研究に関するものです。

解説 Dr. McCarthy's latest articleが主語、be動詞のisが述語動詞なので、空所以下は補語に当たると考えられます。主語の「博士の最新の論文」と、補語となる「博士が昨年行った研究-------」は、「関連」を表す前置詞の(C) about「～に関する」で結ぶのが適切です。カンマに挟まれている部分は、主語のDr. McCarthy's latest articleに補足説明を加えています。▶(A)前～以内に、(B)前～の上に、(D)前～以来

前置詞 (難易度：●○○)

正解：(B)

119. CornVeggies社はサービスを高めてお客さまにより良いサービスを提供するために、あなたのフィードバックを必要としています。

解説 空所とその直後のfeedbackがひとまとまりで動詞needの目的語になっていると考えられます。名詞を修飾する所有格の代名詞の(B) your「あなたの」を入れると、your feedbackで「あなたのフィードバック」となり意味が通ります。▶(A)代あなたは(主格)、あなたを[に](目的格)、(C)代あなたのもの(所有代名詞)、(D)代あなた自身(再帰代名詞)

代名詞 (難易度：●○○)

正解：(C)

120. ウェブサイト上にミスが発見された際は、マーケティングマネージャーが直ちに修正します。

解説 空所の直前の動詞makeは他動詞の用法を持ちますが、空所後に目的語となる名詞がないため、空所にはこれを補う必要があると判断します。名詞の(C) corrections「修正」(複数形)を入れると、make correctionsで「修正する」という意味になり文意が通るので、(C)が正解です。▶(A)形修正できる、(B)副正しく、(D)動correct「～を修正する」(原形・現在形)、形正しい

品詞 (難易度：●●○)

語注 〈問116〉□ **compare** 動 ～を比較する 〈問117〉□ **sincere** 形 心からの
□ **appreciation** 名 感謝の意 □ **significant** 形 かなりの
〈問118〉□ **journal** 名 専門誌 〈問119〉□ **enhance** 動 ～を高める
〈問120〉□ **spot** 動 ～を発見する

正解：(A)

121. Kingsalフェリーは全長が6メートルを越える車両に対し追加輸送料を請求します。

解説 charge *A* for *B*で「AをBに請求する」という意味になるので、前置詞の(A) for「～に対して」が正解です。このforは、追加料金が何に対して請求されるのかを示しています。▶(B)前～に、(C)前～として、(D)前～によって　前置詞(難易度：●○○)

正解：(B)

122. 工場内で着用されなければならない防護服についての詳細は、従業員手引きを参照してください。

解説 空所の後ろには主語がないため、空所には主格の語が入ります。先行詞はprotective gear「防護服」という「もの」を表す語句なので、関係代名詞の主格の(B) thatが正解です。先行詞を取らない(C)や、「人」を先行詞に取る(D)は不適切です。▶(A)関(関係副詞)、(C)(D)関(関係代名詞の主格・目的格)　関係詞(難易度：●○○)

正解：(C)

123. ロビーの絵は非常に印象的なので、多くの訪問者がビルに入ったときにしばしば鑑賞しています。

解説 空所前後にあるsoとthatに注目。so ～ that ...は「(非常に)～なので…」という意味を表す表現で、soの後ろには形容詞が入ります。形容詞の(C) impressive「印象的な」を入れると文意も通るので、(C)が正解です。▶(A)動impress「～に印象を与える」(三人称単数現在形)、(B)名印象、(D)副見事に　品詞(難易度：●○○)

正解：(C)

124. フォーカスグループは、研究開発部が作った3種類のポテトチップスの中で最も厚いものを好みました。

解説 空所の後ろにはof the three types「3種類の中で」とあるため、形容詞thickの最上級である(C) thickest「最も厚い」を入れると、the thickest of the three types「3種類の中で最も厚いもの」となり意味が通ります。3つではなく2つからの選択であれば、比較級の(B)が入ります。(A)形容詞の原級にtheをつけると「～な人々」や「(抽象的に)～なもの」という意味になりますが、ここでは不適切です。▶(A)形厚い、(B)形より厚い(比較級)、(D)動thicken「～を厚くする」(原形・現在形)　数・比較(難易度：●●●)

正解：(D)

125. 10月に工事が完了し次第、PortlandのHawthorne地区に新しい音楽会場ができます。

解説 空所の後ろは完全な文になっているので、空所には接続詞が入ります。空所の前の文では未来を表す形のwillが使われているので、この文は未来について述べたものだと分かります。接続詞の(D) once「ひとたび～すれば」を入れると、「工事が完了し次第、新しい音楽会場ができる」という意味になり文意が通ります。onceの節内の述語動詞が現在形になっているのは、「時」を表す副詞節の中では、未来のことでも現在形で表すというルールのためです。▶(A)前～の周りに、(B)接けれども、(C)接なので　前置詞・接続詞(難易度：●●○)

語注　〈問122〉□ **consult** 動 ～を参照する、～に相談する　□ **protective** 形 保護の　□ **gear** 名 装備　〈問123〉□ **appreciate** 動 ～を鑑賞する
〈問124〉□ **focus group** フォーカスグループ(嗜好や意見を収集するために集められた数名程度のグループ)　□ **R&D** 名 研究開発(**research and development**)
〈問125〉□ **district** 名 地区

正解：(D)

126. 繁華街のいくつかのレストランでは、スポーツウェアなどのカジュアルな服装は適切だと見なされません。

解説 空所の後ろにis not consideredという述語動詞が既にあるため、空所にはcasual attire such as sportswearと結び付いて主語となる名詞句を作る語句が入ると分かります。よって、動詞wear「～を着ている」の-ing形の(D) wearingが正解です。▶(A)**動**(未来を表す形の完了形)、(B)**動**(現在進行形)、(C)**動**(過去完了形) **動詞**(難易度：🔸)

正解：(A)

127. 新工場が操業を始め次第、私たちはパートタイムとフルタイム両方の採用を始めるつもりです。

解説 空所の後ろには述語動詞はありますが、主語がないため、空所にはこれを補う必要があります。単独で主語として用いることができる正解候補の(A)と(C)のうち、文意に合うのは主格の代名詞の(A) we「私たちは」です。▶(B)**代**私たちの(所有格)、(C)**代**私たちのもの(所有代名詞)、(D)**代**私たち自身(再帰代名詞) **代名詞**(難易度：🔸)

正解：(A)

128. 時間帯の希望にお応えできるよう、2週間前には予約をしてください。

解説 空所直後のadvanceという単語に注目します。前置詞の(A) inを入れると、in advance「前もって」という熟語になり、文意も通ります。期間を表す語句をin advanceの前に置くことで、具体的にどれくらい前なのかを示すことができます。▶(B)**前**～なしに、(C)**前**～のために、(D)**前**～の間 **前置詞**(難易度：🔸)

正解：(A)

129. 旅行代理店は、休日に出発した場合、Wilsonさんの旅行は約1,200ドル以上かかるだろうと見積もりました。

解説 costは金額や費用を示す語句を目的語に取り、「(金額・費用)がかかる」という意味を表す動詞です。既に$1,200という語句があるので、that節内は主語・述語動詞・目的語の揃った完全な文となっています。よって、空所には数詞を修飾する副詞の(A) approximately「おおよそ、約」が入ります。cost approximately $1,200 moreで「さらに約1,200ドルかかる」という意味になり、文意も通ります。▶(B)**動**approximate「おおよそ～になる」(-ing形)、(C)**動**(原形・現在形)、**形**おおよその、(D)**名**接近
品詞(難易度：🔸🔸🔸)

正解：(A)

130. ワークショップの主催者は、各参加者が到着した際にプレゼンテーション資料を渡します。

解説 each of the participantsという「人」を表す語句を目的語に取り、さらにその後ろの前置詞withと結び付いて意味が通るのは、動詞の(A) provide「～を提供する」です。provide *A* with *B*で「AにBを提供する」という意味を表します。(C) distributeは前置詞toを用い、distribute presentation handouts to each of the participantsという語順であれば正解です。▶(B)**動**～を持ってくる、(C)**動**～を配る、(D)**動**～を割り当てる
セット(難易度：🔸🔸)

語注 **〈問126〉** □ **attire** **名** 服装 □ **appropriate** **形** 適切な
〈問128〉 □ **slot** **名** (時間)枠 **〈問129〉** □ **estimate** **動** ～と見積もる
□ **depart** **動** 出発する **〈問130〉** □ **handout** **名** 配布資料

TEST 1

/30問正解

No.	ANSWER	No.	ANSWER	No.	ANSWER
101.	**C**	111.	**C**	121.	**A**
102.	**A**	112.	**D**	122.	**D**
103.	**B**	113.	**A**	123.	**D**
104.	**C**	114.	**D**	124.	**A**
105.	**C**	115.	**B**	125.	**C**
106.	**A**	116.	**D**	126.	**C**
107.	**A**	117.	**D**	127.	**D**
108.	**D**	118.	**A**	128.	**A**
109.	**D**	119.	**C**	129.	**A**
110.	**B**	120.	**A**	130.	**C**

TEST 2

/30問正解

No.	ANSWER	No.	ANSWER	No.	ANSWER
101.	**D**	111.	**A**	121.	**D**
102.	**A**	112.	**B**	122.	**D**
103.	**D**	113.	**D**	123.	**A**
104.	**A**	114.	**D**	124.	**B**
105.	**A**	115.	**C**	125.	**C**
106.	**B**	116.	**C**	126.	**C**
107.	**D**	117.	**C**	127.	**B**
108.	**B**	118.	**C**	128.	**C**
109.	**D**	119.	**A**	129.	**D**
110.	**D**	120.	**C**	130.	**B**

TEST 3

/30問正解

No.	ANSWER	No.	ANSWER	No.	ANSWER
101.	**B**	111.	**A**	121.	**A**
102.	**B**	112.	**A**	122.	**B**
103.	**C**	113.	**B**	123.	**C**
104.	**D**	114.	**C**	124.	**C**
105.	**A**	115.	**B**	125.	**D**
106.	**A**	116.	**B**	126.	**D**
107.	**D**	117.	**B**	127.	**A**
108.	**A**	118.	**C**	128.	**A**
109.	**D**	119.	**B**	129.	**A**
110.	**A**	120.	**C**	130.	**A**

以下の解答用マークシートは、右のQRコードからPDFをご利用いただけます。
繰り返しの学習にぜひお役立てください。

模擬試験 TEST1　解答用紙

1回目

No.	ANSWER	No.	ANSWER	No.	ANSWER
	A B C D		A B C D		A B C D
101	Ⓐ Ⓑ Ⓒ Ⓓ	111	Ⓐ Ⓑ Ⓒ Ⓓ	121	Ⓐ Ⓑ Ⓒ Ⓓ
102	Ⓐ Ⓑ Ⓒ Ⓓ	112	Ⓐ Ⓑ Ⓒ Ⓓ	122	Ⓐ Ⓑ Ⓒ Ⓓ
103	Ⓐ Ⓑ Ⓒ Ⓓ	113	Ⓐ Ⓑ Ⓒ Ⓓ	123	Ⓐ Ⓑ Ⓒ Ⓓ
104	Ⓐ Ⓑ Ⓒ Ⓓ	114	Ⓐ Ⓑ Ⓒ Ⓓ	124	Ⓐ Ⓑ Ⓒ Ⓓ
105	Ⓐ Ⓑ Ⓒ Ⓓ	115	Ⓐ Ⓑ Ⓒ Ⓓ	125	Ⓐ Ⓑ Ⓒ Ⓓ
106	Ⓐ Ⓑ Ⓒ Ⓓ	116	Ⓐ Ⓑ Ⓒ Ⓓ	126	Ⓐ Ⓑ Ⓒ Ⓓ
107	Ⓐ Ⓑ Ⓒ Ⓓ	117	Ⓐ Ⓑ Ⓒ Ⓓ	127	Ⓐ Ⓑ Ⓒ Ⓓ
108	Ⓐ Ⓑ Ⓒ Ⓓ	118	Ⓐ Ⓑ Ⓒ Ⓓ	128	Ⓐ Ⓑ Ⓒ Ⓓ
109	Ⓐ Ⓑ Ⓒ Ⓓ	119	Ⓐ Ⓑ Ⓒ Ⓓ	129	Ⓐ Ⓑ Ⓒ Ⓓ
110	Ⓐ Ⓑ Ⓒ Ⓓ	120	Ⓐ Ⓑ Ⓒ Ⓓ	130	Ⓐ Ⓑ Ⓒ Ⓓ

復習用

No.	ANSWER	No.	ANSWER	No.	ANSWER
	A B C D		A B C D		A B C D
101	Ⓐ Ⓑ Ⓒ Ⓓ	111	Ⓐ Ⓑ Ⓒ Ⓓ	121	Ⓐ Ⓑ Ⓒ Ⓓ
102	Ⓐ Ⓑ Ⓒ Ⓓ	112	Ⓐ Ⓑ Ⓒ Ⓓ	122	Ⓐ Ⓑ Ⓒ Ⓓ
103	Ⓐ Ⓑ Ⓒ Ⓓ	113	Ⓐ Ⓑ Ⓒ Ⓓ	123	Ⓐ Ⓑ Ⓒ Ⓓ
104	Ⓐ Ⓑ Ⓒ Ⓓ	114	Ⓐ Ⓑ Ⓒ Ⓓ	124	Ⓐ Ⓑ Ⓒ Ⓓ
105	Ⓐ Ⓑ Ⓒ Ⓓ	115	Ⓐ Ⓑ Ⓒ Ⓓ	125	Ⓐ Ⓑ Ⓒ Ⓓ
106	Ⓐ Ⓑ Ⓒ Ⓓ	116	Ⓐ Ⓑ Ⓒ Ⓓ	126	Ⓐ Ⓑ Ⓒ Ⓓ
107	Ⓐ Ⓑ Ⓒ Ⓓ	117	Ⓐ Ⓑ Ⓒ Ⓓ	127	Ⓐ Ⓑ Ⓒ Ⓓ
108	Ⓐ Ⓑ Ⓒ Ⓓ	118	Ⓐ Ⓑ Ⓒ Ⓓ	128	Ⓐ Ⓑ Ⓒ Ⓓ
109	Ⓐ Ⓑ Ⓒ Ⓓ	119	Ⓐ Ⓑ Ⓒ Ⓓ	129	Ⓐ Ⓑ Ⓒ Ⓓ
110	Ⓐ Ⓑ Ⓒ Ⓓ	120	Ⓐ Ⓑ Ⓒ Ⓓ	130	Ⓐ Ⓑ Ⓒ Ⓓ

模擬試験 TEST2　解答用紙

1回目

No.	ANSWER A B C D	No.	ANSWER A B C D	No.	ANSWER A B C D
101	Ⓐ Ⓑ Ⓒ Ⓓ	111	Ⓐ Ⓑ Ⓒ Ⓓ	121	Ⓐ Ⓑ Ⓒ Ⓓ
102	Ⓐ Ⓑ Ⓒ Ⓓ	112	Ⓐ Ⓑ Ⓒ Ⓓ	122	Ⓐ Ⓑ Ⓒ Ⓓ
103	Ⓐ Ⓑ Ⓒ Ⓓ	113	Ⓐ Ⓑ Ⓒ Ⓓ	123	Ⓐ Ⓑ Ⓒ Ⓓ
104	Ⓐ Ⓑ Ⓒ Ⓓ	114	Ⓐ Ⓑ Ⓒ Ⓓ	124	Ⓐ Ⓑ Ⓒ Ⓓ
105	Ⓐ Ⓑ Ⓒ Ⓓ	115	Ⓐ Ⓑ Ⓒ Ⓓ	125	Ⓐ Ⓑ Ⓒ Ⓓ
106	Ⓐ Ⓑ Ⓒ Ⓓ	116	Ⓐ Ⓑ Ⓒ Ⓓ	126	Ⓐ Ⓑ Ⓒ Ⓓ
107	Ⓐ Ⓑ Ⓒ Ⓓ	117	Ⓐ Ⓑ Ⓒ Ⓓ	127	Ⓐ Ⓑ Ⓒ Ⓓ
108	Ⓐ Ⓑ Ⓒ Ⓓ	118	Ⓐ Ⓑ Ⓒ Ⓓ	128	Ⓐ Ⓑ Ⓒ Ⓓ
109	Ⓐ Ⓑ Ⓒ Ⓓ	119	Ⓐ Ⓑ Ⓒ Ⓓ	129	Ⓐ Ⓑ Ⓒ Ⓓ
110	Ⓐ Ⓑ Ⓒ Ⓓ	120	Ⓐ Ⓑ Ⓒ Ⓓ	130	Ⓐ Ⓑ Ⓒ Ⓓ

復習用

No.	ANSWER A B C D	No.	ANSWER A B C D	No.	ANSWER A B C D
101	Ⓐ Ⓑ Ⓒ Ⓓ	111	Ⓐ Ⓑ Ⓒ Ⓓ	121	Ⓐ Ⓑ Ⓒ Ⓓ
102	Ⓐ Ⓑ Ⓒ Ⓓ	112	Ⓐ Ⓑ Ⓒ Ⓓ	122	Ⓐ Ⓑ Ⓒ Ⓓ
103	Ⓐ Ⓑ Ⓒ Ⓓ	113	Ⓐ Ⓑ Ⓒ Ⓓ	123	Ⓐ Ⓑ Ⓒ Ⓓ
104	Ⓐ Ⓑ Ⓒ Ⓓ	114	Ⓐ Ⓑ Ⓒ Ⓓ	124	Ⓐ Ⓑ Ⓒ Ⓓ
105	Ⓐ Ⓑ Ⓒ Ⓓ	115	Ⓐ Ⓑ Ⓒ Ⓓ	125	Ⓐ Ⓑ Ⓒ Ⓓ
106	Ⓐ Ⓑ Ⓒ Ⓓ	116	Ⓐ Ⓑ Ⓒ Ⓓ	126	Ⓐ Ⓑ Ⓒ Ⓓ
107	Ⓐ Ⓑ Ⓒ Ⓓ	117	Ⓐ Ⓑ Ⓒ Ⓓ	127	Ⓐ Ⓑ Ⓒ Ⓓ
108	Ⓐ Ⓑ Ⓒ Ⓓ	118	Ⓐ Ⓑ Ⓒ Ⓓ	128	Ⓐ Ⓑ Ⓒ Ⓓ
109	Ⓐ Ⓑ Ⓒ Ⓓ	119	Ⓐ Ⓑ Ⓒ Ⓓ	129	Ⓐ Ⓑ Ⓒ Ⓓ
110	Ⓐ Ⓑ Ⓒ Ⓓ	120	Ⓐ Ⓑ Ⓒ Ⓓ	130	Ⓐ Ⓑ Ⓒ Ⓓ

模擬試験 TEST3　解答用紙

1回目

No.	ANSWER A B C D	No.	ANSWER A B C D	No.	ANSWER A B C D
101	Ⓐ Ⓑ Ⓒ Ⓓ	111	Ⓐ Ⓑ Ⓒ Ⓓ	121	Ⓐ Ⓑ Ⓒ Ⓓ
102	Ⓐ Ⓑ Ⓒ Ⓓ	112	Ⓐ Ⓑ Ⓒ Ⓓ	122	Ⓐ Ⓑ Ⓒ Ⓓ
103	Ⓐ Ⓑ Ⓒ Ⓓ	113	Ⓐ Ⓑ Ⓒ Ⓓ	123	Ⓐ Ⓑ Ⓒ Ⓓ
104	Ⓐ Ⓑ Ⓒ Ⓓ	114	Ⓐ Ⓑ Ⓒ Ⓓ	124	Ⓐ Ⓑ Ⓒ Ⓓ
105	Ⓐ Ⓑ Ⓒ Ⓓ	115	Ⓐ Ⓑ Ⓒ Ⓓ	125	Ⓐ Ⓑ Ⓒ Ⓓ
106	Ⓐ Ⓑ Ⓒ Ⓓ	116	Ⓐ Ⓑ Ⓒ Ⓓ	126	Ⓐ Ⓑ Ⓒ Ⓓ
107	Ⓐ Ⓑ Ⓒ Ⓓ	117	Ⓐ Ⓑ Ⓒ Ⓓ	127	Ⓐ Ⓑ Ⓒ Ⓓ
108	Ⓐ Ⓑ Ⓒ Ⓓ	118	Ⓐ Ⓑ Ⓒ Ⓓ	128	Ⓐ Ⓑ Ⓒ Ⓓ
109	Ⓐ Ⓑ Ⓒ Ⓓ	119	Ⓐ Ⓑ Ⓒ Ⓓ	129	Ⓐ Ⓑ Ⓒ Ⓓ
110	Ⓐ Ⓑ Ⓒ Ⓓ	120	Ⓐ Ⓑ Ⓒ Ⓓ	130	Ⓐ Ⓑ Ⓒ Ⓓ

復習用

No.	ANSWER A B C D	No.	ANSWER A B C D	No.	ANSWER A B C D
101	Ⓐ Ⓑ Ⓒ Ⓓ	111	Ⓐ Ⓑ Ⓒ Ⓓ	121	Ⓐ Ⓑ Ⓒ Ⓓ
102	Ⓐ Ⓑ Ⓒ Ⓓ	112	Ⓐ Ⓑ Ⓒ Ⓓ	122	Ⓐ Ⓑ Ⓒ Ⓓ
103	Ⓐ Ⓑ Ⓒ Ⓓ	113	Ⓐ Ⓑ Ⓒ Ⓓ	123	Ⓐ Ⓑ Ⓒ Ⓓ
104	Ⓐ Ⓑ Ⓒ Ⓓ	114	Ⓐ Ⓑ Ⓒ Ⓓ	124	Ⓐ Ⓑ Ⓒ Ⓓ
105	Ⓐ Ⓑ Ⓒ Ⓓ	115	Ⓐ Ⓑ Ⓒ Ⓓ	125	Ⓐ Ⓑ Ⓒ Ⓓ
106	Ⓐ Ⓑ Ⓒ Ⓓ	116	Ⓐ Ⓑ Ⓒ Ⓓ	126	Ⓐ Ⓑ Ⓒ Ⓓ
107	Ⓐ Ⓑ Ⓒ Ⓓ	117	Ⓐ Ⓑ Ⓒ Ⓓ	127	Ⓐ Ⓑ Ⓒ Ⓓ
108	Ⓐ Ⓑ Ⓒ Ⓓ	118	Ⓐ Ⓑ Ⓒ Ⓓ	128	Ⓐ Ⓑ Ⓒ Ⓓ
109	Ⓐ Ⓑ Ⓒ Ⓓ	119	Ⓐ Ⓑ Ⓒ Ⓓ	129	Ⓐ Ⓑ Ⓒ Ⓓ
110	Ⓐ Ⓑ Ⓒ Ⓓ	120	Ⓐ Ⓑ Ⓒ Ⓓ	130	Ⓐ Ⓑ Ⓒ Ⓓ

著者
メディアビーコン（Media Beacon）

1999 年創業。語学教材に特化した教材制作会社。TOEIC®、英検、TOEFL® をはじめとする英語の資格試験から、子供英語、中学英語、高校英語、英会話、ビジネス英語まで、英語教材全般の制作を幅広く行う。特に TOEIC の教材制作には定評があり、『TOEIC® テスト新公式問題集 Vol. 5』の編集制作ほか、TOEIC 関連企画を多数担当している。教材制作と同時に TOEIC® L&R テストのスコアアップを目指す方のための指導も行っている。
著書に『スコアアップの即効薬 はじめての TOEIC® L&R テスト全パート徹底対策』（新星出版社）、『TOEIC® L&R TEST 990 点獲得　Part 1-4 難問模試』、『TOEIC® L&R TEST 990 点獲得　Part 5&6 難問模試』、『TOEIC® L&R TEST 990 点獲得 最強 Part 7 模試』（以上、ベレ出版）、『寝る前 5 分暗記ブック TOEIC® テスト単語＆フレーズ』、『寝る前 5 分暗記ブック TOEIC® テスト英文法』、『寝る前 5 分暗記ブック 英会話フレーズ集 <基礎編>』（以上、学研プラス）などがある。

YouTube「ビーコン イングリッシュ チャンネル」にて英語学習者のために役立つ情報を配信中。
メディアビーコン公式 LINE にて、TOEIC テストのスコアアップに役立つ情報を発信中。

装丁：斉藤啓（ブッダプロダクションズ）
編集：株式会社メディアビーコン
本文デザイン・DTP：株式会社 創樹
ナレーション：Karen Haedrich、Neil DeMaere

本書の内容に関するお問い合わせは、**書名、発行年月日、該当ページを明記**の上、書面、FAX、お問い合わせフォームにて、当社編集部宛にお送りください。**電話によるお問い合わせはお受けしておりません**。また、本書の範囲を超えるご質問等にもお答えできませんので、あらかじめご了承ください。
FAX：03－3831－0902
お問い合わせフォーム：https://www.shin-sei.co.jp/np/contact-form3.html

落丁・乱丁のあった場合は、送料当社負担でお取替えいたします。当社営業部宛にお送りください。

TOEIC® L&Rテスト文法集中対策

2023年 3 月15日　初版発行
2023年10月 5 日　第 2 刷発行

著　者　メディアビーコン
発行者　富永靖弘
印刷所　萩原印刷株式会社

発行所　東京都台東区 台東2丁目24　株式会社　新星出版社
〒110－0016　☎03（3831）0743

ISBN978-4-405-01270-7